HÉBREU
VOCABULAIRE

POUR L'AUTOFORMATION

FRANÇAIS
HÉBREU

Les mots les plus utiles
Pour enrichir votre vocabulaire et aiguiser
vos compétences linguistiques

7000 mots

Vocabulaire Français-Hébreu pour l'autoformation. 7000 mots
Dictionnaire thématique
Par Andrey Taranov

Les dictionnaires T&P Books ont pour but de vous aider à apprendre, à mémoriser et à réviser votre vocabulaire en langue étrangère. Ce dictionnaire thématique couvre tous les grands domaines du quotidien: l'économie, les sciences, la culture, etc ...

Acquérir du vocabulaire avec les dictionnaires thématiques T&P Books vous offre les avantages suivants:

- Les données d'origine sont regroupées de manière cohérente, ce qui vous permet une mémorisation lexicale optimale
- La présentation conjointe de mots ayant la même racine vous permet de mémoriser des groupes sémantiques entiers (plutôt que des mots isolés)
- Les sous-groupes sémantiques vous permettent d'associer les mots entre eux de manière logique, ce qui facilite votre consolidation du vocabulaire
- Votre maîtrise de la langue peut être évaluée en fonction du nombre de mots acquis

T&P Books Publishing
www.tpbooks.com

ISBN: 978-1-78716-413-0

Ce livre existe également en format électronique.
Pour plus d'informations, veuillez consulter notre site: www.tpbooks.com ou rendez-vous sur ceux des grandes librairies en ligne.

VOCABULAIRE HÉBREU POUR L'AUTOFORMATION
Dictionnaire thématique

Les dictionnaires T&P Books ont pour but de vous aider à apprendre, à mémoriser et à réviser votre vocabulaire en langue étrangère. Ce lexique présente, de façon thématique, plus de 7000 mots les plus fréquents de la langue.

- Ce livre comporte les mots les plus couramment utilisés
- Son usage est recommandé en complément de l'étude de toute autre méthode de langue
- Il répond à la fois aux besoins des débutants et à ceux des étudiants en langues étrangères de niveau avancé
- Il est idéal pour un usage quotidien, des séances de révision ponctuelles et des tests d'auto-évaluation
- Il vous permet de tester votre niveau de vocabulaire

Spécificités de ce dictionnaire thématique:

- Les mots sont présentés de manière sémantique, et non alphabétique
- Ils sont répartis en trois colonnes pour faciliter la révision et l'auto-évaluation
- Les groupes sémantiques sont divisés en sous-groupes pour favoriser l'apprentissage
- Ce lexique donne une transcription simple et pratique de chaque mot en langue étrangère

Ce dictionnaire comporte 198 thèmes, dont:

les notions fondamentales, les nombres, les couleurs, les mois et les saisons, les unités de mesure, les vêtements et les accessoires, les aliments et la nutrition, le restaurant, la famille et les liens de parenté, le caractère et la personnalité, les sentiments et les émotions, les maladies, la ville et la cité, le tourisme, le shopping, l'argent, la maison, le foyer, le bureau, la vie de bureau, l'import-export, le marketing, la recherche d'emploi, les sports, l'éducation, l'informatique, l'Internet, les outils, la nature, les différents pays du monde, les nationalités, et bien d'autres encore …

TABLE DES MATIÈRES

Guide de prononciation   10
Abréviations   11

CONCEPTS DE BASE   13
Concepts de base. Partie 1   13

1. Les pronoms   13
2. Adresser des vœux. Se dire bonjour. Se dire au revoir   13
3. Les nombres cardinaux. Partie 1   14
4. Les nombres cardinaux. Partie 2   15
5. Les nombres. Fractions   16
6. Les nombres. Opérations mathématiques   16
7. Les nombres. Divers   16
8. Les verbes les plus importants. Partie 1   17
9. Les verbes les plus importants. Partie 2   18
10. Les verbes les plus importants. Partie 3   18
11. Les verbes les plus importants. Partie 4   19
12. Les couleurs   20
13. Les questions   21
14. Les mots-outils. Les adverbes. Partie 1   21
15. Les mots-outils. Les adverbes. Partie 2   23

Concepts de base. Partie 2   25

16. Les jours de la semaine   25
17. Les heures. Le jour et la nuit   25
18. Les mois. Les saisons   26
19. La notion de temps. Divers   28
20. Les contraires   29
21. Les lignes et les formes   30
22. Les unités de mesure   31
23. Les récipients   32
24. Les matériaux   33
25. Les métaux   34

L'HOMME   35
L'homme. Le corps humain   35

26. L'homme. Notions fondamentales   35
27. L'anatomie humaine   35

28. La tête 36
29. Le corps humain 37

Les vêtements & les accessoires 38

30. Les vêtements d'extérieur 38
31. Les vêtements 38
32. Les sous-vêtements 39
33. Les chapeaux 39
34. Les chaussures 39
35. Le textile. Les tissus 40
36. Les accessoires personnels 40
37. Les vêtements. Divers 41
38. L'hygiène corporelle. Les cosmétiques 41
39. Les bijoux. La bijouterie 42
40. Les montres. Les horloges 43

Les aliments. L'alimentation 44

41. Les aliments 44
42. Les boissons 45
43. Les légumes 46
44. Les fruits. Les noix 47
45. Le pain. Les confiseries 48
46. Les plats cuisinés 48
47. Les épices 49
48. Les repas 50
49. Le dressage de la table 51
50. Le restaurant 51

La famille. Les parents. Les amis 52

51. Les données personnelles. Les formulaires 52
52. La famille. Les liens de parenté 52
53. Les amis. Les collègues 53
54. L'homme. La femme 54
55. L'age 54
56. Les enfants. Les adolescents 55
57. Les couples mariés. La vie de famille 56

Le caractère. Les émotions 57

58. Les sentiments. Les émotions 57
59. Le caractère. La personnalité 58
60. Le sommeil. Les rêves 59
61. L'humour. Le rire. La joie 60
62. Dialoguer et communiquer. Partie 1 60
63. Dialoguer et communiquer. Partie 2 61
64. Dialoguer et communiquer. Partie 3 63
65. L'accord. Le refus 63
66. La réussite. La chance. L'échec 64
67. Les disputes. Les émotions négatives 65

La médecine 67

68. Les maladies 67
69. Les symptômes. Le traitement. Partie 1 68
70. Les symptômes. Le traitement. Partie 2 69
71. Les symptômes. Le traitement. Partie 3 70
72. Les médecins 71
73. Les médicaments. Les accessoires 71
74. Le tabac et ses produits dérivés 72

L'HABITAT HUMAIN 73
La ville 73

75. La ville. La vie urbaine 73
76. Les institutions urbaines 74
77. Les transports en commun 75
78. Le tourisme 76
79. Le shopping 77
80. L'argent 78
81. La poste. Les services postaux 79

Le logement. La maison. Le foyer 80

82. La maison. Le logis 80
83. La maison. L'entrée. L'ascenseur 81
84. La maison. La porte. La serrure 81
85. La maison de campagne 82
86. Le château. Le palais 82
87. L'appartement 83
88. L'appartement. Le ménage 83
89. Les meubles. L'intérieur 83
90. La literie 84
91. La cuisine 84
92. La salle de bains 85
93. Les appareils électroménagers 86
94. Les travaux de réparation et de rénovation 87
95. La plomberie 87
96. L'incendie 88

LES ACTIVITÉS HUMAINS 90
Le travail. Les affaires. Partie 1 90

97. Les opérations bancaires 90
98. Le téléphone. La conversation téléphonique 91
99. Le téléphone portable 91
100. La papeterie 92

Le travail. Les affaires. Partie 2 93

101. Les médias de masse 93
102. L'agriculture 94

103. Le BTP et la construction   95

Les professions. Les métiers   97

104. La recherche d'emploi. Le licenciement   97
105. Les hommes d'affaires   97
106. Les métiers des services   98
107. Les professions militaires et leurs grades   99
108. Les fonctionnaires. Les prêtres   100
109. Les professions agricoles   100
110. Les professions artistiques   101
111. Les différents métiers   101
112. Les occupations. Le statut social   103

Le sport   104

113. Les types de sports. Les sportifs   104
114. Les types de sports. Divers   105
115. La salle de sport   105
116. Le sport. Divers   106

L'éducation   108

117. L'éducation   108
118. L'enseignement supérieur   109
119. Les disciplines scientifiques   110
120. Le système d'écriture et l'orthographe   110
121. Les langues étrangères   111
122. Les personnages de contes de fées   112
123. Les signes du zodiaque   113

L'art   114

124. Le théâtre   114
125. Le cinéma   115
126. La peinture   116
127. La littérature et la poésie   117
128. Le cirque   117
129. La musique   118

Les loisirs. Les voyages   120

130. Les voyages. Les excursions   120
131. L'hôtel   120
132. Le livre. La lecture   121
133. La chasse. La pêche   123
134. Les jeux. Le billard   124
135. Les jeux de cartes   124
136. Les loisirs. Les jeux   124
137. La photographie   125
138. La plage. La baignade   126

LE MATÉRIEL TECHNIQUE. LES TRANSPORTS 127
Le matériel technique 127

139. L'informatique 127
140. L'Internet. Le courrier électronique 128

Les transports 129

141. L'avion 129
142. Le train 130
143. Le bateau 131
144. L'aéroport 132
145. Le vélo. La moto 133

La voiture 134

146. Les différents types de voiture 134
147. La voiture. La carrosserie 134
148. La voiture. L'habitacle 135
149. La voiture. Le moteur 136
150. La voiture. La réparation 137
151. La voiture. La route 138

LES GENS. LES ÉVÉNEMENTS 140
Les grands événements de la vie 140

152. Les fêtes et les événements 140
153. L'enterrement. Le deuil 141
154. La guerre. Les soldats 141
155. La guerre. Partie 1 143
156. Les armes 144
157. Les hommes préhistoriques 145
158. Le Moyen Âge 146
159. Les dirigeants. Les responsables. Les autorités 148
160. Les crimes. Les criminels. Partie 1 148
161. Les crimes. Les criminels. Partie 2 150
162. La police. La justice. Partie 1 151
163. La police. La justice. Partie 2 152

LA NATURE 154
La Terre. Partie 1 154

164. L'espace cosmique 154
165. La Terre 155
166. Les quatre parties du monde 156
167. Les océans et les mers 156
168. Les montagnes 157
169. Les fleuves 158
170. La forêt 159
171. Les ressources naturelles 160

La Terre. Partie 2   161

172. Le temps   161
173. Les intempéries. Les catastrophes naturelles   162

La faune   163

174. Les mammifères. Les prédateurs   163
175. Les animaux sauvages   163
176. Les animaux domestiques   164
177. Le chien. Les races   165
178. Les cris des animaux   166
179. Les oiseaux   166
180. Les oiseaux. Le chant, les cris   168
181. Les poissons. Les animaux marins   168
182. Les amphibiens. Les reptiles   169
183. Les insectes   169
184. Les parties du corps des animaux   170
185. Les habitats des animaux   170

La flore   172

186. Les arbres   172
187. Les arbustes   172
188. Les champignons   173
189. Les fruits. Les baies   173
190. Les fleurs. Les plantes   174
191. Les céréales   175

LA GÉOGRAPHIE RÉGIONALE   176
Les pays du monde. Les nationalités   176

192. La politique. Le gouvernement. Partie 1   176
193. La politique. Le gouvernement. Partie 2   177
194. Les différents pays du monde. Divers   178
195. Les groupes religieux. Les confessions   179
196. Les principales religions. Le clergé   180
197. La foi. Le Christianisme. L'Islam   180

DIVERS   183

198. Quelques mots et formules utiles   183

GUIDE DE PRONONCIATION

Nom de la lettre	Lettre	Exemple en hébreu	Alphabet phonétique T&P	Exemple en français
Aleph	א	אריה	[a], [a:]	classe
	א	אחד	[ɛ], [ɛ:]	arène
	א	מָאֶה	[']	coup de glotte
Beth	ב	בית	[b]	bureau
Gimel	ג	גמל	[g]	gris
Gimel+geresh	ג'	ג'וּנֶּל	[ʤ]	adjoint
Dalet	ד	דג	[d]	document
He	ה	הר	[h]	[h] aspiré
Vav	ו	וסת	[v]	rivière
Zayin	ז	זאב	[z]	gazeuse
Zayin+geresh	ז'	ז'וּרְנָל	[ʒ]	jeunesse
Het	ח	חוט	[x]	scots - nicht, allemand - Dach
Tet	ט	טוב	[t]	tennis
Yod	י	יום	[j]	maillot
Kaf	כ ך	בריש	[k]	bocal
Lamed	ל	לחם	[l]	vélo
Mem	מ ם	מלך	[m]	minéral
Nun	נ ן	נר	[n]	ananas
Samech	ס	סוס	[s]	syndicat
Ayin	ע	עין	[a], [a:]	classe
	ע	תְשָעִים	[']	consonne fricative pharyngale voisée
Pe	פ ף	פיל	[p]	panama
Tsade	צ ץ	צעצוע	[ts]	gratte-ciel
Tsade+geresh	צ'ץ'	צ'ק	[ʧ]	match
Qof	ק	קוף	[k]	bocal
Resh	ר	רבבת	[r]	R vibrante
Shin	ש	שלחן, עָשׂרִים	[s], [ʃ]	syndicat, chariot
Tav	ת	תפוז	[t]	tennis

ABRÉVIATIONS
employées dans ce livre

Abréviations en français

adj	-	adjective
adv	-	adverbe
anim.	-	animé
conj	-	conjonction
dénombr.	-	dénombrable
etc.	-	et cetera
f	-	nom féminin
f pl	-	féminin pluriel
fam.	-	familiar
fem.	-	féminin
form.	-	formal
inanim.	-	inanimé
indénombr.	-	indénombrable
m	-	nom masculin
m pl	-	masculin pluriel
m, f	-	masculin, féminin
masc.	-	masculin
math	-	mathematics
mil.	-	militaire
pl	-	pluriel
prep	-	préposition
pron	-	pronom
qch	-	quelque chose
qn	-	quelqu'un
sing.	-	singulier
v aux	-	verbe auxiliaire
v imp	-	verbe impersonnel
vi	-	verbe intransitif
vi, vt	-	verbe intransitif, transitif
vp	-	verbe pronominal
vt	-	verbe transitif

Abréviations en hébreu

ז	-	masculin
ז"ר	-	masculin pluriel
ז , נ	-	masculin, féminin
נ	-	féminin
נ"ר	-	féminin pluriel

CONCEPTS DE BASE

Concepts de base. Partie 1

1. Les pronoms

je	ani	אֲנִי (ז, נ)
tu (masc.)	ata	אַתָּה (ז)
tu (fem.)	at	אַת (נ)
il	hu	הוּא (ז)
elle	hi	הִיא (נ)
nous	a'naxnu	אֲנַחְנוּ (ז, נ)
vous (m)	atem	אַתֶּם (ז״ר)
vous (f)	aten	אַתֶּן (נ״ר)
vous (form., sing.)	ata, at	אַתָּה (ז), אַת (נ)
vous (form., pl)	atem, aten	אַתֶּם (ז״ר), אַתֶּן (נ״ר)
ils	hem	הֵם (ז״ר)
elles	hen	הֵן (נ״ר)

2. Adresser des vœux. Se dire bonjour. Se dire au revoir

Bonjour! (fam.)	ʃalom!	שָׁלוֹם!
Bonjour! (form.)	ʃalom!	שָׁלוֹם!
Bonjour! (le matin)	'boker tov!	בּוֹקֶר טוֹב!
Bonjour! (après-midi)	tsaha'rayim tovim!	צָהֳרַיִים טוֹבִים!
Bonsoir!	'erev tov!	עֶרֶב טוֹב!
dire bonjour	lomar ʃalom	לוֹמַר שָׁלוֹם
Salut!	hai!	הַיי!
salut (m)	ahlan	אַהְלָן
saluer (vt)	lomar ʃalom	לוֹמַר שָׁלוֹם
Comment ça va?	ma ʃlomxa?	מַה שְׁלוֹמְךָ? (ז)
Comment allez-vous?	ma ʃlomex?, ma ʃlomxa?	מַה שְׁלוֹמֵךְ? (נ), מַה שְׁלוֹמְךָ?(ז)
Quoi de neuf?	ma xadaʃ?	מַה חָדָשׁ?
Au revoir! (form.)	lehitra'ot!	לְהִתְרָאוֹת!
Au revoir! (fam.)	bai!	בַּיי!
À bientôt!	lehitra'ot bekarov!	לְהִתְרָאוֹת בְּקָרוֹב!
Adieu!	lehitra'ot!	לְהִתְרָאוֹת!
dire au revoir	lomar lehitra'ot	לוֹמַר לְהִתְרָאוֹת
Salut! (À bientôt!)	bai!	בַּיי!
Merci!	toda!	תּוֹדָה!
Merci beaucoup!	toda raba!	תּוֹדָה רַבָּה!
Je vous en prie	bevakaʃa	בְּבַקָּשָׁה

| Il n'y a pas de quoi | al lo davar | עַל לֹא דָבָר |
| Pas de quoi | ein be'ad ma | אֵין בְּעַד מָה |

Excuse-moi!	sliχa!	סְלִיחָה!
Excusez-moi!	sliχa!	סְלִיחָה!
excuser (vt)	lis'loaχ	לִסְלוֹחַ

s'excuser (vp)	lehitnatsel	לְהִתְנַצֵּל
Mes excuses	ani mitnatsel, ani mitna'tselet	אֲנִי מִתְנַצֵּל (ז), אֲנִי מִתְנַצֶּלֶת (נ)
Pardonnez-moi!	ani mitsta'er, ani mitsta''eret	אֲנִי מִצְטַעֵר (ז), אֲנִי מִצְטַעֶרֶת (נ)
pardonner (vt)	lis'loaχ	לִסְלוֹחַ
C'est pas grave	lo nora	לֹא נוֹרָא
s'il vous plaît	bevakaʃa	בְּבַקָּשָׁה

N'oubliez pas!	al tiʃkaχ!	אַל תִּשְׁכַּח! (ז)
Bien sûr!	'betaχ!	בֶּטַח!
Bien sûr que non!	'betaχ ʃelo!	בֶּטַח שֶׁלֹּא!
D'accord!	okei!	אוֹקֵיי!
Ça suffit!	maspik!	מַסְפִּיק!

3. Les nombres cardinaux. Partie 1

zéro	'efes	אֶפֶס (ז)
un	eχad	אֶחָד (ז)
une	aχat	אַחַת (נ)
deux	'ʃtayim	שְׁתַּיִם (נ)
trois	ʃaloʃ	שָׁלוֹשׁ (נ)
quatre	arba	אַרְבַּע (נ)

cinq	χameʃ	חָמֵשׁ (נ)
six	ʃeʃ	שֵׁשׁ (נ)
sept	'ʃeva	שֶׁבַע (נ)
huit	'ʃmone	שְׁמוֹנֶה (נ)
neuf	'teʃa	תֵּשַׁע (נ)

dix	'eser	עֶשֶׂר (נ)
onze	aχat esre	אַחַת־עֶשְׂרֵה (נ)
douze	ʃteim esre	שְׁתֵּים־עֶשְׂרֵה (נ)
treize	ʃloʃ esre	שְׁלוֹשׁ־עֶשְׂרֵה (נ)
quatorze	arba esre	אַרְבַּע־עֶשְׂרֵה (נ)

quinze	χameʃ esre	חָמֵשׁ־עֶשְׂרֵה (נ)
seize	ʃeʃ esre	שֵׁשׁ־עֶשְׂרֵה (נ)
dix-sept	ʃva esre	שְׁבַע־עֶשְׂרֵה (נ)
dix-huit	ʃmone esre	שְׁמוֹנֶה־עֶשְׂרֵה (נ)
dix-neuf	tʃa esre	תְּשַׁע־עֶשְׂרֵה (נ)

vingt	esrim	עֶשְׂרִים
vingt et un	esrim ve'eχad	עֶשְׂרִים וְאֶחָד
vingt-deux	esrim u'ʃnayim	עֶשְׂרִים וּשְׁנַיִם
vingt-trois	esrim uʃloʃa	עֶשְׂרִים וּשְׁלוֹשָׁה

| trente | ʃloʃim | שְׁלוֹשִׁים |
| trente et un | ʃloʃim ve'eχad | שְׁלוֹשִׁים וְאֶחָד |

trente-deux	ʃloʃim u'ʃnayim	שְׁלוֹשִׁים וּשְׁנַיִם
trente-trois	ʃloʃim uʃloʃa	שְׁלוֹשִׁים וּשְׁלוֹשָׁה
quarante	arba'im	אַרְבָּעִים
quarante et un	arba'im ve'exad	אַרְבָּעִים וְאֶחָד
quarante-deux	arba'im u'ʃnayim	אַרְבָּעִים וּשְׁנַיִם
quarante-trois	arba'im uʃloʃa	אַרְבָּעִים וּשְׁלוֹשָׁה
cinquante	xamiʃim	חֲמִישִׁים
cinquante et un	xamiʃim ve'exad	חֲמִישִׁים וְאֶחָד
cinquante-deux	xamiʃim u'ʃnayim	חֲמִישִׁים וּשְׁנַיִם
cinquante-trois	xamiʃim uʃloʃa	חֲמִישִׁים וּשְׁלוֹשָׁה
soixante	ʃiʃim	שִׁישִׁים
soixante et un	ʃiʃim ve'exad	שִׁישִׁים וְאֶחָד
soixante-deux	ʃiʃim u'ʃnayim	שִׁישִׁים וּשְׁנַיִם
soixante-trois	ʃiʃim uʃloʃa	שִׁישִׁים וּשְׁלוֹשָׁה
soixante-dix	ʃiv'im	שִׁבְעִים
soixante et onze	ʃiv'im ve'exad	שִׁבְעִים וְאֶחָד
soixante-douze	ʃiv'im u'ʃnayim	שִׁבְעִים וּשְׁנַיִם
soixante-treize	ʃiv'im uʃloʃa	שִׁבְעִים וּשְׁלוֹשָׁה
quatre-vingts	ʃmonim	שְׁמוֹנִים
quatre-vingt et un	ʃmonim ve'exad	שְׁמוֹנִים וְאֶחָד
quatre-vingt deux	ʃmonim u'ʃnayim	שְׁמוֹנִים וּשְׁנַיִם
quatre-vingt trois	ʃmonim uʃloʃa	שְׁמוֹנִים וּשְׁלוֹשָׁה
quatre-vingt-dix	tiʃ'im	תִּשְׁעִים
quatre-vingt et onze	tiʃ'im ve'exad	תִּשְׁעִים וְאֶחָד
quatre-vingt-douze	tiʃ'im u'ʃayim	תִּשְׁעִים וּשְׁנַיִם
quatre-vingt-treize	tiʃ'im uʃloʃa	תִּשְׁעִים וּשְׁלוֹשָׁה

4. Les nombres cardinaux. Partie 2

cent	'me'a	מֵאָה (נ)
deux cents	ma'tayim	מָאתַיִים
trois cents	ʃloʃ me'ot	שְׁלוֹשׁ מֵאוֹת (נ)
quatre cents	arba me'ot	אַרְבַּע מֵאוֹת (נ)
cinq cents	xameʃ me'ot	חָמֵשׁ מֵאוֹת (נ)
six cents	ʃeʃ me'ot	שֵׁשׁ מֵאוֹת (נ)
sept cents	ʃva me'ot	שְׁבַע מֵאוֹת (נ)
huit cents	ʃmone me'ot	שְׁמוֹנֶה מֵאוֹת (נ)
neuf cents	tʃa me'ot	תְּשַׁע מֵאוֹת (נ)
mille	'elef	אֶלֶף (ז)
deux mille	al'payim	אַלְפַּיִים (ז)
trois mille	'ʃloʃet alafim	שְׁלוֹשֶׁת אֲלָפִים (ז)
dix mille	a'seret alafim	עֲשֶׂרֶת אֲלָפִים (ז)
cent mille	'me'a 'elef	מֵאָה אֶלֶף (ז)
million (m)	milyon	מִילְיוֹן (ז)
milliard (m)	milyard	מִילְיַארְד (ז)

5. Les nombres. Fractions

fraction (f)	'ʃever	שֶׁבֶר (ז)
un demi	'χetsi	חֲצִי (ז)
un tiers	ʃliʃ	שְׁלִישׁ (ז)
un quart	'reva	רֶבַע (ז)
un huitième	ʃminit	שְׁמִינִית (נ)
un dixième	asirit	עֲשִׂירִית (נ)
deux tiers	ʃnei ʃliʃim	שְׁנֵי שְׁלִישִׁים (ז)
trois quarts	'ʃloʃet riv'ei	שְׁלוֹשֶׁת רְבָעֵי

6. Les nombres. Opérations mathématiques

soustraction (f)	χisur	חִיסוּר (ז)
soustraire (vt)	leχaser	לְחַסֵּר
division (f)	χiluk	חִילוּק (ז)
diviser (vt)	leχalek	לְחַלֵּק
addition (f)	χibur	חִיבּוּר (ז)
additionner (vt)	leχaber	לְחַבֵּר
ajouter (vt)	leχaber	לְחַבֵּר
multiplication (f)	'kefel	כֶּפֶל (ז)
multiplier (vt)	lehaχpil	לְהַכְפִּיל

7. Les nombres. Divers

chiffre (m)	sifra	סִפְרָה (נ)
nombre (m)	mispar	מִסְפָּר (ז)
adjectif (m) numéral	ʃem mispar	שֵׁם מִסְפָּר (ז)
moins (m)	'minus	מִינוּס (ז)
plus (m)	plus	פְּלוּס (ז)
formule (f)	nusχa	נוֹסְחָה (נ)
calcul (m)	χiʃuv	חִישׁוּב (ז)
compter (vt)	lispor	לִסְפּוֹר
calculer (vt)	leχaʃev	לְחַשֵּׁב
comparer (vt)	lehaʃvot	לְהַשְׁווֹת
Combien?	'kama?	כַּמָּה?
somme (f)	sχum	סְכוּם (ז)
résultat (m)	totsa'a	תוֹצָאָה (נ)
reste (m)	ʃe'erit	שְׁאֵרִית (נ)
quelques ...	'kama	כַּמָּה
peu de ...	ktsat	קְצָת
peu de ... (dénombr.)	me'at	מְעַט
peu de ... (indénombr.)	me'at	מְעַט
reste (m)	ʃe'ar	שְׁאָר (ז)
un et demi	eχad va'χetsi	אֶחָד וָחֵצִי (ז)
douzaine (f)	tresar	תְּרֵיסָר (ז)

en deux (adv)	'χetsi 'χetsi	חֲצִי חֲצִי
en parties égales	ʃave beʃave	שָׁוֶה בְּשָׁוֶה
moitié (f)	'χetsi	חֲצִי (ז)
fois (f)	'pa'am	פַּעַם (נ)

8. Les verbes les plus importants. Partie 1

aider (vt)	la'azor	לַעֲזוֹר
aimer (qn)	le'ehov	לֶאֱהוֹב
aller (à pied)	la'leχet	לָלֶכֶת
apercevoir (vt)	lasim lev	לָשִׂים לֵב
appartenir à ...	lehiʃtayeχ	לְהִשְׁתַּיֵּךְ

appeler (au secours)	likro	לִקְרוֹא
attendre (vt)	lehamtin	לְהַמְתִּין
attraper (vt)	litfos	לִתְפּוֹס
avertir (vt)	lehazhir	לְהַזְהִיר

avoir (vt)	lehaχzik	לְהַחְזִיק
avoir confiance	liv'toaχ	לִבְטוֹחַ
avoir faim	lihyot ra'ev	לִהְיוֹת רָעֵב

avoir peur	lefaχed	לְפַחֵד
avoir soif	lihyot tsame	לִהְיוֹת צָמֵא
cacher (vt)	lehastir	לְהַסְתִּיר
casser (briser)	liʃbor	לִשְׁבּוֹר
cesser (vt)	lehafsik	לְהַפְסִיק

changer (vt)	leʃanot	לְשַׁנּוֹת
chasser (animaux)	latsud	לָצוּד
chercher (vt)	leχapes	לְחַפֵּשׂ

| choisir (vt) | livχor | לִבְחוֹר |
| commander (~ le menu) | lehazmin | לְהַזְמִין |

commencer (vt)	lehatχil	לְהַתְחִיל
comparer (vt)	lehaʃvot	לְהַשְׁווֹת
comprendre (vt)	lehavin	לְהָבִין

| compter (dénombrer) | lispor | לִסְפּוֹר |
| compter sur ... | lismoχ al | לִסְמוֹךְ עַל |

confondre (vt)	lehitbalbel	לְהִתְבַּלְבֵּל
connaître (qn)	lehakir et	לְהַכִּיר אֶת
conseiller (vt)	leya'ets	לְיַיעֵץ

| continuer (vt) | lehamʃiχ | לְהַמְשִׁיךְ |
| contrôler (vt) | liʃlot | לִשְׁלוֹט |

courir (vi)	laruts	לָרוּץ
coûter (vt)	la'alot	לַעֲלוֹת
créer (vt)	litsor	לִיצוֹר
creuser (vt)	laχpor	לַחְפּוֹר
crier (vi)	lits'ok	לִצְעוֹק

9. Les verbes les plus importants. Partie 2

décorer (~ la maison)	lekaʃet	לְקַשֵׁט
défendre (vt)	lehagen	לְהָגֵן
déjeuner (vi)	le'eχol aruχat tsaha'rayim	לֶאֱכוֹל אֲרוּחַת צָהֳרַיִם
demander (~ l'heure)	liʃ'ol	לִשְׁאוֹל
demander (de faire qch)	levakeʃ	לְבַקֵּשׁ

descendre (vi)	la'redet	לָרֶדֶת
deviner (vt)	lenaχeʃ	לְנַחֵשׁ
dîner (vi)	le'eχol aruχat 'erev	לֶאֱכוֹל אֲרוּחַת עֶרֶב
dire (vt)	lomar	לוֹמַר
diriger (~ une usine)	lenahel	לְנַהֵל
discuter (vt)	ladun	לָדוּן

donner (vt)	latet	לָתֵת
donner un indice	lirmoz	לִרְמוֹז
douter (vt)	lefakpek	לְפַקְפֵּק
écrire (vt)	liχtov	לִכְתּוֹב
entendre (bruit, etc.)	liʃ'mo'a	לִשְׁמוֹעַ

entrer (vi)	lehikanes	לְהִיכָּנֵס
envoyer (vt)	liʃ'loaχ	לִשְׁלוֹחַ
espérer (vi)	lekavot	לְקַווֹת
essayer (vt)	lenasot	לְנַסּוֹת

être (vi)	lihyot	לִהְיוֹת
être d'accord	lehaskim	לְהַסְכִּים
être nécessaire	lehidareʃ	לְהִידָרֵשׁ
être pressé	lemaher	לְמַהֵר

étudier (vt)	lilmod	לִלְמוֹד
excuser (vt)	lis'loaχ	לִסְלוֹחַ
exiger (vt)	lidroʃ	לִדְרוֹשׁ
exister (vi)	lehitkayem	לְהִתְקַיֵּים
expliquer (vt)	lehasbir	לְהַסְבִּיר

faire (vt)	la'asot	לַעֲשׂוֹת
faire tomber	lehapil	לְהַפִּיל
finir (vt)	lesayem	לְסַיֵּים
garder (conserver)	liʃmor	לִשְׁמוֹר
gronder, réprimander (vt)	linzof	לִנְזוֹף

informer (vt)	leho'dia	לְהוֹדִיעַ
insister (vi)	lehit'akeʃ	לְהִתְעַקֵּשׁ
insulter (vt)	leha'aliv	לְהַעֲלִיב
inviter (vt)	lehazmin	לְהַזְמִין
jouer (s'amuser)	lesaχek	לְשַׂחֵק

10. Les verbes les plus importants. Partie 3

libérer (ville, etc.)	leʃaχrer	לְשַׁחְרֵר
lire (vi, vt)	likro	לִקְרוֹא

louer (prendre en location)	liskor	לִשְׂכֹּר
manquer (l'école)	lehaχsir	לְהַחְסִיר
menacer (vt)	le'ayem	לְאַיֵּם
mentionner (vt)	lehazkir	לְהַזְכִּיר
montrer (vt)	lehar'ot	לְהַרְאוֹת
nager (vi)	lisχot	לִשְׂחוֹת
objecter (vt)	lehitnaged	לְהִתְנַגֵּד
observer (vt)	litspot, lehaʃkif	לִצְפּוֹת, לְהַשְׁקִיף
ordonner (mil.)	lifkod	לִפְקֹד
oublier (vt)	liʃ'koaχ	לִשְׁכּוֹחַ
ouvrir (vt)	lif'toaχ	לִפְתּוֹחַ
pardonner (vt)	lis'loaχ	לִסְלוֹחַ
parler (vi, vt)	ledaber	לְדַבֵּר
participer à …	lehiʃtatef	לְהִשְׁתַּתֵּף
payer (régler)	leʃalem	לְשַׁלֵּם
penser (vi, vt)	laχʃov	לַחְשׁוֹב
permettre (vt)	leharʃot	לְהַרְשׁוֹת
plaire (être apprécié)	limtso χen be'ei'nayim	לִמְצֹא חֵן בְּעֵינַיִים
plaisanter (vi)	lehitba'deaχ	לְהִתְבַּדֵּחַ
planifier (vt)	letaχnen	לְתַכְנֵן
pleurer (vi)	livkot	לִבְכּוֹת
posséder (vt)	lihyot 'ba'al ʃel	לִהְיוֹת בַּעַל שֶׁל
pouvoir (v aux)	yaχol	יָכוֹל
préférer (vt)	leha'adif	לְהַעֲדִיף
prendre (vt)	la'kaχat	לָקַחַת
prendre en note	lirʃom	לִרְשׁוֹם
prendre le petit déjeuner	le'eχol aruχat 'boker	לֶאֱכֹל אֲרוּחַת בּוֹקֶר
préparer (le dîner)	levaʃel	לְבַשֵּׁל
prévoir (vt)	laχazot	לַחֲזוֹת
prier (~ Dieu)	lehitpalel	לְהִתְפַּלֵּל
promettre (vt)	lehav'tiaχ	לְהַבְטִיחַ
prononcer (vt)	levate	לְבַטֵּא
proposer (vt)	leha'tsi'a	לְהַצִּיעַ
punir (vt)	leha'aniʃ	לְהַעֲנִישׁ

11. Les verbes les plus importants. Partie 4

recommander (vt)	lehamlits	לְהַמְלִיץ
regretter (vt)	lehitsta'er	לְהִצְטַעֵר
répéter (dire encore)	laχazor al	לַחֲזֹר עַל
répondre (vi, vt)	la'anot	לַעֲנוֹת
réserver (une chambre)	lehazmin meroʃ	לְהַזְמִין מֵרֹאשׁ
rester silencieux	liʃtok	לִשְׁתּוֹק
réunir (regrouper)	le'aχed	לְאַחֵד
rire (vi)	litsχok	לִצְחוֹק
s'arrêter (vp)	la'atsor	לַעֲצוֹר
s'asseoir (vp)	lehityaʃev	לְהִתְיַישֵׁב

sauver (la vie à qn)	lehatsil	לְהַצִּיל
savoir (qch)	la'da'at	לָדַעַת
se baigner (vp)	lehitraxets	לְהִתְרַחֵץ
se plaindre (vp)	lehitlonen	לְהִתְלוֹנֵן
se refuser (vp)	lesarev	לְסָרֵב

se tromper (vp)	lit'ot	לִטְעוֹת
se vanter (vp)	lehitravrev	לְהִתְרַבְרֵב
s'étonner (vp)	lehitpale	לְהִתְפַּלֵּא
s'excuser (vp)	lehitnatsel	לְהִתְנַצֵּל
signer (vt)	laxtom	לַחְתּוֹם

signifier (vt)	lomar	לוֹמַר
s'intéresser (vp)	lehit'anyen be...	...לְהִתְעַנְיֵין בְּ
sortir (aller dehors)	latset	לָצֵאת
sourire (vi)	lexayex	לְחַיֵּיךְ
sous-estimer (vt)	leham'it be''erex	לְהַמְעִיט בְּעֵרֶךְ

suivre ... (suivez-moi)	la'akov axarei	לַעֲקוֹב אַחֲרֵי
tirer (vi)	lirot	לִירוֹת
tomber (vi)	lipol	לִיפּוֹל
toucher (avec les mains)	la'ga'at	לָגַעַת
tourner (~ à gauche)	lifnot	לִפְנוֹת

traduire (vt)	letargem	לְתַרְגֵּם
travailler (vi)	la'avod	לַעֲבוֹד
tromper (vt)	leramot	לְרַמּוֹת
trouver (vt)	limtso	לִמְצֹא
tuer (vt)	laharog	לַהֲרוֹג
vendre (vt)	limkor	לִמְכּוֹר

venir (vi)	leha'gi'a	לְהַגִּיעַ
voir (vt)	lir'ot	לִרְאוֹת
voler (avion, oiseau)	la'uf	לָעוּף
voler (qch à qn)	lignov	לִגְנוֹב
vouloir (vt)	lirtsot	לִרְצוֹת

12. Les couleurs

couleur (f)	'tseva	צֶבַע (ז)
teinte (f)	gavan	גָּווֹן (ז)
ton (m)	gavan	גָּווֹן (ז)
arc-en-ciel (m)	'keʃet	קֶשֶׁת (נ)

blanc (adj)	lavan	לָבָן
noir (adj)	ʃaxor	שָׁחוֹר
gris (adj)	afor	אָפוֹר

vert (adj)	yarok	יָרוֹק
jaune (adj)	tsahov	צָהוֹב
rouge (adj)	adom	אָדוֹם

bleu (adj)	kaxol	כָּחוֹל
bleu clair (adj)	taxol	תָּכוֹל

rose (adj)	varod	וָרֹד
orange (adj)	katom	כָּתֹם
violet (adj)	segol	סָגֹל
brun (adj)	χum	חוּם
d'or (adj)	zahov	זָהֹב
argenté (adj)	kasuf	כָּסוּף
beige (adj)	beʒ	בֵּז'
crème (adj)	be'tseva krem	בְּצֶבַע קְרֶם
turquoise (adj)	turkiz	טוּרְקִיז
rouge cerise (adj)	bordo	בּוֹרְדוֹ
lilas (adj)	segol	סָגֹל
framboise (adj)	patol	פָּטֹל
clair (adj)	bahir	בָּהִיר
foncé (adj)	kehe	כֵּהֶה
vif (adj)	bohek	בּוֹהֵק
de couleur (adj)	tsiv'oni	צִבְעוֹנִי
en couleurs (adj)	tsiv'oni	צִבְעוֹנִי
noir et blanc (adj)	ʃaχor lavan	שָׁחוֹר-לָבָן
unicolore (adj)	χad tsiv'i	חַד-צִבְעִי
multicolore (adj)	sasgoni	סַסְגּוֹנִי

13. Les questions

Qui?	mi?	מִי?
Quoi?	ma?	מָה?
Où? (~ es-tu?)	'eifo?	אֵיפֹה?
Où? (~ vas-tu?)	le'an?	לְאָן?
D'où?	me''eifo?	מֵאֵיפֹה?
Quand?	matai?	מָתַי?
Pourquoi? (~ es-tu venu?)	'lama?	לָמָה?
Pourquoi? (~ t'es pâle?)	ma'du'a?	מַדּוּעַ?
À quoi bon?	biʃvil ma?	בִּשְׁבִיל מָה?
Comment?	eiχ, keitsad?	כֵּיצַד? אֵיךְ?
Quel? (à ~ prix?)	'eize?	אֵיזֶה?
Lequel?	'eize?	אֵיזֶה?
À qui? (pour qui?)	lemi?	לְמִי?
De qui?	al mi?	עַל מִי?
De quoi?	al ma?	עַל מָה?
Avec qui?	im mi?	עִם מִי?
Combien?	'kama?	כַּמָּה?
À qui?	ʃel mi?	שֶׁל מִי?

14. Les mots-outils. Les adverbes. Partie 1

Où? (~ es-tu?)	'eifo?	אֵיפֹה?
ici (c'est ~)	po, kan	פֹּה, כָּאן

là-bas (c'est ~)	ʃam	שָׁם
quelque part (être)	'eifo ʃehu	אֵיפֹה שֶׁהוּא
nulle part (adv)	beʃum makom	בְּשׁוּם מָקוֹם

| près de … | leyad … | לְיַד … |
| près de la fenêtre | leyad haχalon | לְיַד הַחַלוֹן |

Où? (~ vas-tu?)	le'an?	לְאָן?
ici (Venez ~)	'hena, lekan	הֵנָּה; לְכָאן
là-bas (j'irai ~)	leʃam	לְשָׁם
d'ici (adv)	mikan	מִכָּאן
de là-bas (adv)	miʃam	מִשָּׁם

| près (pas loin) | karov | קָרוֹב |
| loin (adv) | raχok | רָחוֹק |

près de (~ Paris)	leyad	לְיַד
tout près (adv)	karov	קָרוֹב
pas loin (adv)	lo raχok	לֹא רָחוֹק

gauche (adj)	smali	שְׂמָאלִי
à gauche (être ~)	mismol	מִשְׂמֹאל
à gauche (tournez ~)	'smola	שְׂמֹאלָה

droit (adj)	yemani	יְמָנִי
à droite (être ~)	miyamin	מִיָּמִין
à droite (tournez ~)	ya'mina	יָמִינָה

devant (adv)	mika'dima	מִקָּדִימָה
de devant (adj)	kidmi	קִדְמִי
en avant (adv)	ka'dima	קָדִימָה

derrière (adv)	me'aχor	מֵאָחוֹר
par derrière (adv)	me'aχor	מֵאָחוֹר
en arrière (regarder ~)	a'χora	אֲחוֹרָה

| milieu (m) | 'emtsa | אֶמְצַע (ז) |
| au milieu (adv) | ba''emtsa | בָּאֶמְצַע |

de côté (vue ~)	mehatsad	מֵהַצַּד
partout (adv)	beχol makom	בְּכָל מָקוֹם
autour (adv)	misaviv	מִסָּבִיב

de l'intérieur	mibifnim	מִבִּפְנִים
quelque part (aller)	le'an ʃehu	לְאָן שֶׁהוּא
tout droit (adv)	yaʃar	יָשָׁר
en arrière (revenir ~)	baχazara	בַּחֲזָרָה

| de quelque part (n'import d'où) | me'ei ʃam | מֵאֵי שָׁם |
| de quelque part (on ne sait pas d'où) | me'ei ʃam | מֵאֵי שָׁם |

premièrement (adv)	reʃit	רֵאשִׁית
deuxièmement (adv)	ʃenit	שֵׁנִית
troisièmement (adv)	ʃliʃit	שְׁלִישִׁית

soudain (adv)	pit'om	פִּתְאוֹם
au début (adv)	behatslaχa	בְּהַתְחָלָה
pour la première fois	lariʃona	לָרִאשׁוֹנָה
bien avant ...	zman rav lifnei ...	זְמַן רַב לִפְנֵי ...
de nouveau (adv)	meχadaʃ	מֵחָדָשׁ
pour toujours (adv)	letamid	לְתָמִיד
jamais (adv)	af 'pa'am, me'olam	מֵעוֹלָם, אַף פַּעַם
de nouveau, encore (adv)	ʃuv	שׁוּב
maintenant (adv)	aχʃav, ka'et	עַכְשָׁיו, כָּעֵת
souvent (adv)	le'itim krovot	לְעִיתִּים קְרוֹבוֹת
alors (adv)	az	אָז
d'urgence (adv)	bidχifut	בִּדְחִיפוּת
d'habitude (adv)	be'dereχ klal	בְּדֶרֶךְ כְּלָל
à propos, ...	'dereχ 'agav	דֶּרֶךְ אַגַּב
c'est possible	efʃari	אֶפְשָׁרִי
probablement (adv)	kanir'e	כַּנִּרְאֶה
peut-être (adv)	ulai	אוּלַי
en plus, ...	χuts mize ...	חוּץ מִזֶּה ...
c'est pourquoi ...	laχen	לָכֵן
malgré ...	lamrot ...	לַמְרוֹת ...
grâce à ...	hodot le...	הוֹדוֹת לְ...
quoi (pron)	ma	מָה
que (conj)	ʃe	שֶׁ
quelque chose (Il m'est arrivé ~)	'maʃehu	מַשֶּׁהוּ
quelque chose (peut-on faire ~)	'maʃehu	מַשֶּׁהוּ
rien (m)	klum	כְּלוּם
qui (pron)	mi	מִי
quelqu'un (on ne sait pas qui)	'miʃehu, 'miʃehi	מִישֶׁהוּ (ז), מִישֶׁהִי (נ)
quelqu'un (n'importe qui)	'miʃehu, 'miʃehi	מִישֶׁהוּ (ז), מִישֶׁהִי (נ)
personne (pron)	af eχad, af aχat	אַף אֶחָד (ז), אַף אַחַת (נ)
nulle part (aller ~)	leʃum makom	לְשׁוּם מָקוֹם
de personne	lo ʃayaχ le'af eχad	לֹא שַׁיָּךְ לְאַף אֶחָד
de n'importe qui	ʃel 'miʃehu	שֶׁל מִישֶׁהוּ
comme ça (adv)	kol kaχ	כָּל־כָּךְ
également (adv)	gam	גַּם
aussi (adv)	gam	גַּם

15. Les mots-outils. Les adverbes. Partie 2

Pourquoi?	ma'du'a?	מַדּוּעַ?
pour une certaine raison	miʃum ma	מִשּׁוּם־מָה
parce que ...	miʃum ʃe	מִשּׁוּם שֶׁ
pour une raison quelconque	lematara 'kolʃehi	לְמַטָּרָה כָּלְשֶׁהִי
et (conj)	ve ...	וְ ...
ou (conj)	o	אוֹ

mais (conj)	aval, ulam	אֲבָל, אוּלָם
pour … (prep)	biʃvil	בִּשְׁבִיל
trop (adv)	yoter midai	יוֹתֵר מִדַי
seulement (adv)	rak	רַק
précisément (adv)	bediyuk	בְּדִיוּק
près de … (prep)	be''ereχ	בְּעֵרֶךְ
approximativement	be''ereχ	בְּעֵרֶךְ
approximatif (adj)	meʃo'ar	מְשׁוֹעָר
presque (adv)	kim'at	כִּמְעַט
reste (m)	ʃe'ar	שְׁאָר (ז)
l'autre (adj)	aχer	אַחֵר
autre (adj)	aχer	אַחֵר
chaque (adj)	kol	כֹּל
n'importe quel (adj)	kolʃehu	כָּלְשֶׁהוּ
beaucoup de (dénombr.)	harbe	הַרְבֵּה
beaucoup de (indénombr.)	harbe	הַרְבֵּה
plusieurs (pron)	harbe	הַרְבֵּה
tous	kulam	כּוּלָם
en échange de …	tmurat …	תְּמוּרַת …
en échange (adv)	bitmura	בִּתְמוּרָה
à la main (adv)	bayad	בְּיָד
peu probable (adj)	safek im	סָפֵק אִם
probablement (adv)	karov levadai	קָרוֹב לְוַודַאי
exprès (adv)	'davka	דַווְקָא
par accident (adv)	bemikre	בְּמִקְרֶה
très (adv)	me'od	מְאוֹד
par exemple (adv)	lemaʃal	לְמָשָׁל
entre (prep)	bein	בֵּין
parmi (prep)	be'kerev	בְּקֶרֶב
autant (adv)	kol kaχ harbe	כָּל-כָּךְ הַרְבֵּה
surtout (adv)	bimyuχad	בְּמִיוּחָד

Concepts de base. Partie 2

16. Les jours de la semaine

lundi (m)	yom ʃeni	יוֹם שֵׁנִי (ז)
mardi (m)	yom ʃliʃi	יוֹם שְׁלִישִׁי (ז)
mercredi (m)	yom reviʻi	יוֹם רְבִיעִי (ז)
jeudi (m)	yom xamiʃi	יוֹם חֲמִישִׁי (ז)
vendredi (m)	yom ʃiʃi	יוֹם שִׁישִׁי (ז)
samedi (m)	ʃabat	שַׁבָּת (נ)
dimanche (m)	yom riʃon	יוֹם רִאשׁוֹן (ז)
aujourd'hui (adv)	hayom	הַיּוֹם
demain (adv)	maxar	מָחָר
après-demain (adv)	maxara'tayim	מָחֳרָתַיִם
hier (adv)	etmol	אֶתְמוֹל
avant-hier (adv)	ʃilʃom	שִׁלְשׁוֹם
jour (m)	yom	יוֹם (ז)
jour (m) ouvrable	yom avoda	יוֹם עֲבוֹדָה (ז)
jour (m) férié	yom xag	יוֹם חַג (ז)
jour (m) de repos	yom menuxa	יוֹם מְנוּחָה (ז)
week-end (m)	sof ʃa'vuʻa	סוֹף שָׁבוּעַ
toute la journée	kol hayom	כָּל הַיּוֹם
le lendemain	lamaxarat	לַמָּחֳרָת
il y a 2 jours	lifnei yo'mayim	לִפְנֵי יוֹמַיִם
la veille	'erev	עֶרֶב
quotidien (adj)	yomyomi	יוֹמְיוֹמִי
tous les jours	midei yom	מִדֵּי יוֹם
semaine (f)	ʃa'vua	שָׁבוּעַ (ז)
la semaine dernière	baʃa'vuʻa ʃe'avar	בַּשָּׁבוּעַ שֶׁעָבַר
la semaine prochaine	baʃa'vuʻa haba	בַּשָּׁבוּעַ הַבָּא
hebdomadaire (adj)	ʃvuʻi	שְׁבוּעִי
chaque semaine	kol ʃa'vuʻa	כָּל שָׁבוּעַ
2 fois par semaine	paʻa'mayim beʃa'vuʻa	פַּעֲמַיִם בְּשָׁבוּעַ
tous les mardis	kol yom ʃliʃi	כָּל יוֹם שְׁלִישִׁי

17. Les heures. Le jour et la nuit

matin (m)	'boker	בּוֹקֶר (ז)
le matin	ba'boker	בַּבּוֹקֶר
midi (m)	tsaha'rayim	צָהֳרַיִם (ז"ר)
dans l'après-midi	axar hatsaha'rayim	אַחַר הַצָּהֳרַיִם
soir (m)	'erev	עֶרֶב (ז)
le soir	ba''erev	בָּעֶרֶב

nuit (f)	'laila	לַיְלָה (ז)
la nuit	ba'laila	בַּלַּיְלָה
minuit (f)	χatsot	חֲצוֹת (נ)
seconde (f)	ʃniya	שְׁנִיָּה (נ)
minute (f)	daka	דַּקָּה (נ)
heure (f)	ʃa'a	שָׁעָה (נ)
demi-heure (f)	χatsi ʃa'a	חֲצִי שָׁעָה (נ)
un quart d'heure	'reva ʃa'a	רֶבַע שָׁעָה (ז)
quinze minutes	χameʃ esre dakot	חֲמֵשׁ עֶשְׂרֵה דַּקּוֹת
vingt-quatre heures	yemama	יְמָמָה (נ)
lever (m) du soleil	zriχa	זְרִיחָה (נ)
aube (f)	'ʃaχar	שַׁחַר (ז)
point (m) du jour	'ʃaχar	שַׁחַר (ז)
coucher (m) du soleil	ʃki'a	שְׁקִיעָה (נ)
tôt le matin	mukdam ba'boker	מוּקְדָּם בַּבּוֹקֶר
ce matin	ha'boker	הַבּוֹקֶר
demain matin	maχar ba'boker	מָחָר בַּבּוֹקֶר
cet après-midi	hayom aχarei hatzaha'rayim	הַיּוֹם אַחֲרֵי הַצָּהֳרַיִם
dans l'après-midi	aχar hatsaha'rayim	אַחַר הַצָּהֳרַיִם
demain après-midi	maχar aχarei hatsaha'rayim	מָחָר אַחֲרֵי הַצָּהֳרַיִם
ce soir	ha''erev	הָעֶרֶב
demain soir	maχar ba''erev	מָחָר בָּעֶרֶב
à 3 heures précises	baʃa'a ʃaloʃ bediyuk	בְּשָׁעָה שָׁלוֹשׁ בְּדִיּוּק
autour de 4 heures	bisvivot arba	בִּסְבִיבוֹת אַרְבַּע
vers midi	ad ʃteim esre	עַד שְׁתֵּים-עֶשְׂרֵה
dans 20 minutes	be'od esrim dakot	בְּעוֹד עֶשְׂרִים דַּקּוֹת
dans une heure	be'od ʃa'a	בְּעוֹד שָׁעָה
à temps	bazman	בַּזְּמַן
... moins le quart	'reva le...	רֶבַע לְ...
en une heure	toχ ʃa'a	תּוֹךְ שָׁעָה
tous les quarts d'heure	kol 'reva ʃa'a	כָּל רֶבַע שָׁעָה
24 heures sur 24	misaviv laʃa'on	מִסָּבִיב לַשָּׁעוֹן

18. Les mois. Les saisons

janvier (m)	'yanu'ar	יָנוּאָר (ז)
février (m)	'febru'ar	פֶבְּרוּאָר (ז)
mars (m)	merts	מֶרְץ (ז)
avril (m)	april	אַפְּרִיל (ז)
mai (m)	mai	מַאי (ז)
juin (m)	'yuni	יוּנִי (ז)
juillet (m)	'yuli	יוּלִי (ז)
août (m)	'ogust	אוֹגוּסְט (ז)
septembre (m)	sep'tember	סֶפְּטֶמְבֶּר (ז)
octobre (m)	ok'tober	אוֹקְטוֹבֶּר (ז)
novembre (m)	no'vember	נוֹבֶמְבֶּר (ז)
décembre (m)	de'tsember	דֶּצֶמְבֶּר (ז)

printemps (m)	aviv	אָבִיב (ז)
au printemps	ba'aviv	בָּאָבִיב
de printemps (adj)	avivi	אָבִיבִי
été (m)	'kayits	קַיִץ (ז)
en été	ba'kayits	בַּקַיִץ
d'été (adj)	ketsi	קֵיצִי
automne (m)	stav	סְתָיו (ז)
en automne	bestav	בְּסְתָיו
d'automne (adj)	stavi	סְתָווִי
hiver (m)	'χoref	חוֹרֶף (ז)
en hiver	ba'χoref	בַּחוֹרֶף
d'hiver (adj)	χorpi	חוֹרְפִּי
mois (m)	'χodeʃ	חוֹדֶשׁ (ז)
ce mois	ha'χodeʃ	הַחוֹדֶשׁ
le mois prochain	ba'χodeʃ haba	בַּחוֹדֶשׁ הַבָּא
le mois dernier	ba'χodeʃ ʃe'avar	בַּחוֹדֶשׁ שֶׁעָבַר
il y a un mois	lifnei 'χodeʃ	לִפְנֵי חוֹדֶשׁ
dans un mois	be'od 'χodeʃ	בְּעוֹד חוֹדֶשׁ
dans 2 mois	be'od χod'ʃayim	בְּעוֹד חוֹדְשַׁיִים
tout le mois	kol ha'χodeʃ	כָּל הַחוֹדֶשׁ
tout un mois	kol ha'χodeʃ	כָּל הַחוֹדֶשׁ
mensuel (adj)	χodʃi	חוֹדְשִׁי
mensuellement	χodʃit	חוֹדְשִׁית
chaque mois	kol 'χodeʃ	כָּל חוֹדֶשׁ
2 fois par mois	pa'a'mayim be'χodeʃ	פַּעֲמַיִים בְּחוֹדֶשׁ
année (f)	ʃana	שָׁנָה (נ)
cette année	haʃana	הַשָׁנָה
l'année prochaine	baʃana haba'a	בָּשָׁנָה הַבָּאָה
l'année dernière	baʃana ʃe'avra	בָּשָׁנָה שֶׁעָבְרָה
il y a un an	lifnei ʃana	לִפְנֵי שָׁנָה
dans un an	be'od ʃana	בְּעוֹד שָׁנָה
dans 2 ans	be'od ʃna'tayim	בְּעוֹד שְׁנָתַיִים
toute l'année	kol haʃana	כָּל הַשָׁנָה
toute une année	kol haʃana	כָּל הַשָׁנָה
chaque année	kol ʃana	כָּל שָׁנָה
annuel (adj)	ʃnati	שְׁנָתִי
annuellement	midei ʃana	מִדֵי שָׁנָה
4 fois par an	arba pa'amim be'χodeʃ	אַרְבַּע פְּעָמִים בְּחוֹדֶשׁ
date (f) (jour du mois)	ta'ariχ	תַאֲרִיךְ (ז)
date (f) (~ mémorable)	ta'ariχ	תַאֲרִיךְ (ז)
calendrier (m)	'luaχ ʃana	לוּחַ שָׁנָה (ז)
six mois	χatsi ʃana	חֲצִי שָׁנָה (ז)
semestre (m)	ʃiʃa χodaʃim, χatsi ʃana	חֲצִי שָׁנָה, שִׁישָׁה חוֹדָשִׁים
saison (f)	ona	עוֹנָה (נ)
siècle (m)	'me'a	מֵאָה (נ)

19. La notion de temps. Divers

temps (m)	zman	זְמַן (ז)
moment (m)	'rega	רֶגַע (ז)
instant (m)	'rega	רֶגַע (ז)
instantané (adj)	miyadi	מִיָּדִי
laps (m) de temps	tkufa	תְּקוּפָה (נ)
vie (f)	χayim	חַיִּים (ז"ר)
éternité (f)	'netsaχ	נֶצַח (ז)
époque (f)	idan	עִידָן (ז)
ère (f)	idan	עִידָן (ז)
cycle (m)	maχzor	מַחְזוֹר (ז)
période (f)	tkufa	תְּקוּפָה (נ)
délai (m)	tkufa	תְּקוּפָה (נ)
avenir (m)	atid	עָתִיד (ז)
prochain (adj)	haba	הַבָּא
la fois prochaine	ba'pa'am haba'a	בַּפַּעַם הַבָּאָה
passé (m)	avar	עָבָר (ז)
passé (adj)	ʃe'avar	שֶׁעָבַר
la fois passée	ba'pa'am hako'demet	בַּפַּעַם הַקּוֹדֶמֶת
plus tard (adv)	me'uχar yoter	מְאוּחָר יוֹתֵר
après (prep)	aχarei	אַחֲרֵי
à présent (adv)	kayom	כַּיּוֹם
maintenant (adv)	aχʃav, ka'et	עַכְשָׁיו, כָּעֵת
immédiatement	miyad	מִיָּד
bientôt (adv)	bekarov	בְּקָרוֹב
d'avance (adv)	meroʃ	מֵרֹאשׁ
il y a longtemps	mizman	מִזְּמַן
récemment (adv)	lo mizman	לֹא מִזְּמַן
destin (m)	goral	גּוֹרָל (ז)
souvenirs (m pl)	ziχronot	זִיכְרוֹנוֹת (ז"ר)
archives (f pl)	arχiyon	אַרְכִיּוֹן (ז)
pendant ... (prep)	bezman ʃel ...	בִּזְמַן שֶׁל ...
longtemps (adv)	zman rav	זְמַן רַב
pas longtemps (adv)	lo zman rav	לֹא זְמַן רַב
tôt (adv)	mukdam	מוּקְדָם
tard (adv)	me'uχar	מְאוּחָר
pour toujours (adv)	la'netsaχ	לָנֶצַח
commencer (vt)	lehatχil	לְהַתְחִיל
reporter (retarder)	lidχot	לִדְחוֹת
en même temps (adv)	bo zmanit	בּוֹ זְמַנִית
en permanence (adv)	bikvi'ut	בִּקְבִיעוּת
constant (bruit, etc.)	ka'vu'a	קָבוּעַ
temporaire (adj)	zmani	זְמַנִי
parfois (adv)	lif'amim	לִפְעָמִים
rarement (adv)	le'itim reχokot	לְעִיתִּים רְחוֹקוֹת
souvent (adv)	le'itim krovot	לְעִיתִּים קְרוֹבוֹת

20. Les contraires

riche (adj)	aʃir	עָשִׁיר
pauvre (adj)	ani	עָנִי
malade (adj)	χole	חוֹלֶה
en bonne santé	bari	בָּרִיא
grand (adj)	gadol	גָּדוֹל
petit (adj)	katan	קָטָן
vite (adv)	maher	מַהֵר
lentement (adv)	le'at	לְאַט
rapide (adj)	mahir	מָהִיר
lent (adj)	iti	אִטִי
joyeux (adj)	sa'meaχ	שָׂמֵחַ
triste (adj)	atsuv	עָצוּב
ensemble (adv)	be'yaχad	בְּיַחַד
séparément (adv)	levad	לְבַד
à haute voix	bekol ram	בְּקוֹל רָם
en silence	belev, be'ʃeket	בְּלֵב, בְּשֶׁקֶט
haut (adj)	ga'voha	גָּבוֹהַּ
bas (adj)	namuχ	נָמוּךְ
profond (adj)	amok	עָמוֹק
peu profond (adj)	radud	רָדוּד
oui (adv)	ken	כֵּן
non (adv)	lo	לֹא
lointain (adj)	raχok	רָחוֹק
proche (adj)	karov	קָרוֹב
loin (adv)	raχok	רָחוֹק
près (adv)	samuχ	סָמוּךְ
long (adj)	aroχ	אָרוֹךְ
court (adj)	katsar	קָצָר
bon (au bon cœur)	tov lev	טוֹב לֵב
méchant (adj)	raʃa	רָשָׁע
marié (adj)	nasui	נָשׂוּי
célibataire (adj)	ravak	רַוָּק
interdire (vt)	le'esor al	לֶאֱסוֹר עַל
permettre (vt)	leharʃot	לְהַרְשׁוֹת
fin (f)	sof	סוֹף (ז)
début (m)	hatχala	הַתְחָלָה (נ)

gauche (adj)	smali	שְׂמָאלִי
droit (adj)	yemani	יְמָנִי
premier (adj)	riʃon	רִאשׁוֹן
dernier (adj)	aχaron	אַחֲרוֹן
crime (m)	'peʃa	פֶּשַׁע (ז)
punition (f)	'oneʃ	עוֹנֶשׁ (ז)
ordonner (vt)	leʦavot	לְצַוּוֹת
obéir (vt)	leʦayet	לְצַיֵּית
droit (adj)	yaʃar	יָשָׁר
courbé (adj)	me'ukal	מְעוּקָל
paradis (m)	gan 'eden	גַּן עֵדֶן (ז)
enfer (m)	gehinom	גֵּיהִינּוֹם (ז)
naître (vi)	lehivaled	לְהִיוָּלֵד
mourir (vi)	lamut	לָמוּת
fort (adj)	χazak	חָזָק
faible (adj)	χalaʃ	חַלָּשׁ
vieux (adj)	zaken	זָקֵן
jeune (adj)	ʦa'ir	צָעִיר
vieux (adj)	yaʃan	יָשָׁן
neuf (adj)	χadaʃ	חָדָשׁ
dur (adj)	kaʃe	קָשֶׁה
mou (adj)	raχ	רַךְ
chaud (tiède)	χamim	חָמִים
froid (adj)	kar	קַר
gros (adj)	ʃamen	שָׁמֵן
maigre (adj)	raze	רָזֶה
étroit (adj)	ʦar	צַר
large (adj)	raχav	רָחָב
bon (adj)	tov	טוֹב
mauvais (adj)	ra	רַע
vaillant (adj)	amiʦ	אַמִּיץ
peureux (adj)	paχdani	פַּחְדָנִי

21. Les lignes et les formes

carré (m)	ri'bu'a	רִיבּוּעַ (ז)
carré (adj)	meruba	מְרוּבָּע
cercle (m)	ma'agal, igul	מַעֲגָל, עִיגוּל (ז)
rond (adj)	agol	עָגוֹל

| triangle (m) | meʃulaʃ | מְשׁוּלָשׁ (ז) |
| triangulaire (adj) | meʃulaʃ | מְשׁוּלָשׁ |

ovale (m)	e'lipsa	אֶלִיפְּסָה (נ)
ovale (adj)	e'lipti	אֶלִיפְּטִי
rectangle (m)	malben	מַלְבֵּן (ז)
rectangulaire (adj)	malbeni	מַלְבֵּנִי

pyramide (f)	pira'mida	פִּירָמִידָה (נ)
losange (m)	me'uyan	מְעוּיָן (ז)
trapèze (m)	trapez	טְרָפֵּז (ז)
cube (m)	kubiya	קוּבִּיָּה (נ)
prisme (m)	minsara	מִנְסָרָה (נ)

circonférence (f)	ma'agal	מַעֲגָל (ז)
sphère (f)	sfira	סְפִירָה (נ)
globe (m)	kadur	כַּדּוּר (ז)

diamètre (m)	'koter	קוֹטֶר (ז)
rayon (m)	'radyus	רַדְיוּס (ז)
périmètre (m)	hekef	הֶיקֵף (ז)
centre (m)	merkaz	מֶרְכָּז (ז)

horizontal (adj)	ofki	אוֹפְקִי
vertical (adj)	anaxi	אֲנָכִי
parallèle (f)	kav makbil	קַו מַקְבִּיל (ז)
parallèle (adj)	makbil	מַקְבִּיל

ligne (f)	kav	קַו (ז)
trait (m)	kav	קַו (ז)
ligne (f) droite	kav yaʃar	קַו יָשָׁר (ז)
courbe (f)	akuma	עֲקוּמָה (נ)
fin (une ~ ligne)	dak	דַּק
contour (m)	mit'ar	מִתְאָר (ז)

intersection (f)	xitux	חִיתוּךְ (ז)
angle (m) droit	zavit yaʃara	זָוִית יְשָׁרָה (נ)
segment (m)	mikta	מִקְטָע (ז)
secteur (m)	gizra	גִּזְרָה (נ)
côté (m)	'tsela	צֶלַע (ז)
angle (m)	zavit	זָוִית (נ)

22. Les unités de mesure

poids (m)	miʃkal	מִשְׁקָל (ז)
longueur (f)	'orex	אוֹרֶךְ (ז)
largeur (f)	'roxav	רוֹחַב (ז)
hauteur (f)	'gova	גּוֹבַה (ז)
profondeur (f)	'omek	עוֹמֶק (ז)
volume (m)	'nefax	נֶפַח (ז)
aire (f)	'ʃetax	שֶׁטַח (ז)

| gramme (m) | gram | גְּרָם (ז) |
| milligramme (m) | miligram | מִילִיגְרָם (ז) |

kilogramme (m)	kilogram	קִילוֹגְרָם (ז)
tonne (f)	ton	טוֹן (ז)
livre (f)	'pa'und	פָּאוּנד (ז)
once (f)	'unkiya	אוּנקִיָה (נ)
mètre (m)	'meter	מֶטֶר (ז)
millimètre (m)	mili'meter	מִילִימֶטֶר (ז)
centimètre (m)	senti'meter	סָנטִימֶטֶר (ז)
kilomètre (m)	kilo'meter	קִילוֹמֶטֶר (ז)
mille (m)	mail	מַייל (ז)
pouce (m)	intʃ	אִינץ' (ז)
pied (m)	'regel	רֶגֶל (נ)
yard (m)	yard	יַרד (ז)
mètre (m) carré	'meter ra'vu'a	מֶטֶר רָבוּעַ (ז)
hectare (m)	hektar	הֶקטָר (ז)
litre (m)	litr	לִיטֶר (ז)
degré (m)	ma'ala	מַעֲלָה (נ)
volt (m)	volt	וֹולט (ז)
ampère (m)	amper	אַמפֶּר (ז)
cheval-vapeur (m)	'koaχ sus	כּוֹחַ סוּס (ז)
quantité (f)	kamut	כַּמוּת (נ)
un peu de …	ktsat …	קצָת …
moitié (f)	'χetsi	חֲצִי (ז)
douzaine (f)	tresar	תרֵיסָר (ז)
pièce (f)	yeχida	יְחִידָה (נ)
dimension (f)	'godel	גוֹדֶל (ז)
échelle (f) (de la carte)	kne mida	קנֵה מִידָה (ז)
minimal (adj)	mini'mali	מִינִימָאלִי
le plus petit (adj)	hakatan beyoter	הַקטָן בְּיוֹתֵר
moyen (adj)	memutsa	מְמוּצָע
maximal (adj)	maksi'mali	מַקסִימָלִי
le plus grand (adj)	hagadol beyoter	הַגָדוֹל בְּיוֹתֵר

23. Les récipients

bocal (m) en verre	tsin'tsenet	צִנצֶנֶת (נ)
boîte, canette (f)	paχit	פַּחִית (נ)
seau (m)	dli	דלִי (ז)
tonneau (m)	χavit	חָבִית (נ)
bassine, cuvette (f)	gigit	גִיגִית (נ)
cuve (f)	meiχal	מֵיכָל (ז)
flasque (f)	meimiya	מֵימִיָה (נ)
jerrican (m)	'dʒerikan	גֶ'רִיקָן (ז)
citerne (f)	meχalit	מֵיכָלִית (נ)
tasse (f), mug (m)	'sefel	סֵפֶל (ז)
tasse (f)	'sefel	סֵפֶל (ז)

soucoupe (f)	taxtit	תַּחְתִּית (נ)
verre (m) (~ d'eau)	kos	כּוֹס (נ)
verre (m) à vin	ga'vi'a	גָּבִיעַ (ז)
faitout (m)	sir	סִיר (ז)
bouteille (f)	bakbuk	בַּקְבּוּק (ז)
goulot (m)	tsavar habakbuk	צַוַּאר הַבַּקְבּוּק (ז)
carafe (f)	kad	כַּד (ז)
pichet (m)	kankan	קַנְקַן (ז)
récipient (m)	kli	כְּלִי (ז)
pot (m)	sir 'xeres	סִיר חֶרֶס (ז)
vase (m)	agartal	אֲגַרְטָל (ז)
flacon (m)	tsloxit	צְלוֹחִית (נ)
fiole (f)	bakbukon	בַּקְבּוּקוֹן (ז)
tube (m)	ffo'feret	שְׁפוֹפֶרֶת (נ)
sac (m) (grand ~)	sak	שַׂק (ז)
sac (m) (~ en plastique)	sakit	שַׂקִּית (נ)
paquet (m) (~ de cigarettes)	xafisa	חֲפִיסָה (נ)
boîte (f)	kufsa	קוּפְסָה (נ)
caisse (f)	argaz	אַרְגָּז (ז)
panier (m)	sal	סַל (ז)

24. Les matériaux

matériau (m)	'xomer	חוֹמֶר (ז)
bois (m)	ets	עֵץ (ז)
en bois (adj)	me'ets	מֵעֵץ
verre (m)	zxuxit	זְכוּכִית (נ)
en verre (adj)	mizxuxit	מִזְּכוּכִית
pierre (f)	'even	אֶבֶן (נ)
en pierre (adj)	me''even	מֵאֶבֶן
plastique (m)	'plastik	פְּלַסְטִיק (ז)
en plastique (adj)	mi'plastik	מִפְּלַסְטִיק
caoutchouc (m)	'gumi	גּוּמִי (ז)
en caoutchouc (adj)	mi'gumi	מְגוּמִי
tissu (m)	bad	בַּד (ז)
en tissu (adj)	mibad	מִבַּד
papier (m)	neyar	נְיָיר (ז)
de papier (adj)	mineyar	מִנְּיָיר
carton (m)	karton	קַרְטוֹן (ז)
en carton (adj)	mikarton	מְקַרְטוֹן
polyéthylène (m)	'nailon	נַיְילוֹן (ז)
cellophane (f)	tselofan	צֶלוֹפָן (ז)

33

| linoléum (m) | li'nole'um | לִינוֹלְיאוּם (ז) |
| contreplaqué (m) | dikt | דִּיקְט (ז) |

porcelaine (f)	χar'sina	חַרְסִינָה (נ)
de porcelaine (adj)	meχar'sina	מְחַרְסִינָה
argile (f)	χarsit	חַרְסִית (נ)
de terre cuite (adj)	me'χeres	מֵחֶרֶס
céramique (f)	ke'ramika	קֵרָמִיקָה (נ)
en céramique (adj)	ke'rami	קֵרָמִי

25. Les métaux

métal (m)	ma'teχet	מַתֶּכֶת (נ)
métallique (adj)	mataχti	מַתַּכְתִּי
alliage (m)	sag'soget	סַגְסוֹגֶת (נ)

or (m)	zahav	זָהָב (ז)
en or (adj)	mizahav, zahov	מִזָּהָב, זָהוֹב
argent (m)	'kesef	כֶּסֶף (ז)
en argent (adj)	kaspi	כַּסְפִּי

fer (m)	barzel	בַּרְזֶל (ז)
en fer (adj)	mibarzel	מִבַּרְזֶל
acier (m)	plada	פְּלָדָה (נ)
en acier (adj)	miplada	מִפְּלָדָה
cuivre (m)	ne'χoſet	נְחוֹשֶׁת (נ)
en cuivre (adj)	mine'χoſet	מִנְּחוֹשֶׁת

aluminium (m)	alu'minyum	אֲלוּמִינְיוּם (ז)
en aluminium (adj)	meʾalu'minyum	מֵאֲלוּמִינְיוּם
bronze (m)	arad	אָרָד (ז)
en bronze (adj)	meʾarad	מֵאָרָד

laiton (m)	pliz	פְּלִיז (ז)
nickel (m)	'nikel	נִיקֶל (ז)
platine (f)	'platina	פְּלָטִינָה (נ)
mercure (m)	kaspit	כַּסְפִּית (נ)
étain (m)	bdil	בְּדִיל (ז)
plomb (m)	o'feret	עוֹפֶרֶת (נ)
zinc (m)	avats	אָבָץ (ז)

L'HOMME

L'homme. Le corps humain

26. L'homme. Notions fondamentales

être (m) humain	ben adam	בֶּן אָדָם (ז)
homme (m)	'gever	גֶּבֶר (ז)
femme (f)	iʃa	אִשָּׁה (נ)
enfant (m, f)	'yeled	יֶלֶד (ז)
fille (f)	yalda	יַלְדָּה (נ)
garçon (m)	'yeled	יֶלֶד (ז)
adolescent (m)	'na'ar	נַעַר (ז)
vieillard (m)	zaken	זָקֵן (ז)
vieille femme (f)	zkena	זְקֵנָה (נ)

27. L'anatomie humaine

organisme (m)	guf ha'adam	גּוּף הָאָדָם (ז)
cœur (m)	lev	לֵב (ז)
sang (m)	dam	דָּם (ז)
artère (f)	'orek	עוֹרֶק (ז)
veine (f)	vrid	וְרִיד (ז)
cerveau (m)	'moaχ	מוֹחַ (ז)
nerf (m)	atsav	עָצָב (ז)
nerfs (m pl)	atsabim	עֲצַבִּים (ז״ר)
vertèbre (f)	χulya	חוּלְיָה (נ)
colonne (f) vertébrale	amud haʃidra	עַמּוּד הַשִּׁדְרָה (ז)
estomac (m)	keiva	קֵיבָה (נ)
intestins (m pl)	me''ayim	מֵעַיִים (ז״ר)
intestin (m)	me'i	מְעִי (ז)
foie (m)	kaved	כָּבֵד (ז)
rein (m)	kilya	כְּלָיָה (נ)
os (m)	'etsem	עֶצֶם (נ)
squelette (f)	'ʃeled	שֶׁלֶד (ז)
côte (f)	'tsela	צֵלַע (ז)
crâne (m)	gul'golet	גּוּלְגּוֹלֶת (נ)
muscle (m)	ʃrir	שְׁרִיר (ז)
biceps (m)	ʃrir du raʃi	שְׁרִיר דּוּ־רָאשִׁי (ז)
triceps (m)	ʃrir tlat raʃi	שְׁרִיר תְּלָת־רָאשִׁי (ז)
tendon (m)	gid	גִּיד (ז)
articulation (f)	'perek	פֶּרֶק (ז)

35

poumons (m pl)	re'ot	רֵיאוֹת (נ״ר)
organes (m pl) génitaux	evrei min	אֶבְרֵי מִין (ז״ר)
peau (f)	or	עוֹר (ז)

28. La tête

tête (f)	roʃ	רֹאשׁ (ז)
visage (m)	panim	פָּנִים (ז״ר)
nez (m)	af	אַף (ז)
bouche (f)	pe	פֶּה (ז)

œil (m)	'ayin	עַיִן (נ)
les yeux	ei'nayim	עֵינַיִים (נ״ר)
pupille (f)	iʃon	אִישׁוֹן (ז)
sourcil (m)	gaba	גַּבָּה (נ)
cil (m)	ris	רִיס (ז)
paupière (f)	af'af	עַפְעַף (ז)

langue (f)	laʃon	לָשׁוֹן (נ)
dent (f)	ʃen	שֵׁן (נ)
lèvres (f pl)	sfa'tayim	שְׂפָתַיִים (נ״ר)
pommettes (f pl)	atsamot leχa'yayim	עַצְמוֹת לְחָיַיִם (נ״ר)
gencive (f)	χani'χayim	חֲנִיכַיִים (ז״ר)
palais (m)	χeχ	חֵךְ (ז)

narines (f pl)	neχi'rayim	נְחִירַיִים (ז״ר)
menton (m)	santer	סַנְטֵר (ז)
mâchoire (f)	'leset	לֶסֶת (נ)
joue (f)	'leχi	לֶחִי (נ)

front (m)	'metsaχ	מֵצַח (ז)
tempe (f)	raka	רַקָּה (נ)
oreille (f)	'ozen	אוֹזֶן (נ)
nuque (f)	'oref	עוֹרֶף (ז)
cou (m)	tsavar	צַוָּואר (ז)
gorge (f)	garon	גָּרוֹן (ז)

cheveux (m pl)	seʿar	שֵׂיעָר (ז)
coiffure (f)	tis'roket	תִּסְרוֹקֶת (נ)
coupe (f)	tis'poret	תִּסְפּוֹרֶת (נ)
perruque (f)	pe'a	פֵּאָה (נ)

moustache (f)	safam	שָׂפָם (ז)
barbe (f)	zakan	זָקָן (ז)
porter (~ la barbe)	legadel	לְגַדֵּל
tresse (f)	tsama	צַמָּה (נ)
favoris (m pl)	pe'ot leχa'yayim	פֵּאוֹת לְחָיַיִם (נ״ר)

roux (adj)	'dʒindʒi	ג׳ינג׳י
gris, grisonnant (adj)	kasuf	כָּסוּף
chauve (adj)	ke'reaχ	קֵירֵחַ
calvitie (f)	ka'raχat	קָרַחַת (נ)
queue (f) de cheval	'kuku	קוּקוּ (ז)
frange (f)	'poni	פּוֹנִי (ז)

29. Le corps humain

main (f)	kaf yad	כַּף יָד (נ)
bras (m)	yad	יָד (נ)
doigt (m)	'etsba	אֶצְבַּע (נ)
orteil (m)	'bohen	בּוֹהֶן (נ)
pouce (m)	agudal	אֲגוּדָל (ז)
petit doigt (m)	'zeret	זֶרֶת (נ)
ongle (m)	tsi'poren	צִיפּוֹרֶן (נ)
poing (m)	egrof	אֶגְרוֹף (ז)
paume (f)	kaf yad	כַּף יָד (נ)
poignet (m)	'joreʃ kaf hayad	שׁוֹרֶשׁ כַּף הַיָד (ז)
avant-bras (m)	ama	אַמָה (נ)
coude (m)	marpek	מַרְפֵּק (ז)
épaule (f)	katef	כָּתֵף (נ)
jambe (f)	'regel	רֶגֶל (נ)
pied (m)	kaf 'regel	כַּף רֶגֶל (נ)
genou (m)	'berex	בֶּרֶךְ (נ)
mollet (m)	ʃok	שׁוֹק (נ)
hanche (f)	yarex	יָרֵךְ (נ)
talon (m)	akev	עָקֵב (ז)
corps (m)	guf	גוּף (ז)
ventre (m)	'beten	בֶּטֶן (נ)
poitrine (f)	xaze	חָזֶה (ז)
sein (m)	ʃad	שַׁד (ז)
côté (m)	tsad	צַד (ז)
dos (m)	gav	גַב (ז)
reins (région lombaire)	mot'nayim	מוֹתְנַיִים (ז"ר)
taille (f) (~ de guêpe)	'talya	טַלְיָה (נ)
nombril (m)	tabur	טַבּוּר (ז)
fesses (f pl)	axo'rayim	אֲחוֹרַיִים (ז"ר)
derrière (m)	yaʃvan	יַשְׁבָן (ז)
grain (m) de beauté	nekudat xen	נְקוּדַת חֵן (נ)
tache (f) de vin	'ketem leida	כֶּתֶם לֵידָה (ז)
tatouage (m)	ka'a'ku'a	קַעֲקוּעַ (ז)
cicatrice (f)	tsa'leket	צַלֶקֶת (נ)

Les vêtements & les accessoires

30. Les vêtements d'extérieur

vêtement (m)	bgadim	בְּגָדִים (ז"ר)
survêtement (m)	levuʃ elyon	לְבוּשׁ עֶלְיוֹן (ז)
vêtement (m) d'hiver	bigdei 'xoref	בִּגְדֵי חוֹרֶף (ז"ר)
manteau (m)	me'il	מְעִיל (ז)
manteau (m) de fourrure	me'il parva	מְעִיל פַּרְוָה (ז)
veste (f) de fourrure	me'il parva katsar	מְעִיל פַּרְוָה קָצָר (ז)
manteau (m) de duvet	me'il pux	מְעִיל פּוּךְ (ז)
veste (f) (~ en cuir)	me'il katsar	מְעִיל קָצָר (ז)
imperméable (m)	me'il 'geʃem	מְעִיל גֶּשֶׁם (ז)
imperméable (adj)	amid be'mayim	עָמִיד בָּמַיִם

31. Les vêtements

chemise (f)	xultsa	חוּלְצָה (נ)
pantalon (m)	mixna'sayim	מִכְנָסַיִים (ז"ר)
jean (m)	mixnesei 'dʒins	מִכְנְסֵי ג'ִינְס (ז"ר)
veston (m)	ʒaket	ז'ָקֵט (ז)
complet (m)	xalifa	חֲלִיפָּה (נ)
robe (f)	simla	שִׂמְלָה (נ)
jupe (f)	xatsa'it	חֲצָאִית (נ)
chemisette (f)	xultsa	חוּלְצָה (נ)
veste (f) en laine	ʒaket 'tsemer	ז'ָקֵט צֶמֶר (ז)
jaquette (f), blazer (m)	ʒaket	ז'ָקֵט (ז)
tee-shirt (m)	ti ʃert	טִי שֶׁרְט (ז)
short (m)	mixna'sayim ktsarim	מִכְנָסַיִים קְצָרִים (ז"ר)
costume (m) de sport	'trening	טְרֶנִינְג (ז)
peignoir (m) de bain	xaluk raxatsa	חֲלוּק רַחְצָה (ז)
pyjama (m)	pi'dʒama	פִּיג'ָמָה (נ)
chandail (m)	'sveder	סְוֶודֶר (ז)
pull-over (m)	afuda	אֲפוּדָה (נ)
gilet (m)	vest	וֶסְט (ז)
queue-de-pie (f)	frak	פְרַאק (ז)
smoking (m)	tuk'sido	טוּקְסִידוֹ (ז)
uniforme (m)	madim	מַדִים (ז"ר)
tenue (f) de travail	bigdei avoda	בִּגְדֵי עֲבוֹדָה (ז"ר)
salopette (f)	sarbal	סַרְבָּל (ז)
blouse (f) (d'un médecin)	xaluk	חָלוּק (ז)

32. Les sous-vêtements

sous-vêtements (m pl)	levanim	לְבָנִים (ז״ר)
boxer (m)	taχtonim	תַּחְתּוֹנִים (ז״ר)
slip (m) de femme	taχtonim	תַּחְתּוֹנִים (ז״ר)
maillot (m) de corps	gufiya	גּוּפִיָּה (נ)
chaussettes (f pl)	gar'bayim	גַּרְבַּיִם (ז״ר)
chemise (f) de nuit	'ktonet 'laila	כְּתוֹנֶת לַיְלָה (נ)
soutien-gorge (m)	χaziya	חֲזִיָּה (נ)
chaussettes (f pl) hautes	birkon	בִּרְכּוֹן (ז)
collants (m pl)	garbonim	גַּרְבּוֹנִים (ז״ר)
bas (m pl)	garbei 'nailon	גַּרְבֵּי נַיְלוֹן (ז״ר)
maillot (m) de bain	'beged yam	בֶּגֶד יָם (ז)

33. Les chapeaux

chapeau (m)	'kova	כּוֹבַע (ז)
chapeau (m) feutre	'kova 'leved	כּוֹבַע לֶבֶד (ז)
casquette (f) de base-ball	'kova 'beisbol	כּוֹבַע בֵּייסְבּוֹל (ז)
casquette (f)	'kova mitsχiya	כּוֹבַע מִצְחִיָּה (ז)
béret (m)	baret	בֶּרֶט (ז)
capuche (f)	bardas	בַּרְדָּס (ז)
panama (m)	'kova 'tembel	כּוֹבַע טֶמְבֶּל (ז)
bonnet (m) de laine	'kova 'gerev	כּוֹבַע גֶּרֶב (ז)
foulard (m)	mit'paχat	מִטְפַּחַת (נ)
chapeau (m) de femme	'kova	כּוֹבַע (ז)
casque (m) (d'ouvriers)	kasda	קַסְדָּה (נ)
calot (m)	kumta	כּוּמְתָּה (נ)
casque (m) (~ de moto)	kasda	קַסְדָּה (נ)
melon (m)	mig'ba'at me'u'gelet	מִגְבַּעַת מְעוּגֶּלֶת (נ)
haut-de-forme (m)	tsi'linder	צִילִינְדֶּר (ז)

34. Les chaussures

chaussures (f pl)	han'ala	הַנְעָלָה (נ)
bottines (f pl)	na'a'layim	נַעֲלַיִם (נ״ר)
souliers (m pl) (~ plats)	na'a'layim	נַעֲלַיִם (נ״ר)
bottes (f pl)	maga'fayim	מַגָּפַיִם (ז״ר)
chaussons (m pl)	na'alei 'bayit	נַעֲלֵי בַּיִת (נ״ר)
tennis (m pl)	na'alei sport	נַעֲלֵי סְפּוֹרְט (נ״ר)
baskets (f pl)	na'alei sport	נַעֲלֵי סְפּוֹרְט (נ״ר)
sandales (f pl)	sandalim	סַנְדָּלִים (ז״ר)
cordonnier (m)	sandlar	סַנְדְּלָר (ז)
talon (m)	akev	עָקֵב (ז)

paire (f)	zug	זוּג (ז)
lacet (m)	sroχ	שְׂרוֹךְ (ז)
lacer (vt)	lisroχ	לִשְׂרוֹךְ
chausse-pied (m)	kaf na'a'layim	כַּף נַעֲלַיִים (נ)
cirage (m)	miʃχat na'a'layim	מִשְׁחַת נַעֲלַיִים (נ)

35. Le textile. Les tissus

coton (m)	kutna	כּוּתְנָה (נ)
de coton (adj)	mikutna	מִכּוּתְנָה
lin (m)	piʃtan	פִּשְׁתָּן (ז)
de lin (adj)	mipiʃtan	מִפִּשְׁתָּן
soie (f)	'meʃi	מֶשִׁי (ז)
de soie (adj)	miʃyi	מֶשִׁיִּי
laine (f)	'tsemer	צֶמֶר (ז)
en laine (adj)	tsamri	צַמְרִי
velours (m)	ktifa	קְטִיפָה (נ)
chamois (m)	zamʃ	זָמְשׁ (ז)
velours (m) côtelé	'korderoi	קוֹרְדְּרוֹי (ז)
nylon (m)	'nailon	נַיְילוֹן (ז)
en nylon (adj)	mi'nailon	מִנַּיְילוֹן
polyester (m)	poli''ester	פּוֹלִיאָסְטֶר (ז)
en polyester (adj)	mipoli''ester	מִפּוֹלִיאָסְטֶר
cuir (m)	or	עוֹר (ז)
en cuir (adj)	me'or	מֵעוֹר
fourrure (f)	parva	פַּרְווָה (נ)
en fourrure (adj)	miparva	מִפַּרְווָה

36. Les accessoires personnels

gants (m pl)	kfafot	כְּפָפוֹת (נ"ר)
moufles (f pl)	kfafot	כְּפָפוֹת (נ"ר)
écharpe (f)	tsa'if	צָעִיף (ז)
lunettes (f pl)	miʃka'fayim	מִשְׁקָפַיִים (ז"ר)
monture (f)	mis'geret	מִסְגֶּרֶת (נ)
parapluie (m)	mitriya	מִטְרִייָה (נ)
canne (f)	makel haliχa	מַקֵּל הֲלִיכָה (ז)
brosse (f) à cheveux	miv'reʃet se'ar	מִבְרֶשֶׁת שֵׂיעָר (נ)
éventail (m)	menifa	מְנִיפָה (נ)
cravate (f)	aniva	עֲנִיבָה (נ)
nœud papillon (m)	anivat parpar	עֲנִיבַת פַּרְפַּר (נ)
bretelles (f pl)	ktefiyot	כְּתֵפִיּוֹת (נ"ר)
mouchoir (m)	mimχata	מִמְחָטָה (נ)
peigne (m)	masrek	מַסְרֵק (ז)
barrette (f)	sikat roʃ	סִיכַּת רֹאשׁ (נ)

épingle (f) â cheveux	sikat se'ar	סִיכַּת שֵׂעָר (נ)
boucle (f)	avzam	אַבְזָם (ז)
ceinture (f)	χagora	חֲגוֹרָה (נ)
bandoulière (f)	retsu'at katef	רְצוּעַת כָּתֵף (נ)
sac (m)	tik	תִּיק (ז)
sac (m) â main	tik	תִּיק (ז)
sac (m) â dos	tarmil	תַּרְמִיל (ז)

37. Les vêtements. Divers

mode (f)	ofna	אוֹפְנָה (נ)
â la mode (adj)	ofnati	אוֹפְנָתִי
couturier, créateur de mode	me'atsev ofna	מְעַצֵּב אוֹפְנָה (ז)
col (m)	tsavaron	צַוָּארוֹן (ז)
poche (f)	kis	כִּיס (ז)
de poche (adj)	ʃel kis	שֶׁל כִּיס
manche (f)	ʃarvul	שַׁרְווּל (ז)
bride (f)	mitle	מִתְלֶה (ז)
braguette (f)	χanut	חֲנוּת (נ)
fermeture (f) â glissière	roχsan	רוֹכְסָן (ז)
agrafe (f)	'keres	קֶרֶס (ז)
bouton (m)	kaftor	כַּפְתּוֹר (ז)
boutonnière (f)	lula'a	לוּלָאָה (נ)
s'arracher (bouton)	lehitaleʃ	לְהִיתָּלֵשׁ
coudre (vi, vt)	litpor	לִתְפּוֹר
broder (vt)	lirkom	לִרְקוֹם
broderie (f)	rikma	רִקְמָה (נ)
aiguille (f)	'maχat tfira	מַחַט תְּפִירָה (נ)
fil (m)	χut	חוּט (ז)
couture (f)	'tefer	תֶּפֶר (ז)
se salir (vp)	lehitlaχleχ	לְהִתְלַכְלֵךְ
tache (f)	'ketem	כֶּתֶם (ז)
se froisser (vp)	lehitkamet	לְהִתְקַמֵּט
déchirer (vt)	lik'ro'a	לִקְרוֹעַ
mite (f)	aʃ	עָשׁ (ז)

38. L'hygiène corporelle. Les cosmétiques

dentifrice (m)	miʃχat ʃi'nayim	מִשְׁחַת שִׁינַּיִים (נ)
brosse (f) â dents	miv'reʃet ʃi'nayim	מִבְרֶשֶׁת שִׁינַּיִים (נ)
se brosser les dents	letsaχ'tseaχ ʃi'nayim	לְצַחְצֵחַ שִׁינַּיִים
rasoir (m)	'ta'ar	תַּעַר (ז)
crème (f) â raser	'ketsef gi'luaχ	קֶצֶף גִּילּוּחַ (ז)
se raser (vp)	lehitga'leaχ	לְהִתְגַּלֵּחַ
savon (m)	sabon	סַבּוֹן (ז)

shampooing (m)	ʃampu	שַׁמְפּוּ (ז)
ciseaux (m pl)	mispa'rayim	מִסְפָּרַיִם (ז"ר)
lime (f) à ongles	ptsira	פְּצִירָה (נ)
pinces (f pl) à ongles	gozez tsipor'nayim	גּוֹזֵז צִיפּוֹרְנַיִים (ז)
pince (f) à épiler	pin'tseta	פִּינְצֶטָה (נ)
produits (m pl) de beauté	tamrukim	תַמְרוּקִים (ז"ר)
masque (m) de beauté	maseχa	מַסֵּכָה (נ)
manucure (f)	manikur	מָנִיקוּר (ז)
se faire les ongles	la'asot manikur	לַעֲשׂוֹת מָנִיקוּר
pédicurie (f)	pedikur	פֵּדִיקוּר (ז)
trousse (f) de toilette	tik ipur	תִּיק אִיפּוּר (ז)
poudre (f)	'pudra	פּוּדְרָה (נ)
poudrier (m)	pudriya	פּוּדְרִייָה (נ)
fard (m) à joues	'somek	סוֹמֶק (ז)
parfum (m)	'bosem	בּוֹשֶׂם (ז)
eau (f) de toilette	mei 'bosem	מֵי בּוֹשֶׂם (ז"ר)
lotion (f)	mei panim	מֵי פָּנִים (ז"ר)
eau de Cologne (f)	mei 'bosem	מֵי בּוֹשֶׂם (ז"ר)
fard (m) à paupières	tslalit	צְלָלִית (נ)
crayon (m) à paupières	ai 'lainer	אַיי לַיינֶר (ז)
mascara (m)	'maskara	מַסְקָרָה (נ)
rouge (m) à lèvres	sfaton	שְׂפָתוֹן (ז)
vernis (m) à ongles	'laka letsipor'nayim	לַכָּה לְצִיפּוֹרְנַיִים (נ)
laque (f) pour les cheveux	tarsis lese'ar	תַרְסִיס לְשֵׂיעָר (ז)
déodorant (m)	de'odo'rant	דֶּאוֹדוֹרַנְט (ז)
crème (f)	krem	קְרֵם (ז)
crème (f) pour le visage	krem panim	קְרֵם פָּנִים (ז)
crème (f) pour les mains	krem ya'dayim	קְרֵם יָדַיִים (ז)
crème (f) anti-rides	krem 'neged kmatim	קְרֵם נֶגֶד קְמָטִים (ז)
crème (f) de jour	krem yom	קְרֵם יוֹם (ז)
crème (f) de nuit	krem 'laila	קְרֵם לַיְלָה (ז)
de jour (adj)	yomi	יוֹמִי
de nuit (adj)	leili	לֵילִי
tampon (m)	tampon	טַמְפּוֹן (ז)
papier (m) de toilette	neyar tu'alet	נְיָיר טוּאָלֶט (ז)
sèche-cheveux (m)	meyabeʃ se'ar	מְיַיבֵּשׁ שֵׂיעָר (ז)

39. Les bijoux. La bijouterie

bijoux (m pl)	taχʃitim	תַכְשִׁיטִים (ז"ר)
précieux (adj)	yekar 'ereχ	יְקַר עֵרֶךְ
poinçon (m)	tav tsorfim, bχina	תָו צוֹרְפִים (ז), בְּחִינָה (נ)
bague (f)	ta'ba'at	טַבַּעַת (נ)
alliance (f)	ta'ba'at nisu'in	טַבַּעַת נִישּׂוּאִין (נ)
bracelet (m)	tsamid	צָמִיד (ז)
boucles (f pl) d'oreille	agilim	עֲגִילִים (ז"ר)

collier (m) (de perles)	maχ'rozet	מַחֲרוֹזֶת (נ)
couronne (f)	'keter	כֶּתֶר (ז)
collier (m) (en verre, etc.)	maχ'rozet	מַחֲרוֹזֶת (נ)

diamant (m)	yahalom	יַהֲלוֹם (ז)
émeraude (f)	ba'reket	בָּרֶקֶת (נ)
rubis (m)	'odem	אֹדֶם (ז)
saphir (m)	sapir	סַפִּיר (ז)
perle (f)	pnina	פְּנִינָה (נ)
ambre (m)	inbar	עִנְבָּר (ז)

40. Les montres. Les horloges

montre (f)	ʃe'on yad	שְׁעוֹן יָד (ז)
cadran (m)	'luaχ ʃa'on	לוּחַ שָׁעוֹן (ז)
aiguille (f)	maχog	מָחוֹג (ז)
bracelet (m)	tsamid	צָמִיד (ז)
bracelet (m) (en cuir)	retsu'a leʃa'on	רְצוּעָה לְשָׁעוֹן (נ)

pile (f)	solela	סוֹלְלָה (נ)
être déchargé	lehitroken	לְהִתְרוֹקֵן
changer de pile	lehaχlif	לְהַחֲלִיף
avancer (vi)	lemaher	לְמַהֵר
retarder (vi)	lefager	לְפַגֵּר

pendule (f)	ʃe'on kir	שְׁעוֹן קִיר (ז)
sablier (m)	ʃe'on χol	שְׁעוֹן חוֹל (ז)
cadran (m) solaire	ʃe'on 'ʃemeʃ	שְׁעוֹן שֶׁמֶשׁ (ז)
réveil (m)	ʃa'on me'orer	שְׁעוֹן מְעוֹרֵר (ז)
horloger (m)	ʃa'an	שָׁעָן (ז)
réparer (vt)	letaken	לְתַקֵּן

Les aliments. L'alimentation

41. Les aliments

viande (f)	basar	בָּשָׂר (ז)
poulet (m)	of	עוֹף (ז)
poulet (m) (poussin)	pargit	פַּרְגִּית (נ)
canard (m)	barvaz	בַּרְוָז (ז)
oie (f)	avaz	אֲוָז (ז)
gibier (m)	'tsayid	צַיִד (ז)
dinde (f)	'hodu	הוֹדוּ (ז)

du porc	basar χazir	בָּשָׂר חֲזִיר (ז)
du veau	basar 'egel	בָּשָׂר עֵגֶל (ז)
du mouton	basar 'keves	בָּשָׂר כֶּבֶשׂ (ז)
du bœuf	bakar	בָּקָר (ז)
lapin (m)	arnav	אַרְנָב (ז)

saucisson (m)	naknik	נַקְנִיק (ז)
saucisse (f)	naknikiya	נַקְנִיקִייָה (נ)
bacon (m)	'kotel χazir	קוֹתֶל חֲזִיר (ז)
jambon (m)	basar χazir me'uʃan	בָּשָׂר חֲזִיר מְעוּשָׁן (ז)
cuisse (f)	'kotel χazir me'uʃan	קוֹתֶל חֲזִיר מְעוּשָׁן (ז)

pâté (m)	pate	פָּטֶה (ז)
foie (m)	kaved	כָּבֵד (ז)
farce (f)	basar taχun	בָּשָׂר טָחוּן (ז)
langue (f)	laʃon	לָשׁוֹן (נ)

œuf (m)	beitsa	בֵּיצָה (נ)
les œufs	beitsim	בֵּיצִים (נ"ר)
blanc (m) d'œuf	χelbon	חֶלְבּוֹן (ז)
jaune (m) d'œuf	χelmon	חֶלְמוֹן (ז)

poisson (m)	dag	דָּג (ז)
fruits (m pl) de mer	perot yam	פֵּירוֹת יָם (ז"ר)
crustacés (m pl)	sartana'im	סַרְטָנָאִים (ז"ר)
caviar (m)	kavyar	קַוְיָאר (ז)

crabe (m)	sartan yam	סַרְטָן יָם (ז)
crevette (f)	ʃrimps	שְׁרִימְפְּס (ז"ר)
huître (f)	tsidpat ma'aχal	צִדְפַּת מַאֲכָל (נ)
langoustine (f)	'lobster kotsani	לוֹבְּסְטֶר קוֹצָנִי (ז)
poulpe (m)	tamnun	תַּמְנוּן (ז)
calamar (m)	kala'mari	קָלָמָארִי (ז)

esturgeon (m)	basar haχidkan	בָּשָׂר הַחִדְקָן (ז)
saumon (m)	'salmon	סַלְמוֹן (ז)
flétan (m)	putit	פּוּטִית (נ)
morue (f)	ʃibut	שִׁיבּוּט (ז)

maquereau (m)	kolyas	קוֹלְיָס (ז)
thon (m)	'tuna	טוּנָה (נ)
anguille (f)	tslofaχ	צְלוֹפָח (ז)

truite (f)	forel	פוֹרֶל (ז)
sardine (f)	sardin	סַרְדִּין (ז)
brochet (m)	ze'ev 'mayim	זְאָב מַיִם (ז)
hareng (m)	ma'liaχ	מָלִיחַ (ז)

pain (m)	'leχem	לֶחֶם (ז)
fromage (m)	gvina	גְּבִינָה (נ)
sucre (m)	sukar	סוּכָּר (ז)
sel (m)	'melaχ	מֶלַח (ז)

riz (m)	'orez	אוֹרֶז (ז)
pâtes (m pl)	'pasta	פַּסְטָה (נ)
nouilles (f pl)	irtiyot	אִטְרִיּוֹת (נ"ר)

beurre (m)	χem'a	חֶמְאָה (נ)
huile (f) végétale	'ʃemen tsimχi	שֶׁמֶן צִמְחִי (ז)
huile (f) de tournesol	'ʃemen χamaniyot	שֶׁמֶן חַמָּנִיּוֹת (ז)
margarine (f)	marga'rina	מַרְגָּרִינָה (נ)

| olives (f pl) | zeitim | זֵיתִים (ז"ר) |
| huile (f) d'olive | 'ʃemen 'zayit | שֶׁמֶן זַיִת (ז) |

lait (m)	χalav	חָלָב (ז)
lait (m) condensé	χalav merukaz	חָלָב מְרוּכָּז (ז)
yogourt (m)	'yogurt	יוֹגוּרְט (ז)
crème (f) aigre	ʃa'menet	שַׁמֶּנֶת (נ)
crème (f) (de lait)	ʃa'menet	שַׁמֶּנֶת (נ)

| sauce (f) mayonnaise | mayonez | מָיוֹנֶז (ז) |
| crème (f) au beurre | ka'tsefet χem'a | קַצֶּפֶת חֶמְאָה (נ) |

gruau (m)	grisim	גְּרִיסִים (ז"ר)
farine (f)	'kemaχ	קֶמַח (ז)
conserves (f pl)	ʃimurim	שִׁימוּרִים (ז"ר)

pétales (m pl) de maïs	ptitei 'tiras	פְּתִיתֵי תִּירָס (ז"ר)
miel (m)	dvaʃ	דְּבַשׁ (ז)
confiture (f)	riba	רִיבָּה (נ)
gomme (f) à mâcher	'mastik	מַסְטִיק (ז)

42. Les boissons

eau (f)	'mayim	מַיִם (ז"ר)
eau (f) potable	mei ʃtiya	מֵי שְׁתִיָּה (ז"ר)
eau (f) minérale	'mayim mine'raliyim	מַיִם מִינֶרָלִיִּים (ז"ר)

plate (adj)	lo mugaz	לֹא מוּגָז
gazeuse (l'eau ~)	mugaz	מוּגָז
pétillante (adj)	mugaz	מוּגָז
glace (f)	'keraχ	קֶרַח (ז)

45

avec de la glace	im 'keraχ	עִם קֶרַח
sans alcool	natul alkohol	נָטוּל אַלְכּוֹהוֹל
boisson (f) non alcoolisée	maʃke kal	מַשְׁקֶה קַל (ז)
rafraîchissement (m)	maʃke mera'anen	מַשְׁקֶה מְרַעֲנֵן (ז)
limonade (f)	limo'nada	לִימוֹנָדָה (נ)

boissons (f pl) alcoolisées	maʃka'ot χarifim	מַשְׁקָאוֹת חֲרִיפִים (ז"ר)
vin (m)	'yayin	יַיִן (ז)
vin (m) blanc	'yayin lavan	יַיִן לָבָן (ז)
vin (m) rouge	'yayin adom	יַיִן אָדוֹם (ז)

liqueur (f)	liker	לִיקֶר (ז)
champagne (m)	ʃam'panya	שַׁמְפַּנְיָה (נ)
vermouth (m)	'vermut	וֶרְמוּט (ז)

whisky (m)	'viski	וִיסְקִי (ז)
vodka (f)	'vodka	וֹדְקָה (נ)
gin (m)	ʤin	ג'ִין (ז)
cognac (m)	'konyak	קוֹנְיָאק (ז)
rhum (m)	rom	רוֹם (ז)

café (m)	kafe	קָפֶּה (ז)
café (m) noir	kafe ʃaχor	קָפֶּה שָׁחוֹר (ז)
café (m) au lait	kafe hafuχ	קָפֶּה הָפוּךְ (ז)
cappuccino (m)	kapu'tʃino	קָפּוּצ'ִינוֹ (ז)
café (m) soluble	kafe names	קָפֶּה נָמֵס (ז)

lait (m)	χalav	חָלָב (ז)
cocktail (m)	kokteil	קוֹקְטֵיל (ז)
cocktail (m) au lait	'milkʃeik	מִילְקְשֵׁייק (ז)

jus (m)	mits	מִיץ (ז)
jus (m) de tomate	mits agvaniyot	מִיץ עַגְבָנִיּוֹת (ז)
jus (m) d'orange	mits tapuzim	מִיץ תַפּוּזִים (ז)
jus (m) pressé	mits saχut	מִיץ סָחוּט (ז)

bière (f)	'bira	בִּירָה (נ)
bière (f) blonde	'bira bahira	בִּירָה בָּהִירָה (נ)
bière (f) brune	'bira keha	בִּירָה כֵּהָה (נ)

thé (m)	te	תֵּה (ז)
thé (m) noir	te ʃaχor	תֵּה שָׁחוֹר (ז)
thé (m) vert	te yarok	תֵּה יָרוֹק (ז)

43. Les légumes

| légumes (m pl) | yerakot | יְרָקוֹת (ז"ר) |
| verdure (f) | 'yerek | יֶרֶק (ז) |

tomate (f)	agvaniya	עַגְבָנִיָה (נ)
concombre (m)	melafefon	מְלָפְפוֹן (ז)
carotte (f)	'gezer	גֶּזֶר (ז)
pomme (f) de terre	ta'puaχ adama	תַפּוּחַ אֲדָמָה (ז)
oignon (m)	batsal	בָּצָל (ז)

ail (m)	ʃum	שׁוּם (ז)
chou (m)	kruv	כְּרוּב (ז)
chou-fleur (m)	kruvit	כְּרוּבִית (נ)
chou (m) de Bruxelles	kruv niʦanim	כְּרוּב נִצָּנִים (ז)
brocoli (m)	'brokoli	בְּרוֹקוֹלִי (ז)
betterave (f)	'selek	סֶלֶק (ז)
aubergine (f)	χaʦil	חָצִיל (ז)
courgette (f)	kiʃu	קִישׁוּא (ז)
potiron (m)	'dla'at	דְּלַעַת (נ)
navet (m)	'lefet	לֶפֶת (נ)
persil (m)	petro'zilya	פֶּטְרוֹזִילְיָה (נ)
fenouil (m)	ʃamir	שָׁמִיר (ז)
laitue (f) (salade)	'χasa	חַסָּה (נ)
céleri (m)	'seleri	סֶלֶרִי (ז)
asperge (f)	aspa'ragos	אַסְפָּרָגוֹס (ז)
épinard (m)	'tered	תֶּרֶד (ז)
pois (m)	afuna	אֲפוּנָה (נ)
fèves (f pl)	pol	פּוֹל (ז)
maïs (m)	'tiras	תִּירָס (ז)
haricot (m)	ʃu'it	שְׁעוּעִית (נ)
poivron (m)	'pilpel	פִּלְפֵּל (ז)
radis (m)	ʦnonit	צְנוֹנִית (נ)
artichaut (m)	artiʃok	אַרְטִישׁוֹק (ז)

44. Les fruits. Les noix

fruit (m)	pri	פְּרִי (ז)
pomme (f)	ta'puaχ	תַּפּוּחַ (ז)
poire (f)	agas	אַגָּס (ז)
citron (m)	limon	לִימוֹן (ז)
orange (f)	tapuz	תַּפּוּז (ז)
fraise (f)	tut sade	תּוּת שָׂדֶה (ז)
mandarine (f)	klemen'tina	קְלֶמֶנְטִינָה (נ)
prune (f)	ʃezif	שְׁזִיף (ז)
pêche (f)	afarsek	אֲפַרְסֵק (ז)
abricot (m)	'miʃmeʃ	מִשְׁמֵשׁ (ז)
framboise (f)	'petel	פֶּטֶל (ז)
ananas (m)	'ananas	אֲנָנָס (ז)
banane (f)	ba'nana	בַּנָנָה (נ)
pastèque (f)	ava'tiaχ	אֲבַטִּיחַ (ז)
raisin (m)	anavim	עֲנָבִים (ז"ר)
cerise (f)	duvdevan	דֻּבְדְּבָן (ז)
merise (f)	gudgedan	גּוּדְגְּדָן (ז)
melon (m)	melon	מֶלוֹן (ז)
pamplemousse (m)	eʃkolit	אֶשְׁכּוֹלִית (נ)
avocat (m)	avo'kado	אֲבוֹקָדוֹ (ז)
papaye (f)	pa'paya	פָּפָּאיָה (נ)

| mangue (f) | 'mango | מַנְגּוֹ (ז) |
| grenade (f) | rimon | רִימוֹן (ז) |

groseille (f) rouge	dumdemanit aduma	דּוּמְדְּמָנִית אֲדוּמָה (נ)
cassis (m)	dumdemanit ʃxora	דּוּמְדְּמָנִית שְׁחוֹרָה (נ)
groseille (f) verte	xazarzar	חֲזַרְזַר (ז)
myrtille (f)	uxmanit	אוּכְמָנִית (נ)
mûre (f)	'petel ʃaxor	פֶּטֶל שָׁחוֹר (ז)

raisin (m) sec	tsimukim	צִימוּקִים (ז"ר)
figue (f)	te'ena	תְּאֵנָה (נ)
datte (f)	tamar	תָּמָר (ז)

cacahuète (f)	botnim	בּוֹטְנִים (ז"ר)
amande (f)	ʃaked	שָׁקֵד (ז)
noix (f)	egoz 'melex	אֱגוֹז מֶלֶךְ (ז)
noisette (f)	egoz ilsar	אֱגוֹז אִלְסָר (ז)
noix (f) de coco	'kokus	קוֹקוּס (ז)
pistaches (f pl)	'fistuk	פִּיסְטוּק (ז)

45. Le pain. Les confiseries

confiserie (f)	mutsrei kondi'torya	מוּצְרֵי קוֹנְדִּיטוֹרְיָה (ז"ר)
pain (m)	'lexem	לֶחֶם (ז)
biscuit (m)	ugiya	עוּגִיָּה (נ)

chocolat (m)	'ʃokolad	שׁוֹקוֹלָד (ז)
en chocolat (adj)	mi'ʃokolad	מְשׁוֹקוֹלָד
bonbon (m)	sukariya	סוּכָּרִיָּה (נ)
gâteau (m), pâtisserie (f)	uga	עוּגָה (נ)
tarte (f)	uga	עוּגָה (נ)

| gâteau (m) | pai | פַּאי (ז) |
| garniture (f) | milui | מִילּוּי (ז) |

confiture (f)	riba	רִיבָּה (נ)
marmelade (f)	marme'lada	מַרְמֶלָדָה (נ)
gaufre (f)	'vaflim	וָפְלִים (ז"ר)
glace (f)	'glida	גְּלִידָה (נ)
pudding (m)	'puding	פּוּדִינְג (ז)

46. Les plats cuisinés

plat (m)	mana	מָנָה (נ)
cuisine (f)	mitbax	מִטְבָּח (ז)
recette (f)	matkon	מַתְכּוֹן (ז)
portion (f)	mana	מָנָה (נ)

salade (f)	salat	סָלָט (ז)
soupe (f)	marak	מָרָק (ז)
bouillon (m)	marak tsax, tsir	מָרָק צַח, צִיר (ז)
sandwich (m)	karix	כָּרִיךְ (ז)

les œufs brouillés	beitsat ain	בֵּיצַת עַיִן (נ)
hamburger (m)	'hamburger	הַמְבּוּרְגֶר (ז)
steak (m)	umtsa, steik	אוּמְצָה (נ), סְטֵייק (ז)

garniture (f)	to'sefet	תּוֹסֶפֶת (נ)
spaghettis (m pl)	spa'geti	סְפָּגֶטִי (ז)
purée (f)	meχit tapuχei adama	מְחִית תַּפּוּחֵי אֲדָמָה (נ)
pizza (f)	'pitsa	פִּיצָה (נ)
bouillie (f)	daysa	דַּייְסָה (נ)
omelette (f)	χavita	חֲבִיתָה (נ)

cuit à l'eau (adj)	mevuʃal	מְבוּשָׁל
fumé (adj)	me'uʃan	מְעוּשָׁן
frit (adj)	metugan	מְטוּגָן
sec (adj)	meyubaʃ	מְיוּבָּשׁ
congelé (adj)	kafu	קָפוּא
mariné (adj)	kavuʃ	כָּבוּשׁ

sucré (adj)	matok	מָתוֹק
salé (adj)	ma'luaχ	מָלוּחַ
froid (adj)	kar	קַר
chaud (adj)	χam	חַם
amer (adj)	marir	מָרִיר
bon (savoureux)	ta'im	טָעִים

cuire à l'eau	levaʃel be'mayim rotχim	לְבַשֵׁל בְּמַיִם רוֹתְחִים
préparer (le dîner)	levaʃel	לְבַשֵׁל
faire frire	letagen	לְטַגֵּן
réchauffer (vt)	leχamem	לְחַמֵּם

saler (vt)	leham'liaχ	לְהַמְלִיחַ
poivrer (vt)	lefalpel	לְפַלְפֵּל
râper (vt)	lerasek	לְרַסֵק
peau (f)	klipa	קְלִיפָּה (נ)
éplucher (vt)	lekalef	לְקַלֵּף

47. Les épices

sel (m)	'melaχ	מֶלַח (ז)
salé (adj)	ma'luaχ	מָלוּחַ
saler (vt)	leham'liaχ	לְהַמְלִיחַ

poivre (m) noir	'pilpel ʃaχor	פִּלְפֵּל שָׁחוֹר (ז)
poivre (m) rouge	'pilpel adom	פִּלְפֵּל אָדוֹם (ז)
moutarde (f)	χardal	חַרְדָּל (ז)
raifort (m)	χa'zeret	חֲזֶרֶת (נ)

condiment (m)	'rotev	רוֹטֶב (ז)
épice (f)	tavlin	תַּבְלִין (ז)
sauce (f)	'rotev	רוֹטֶב (ז)
vinaigre (m)	'χomets	חוֹמֶץ (ז)

| anis (m) | kamnon | כַּמְנוֹן (ז) |
| basilic (m) | reχan | רֵיחָן (ז) |

clou (m) de girofle	tsi'poren	צִיפּוֹרֶן (ז)
gingembre (m)	'dʒindʒer	ג'ינג'ר (ז)
coriandre (m)	'kusbara	כּוּסְבָּרָה (נ)
cannelle (f)	kinamon	קִינָמוֹן (ז)

sésame (m)	'ʃumʃum	שׁוּמְשׁוֹם (ז)
feuille (f) de laurier	ale dafna	עֲלֵה דַפְנָה (ז)
paprika (m)	'paprika	פַּפְרִיקָה (נ)
cumin (m)	'kimel	קִימֶל (ז)
safran (m)	ze'afran	זְעֵפְרָן (ז)

48. Les repas

nourriture (f)	'oχel	אוֹכֶל (ז)
manger (vi, vt)	le'eχol	לֶאֱכוֹל

petit déjeuner (m)	aruχat 'boker	אֲרוּחַת בּוֹקֶר (נ)
prendre le petit déjeuner	le'eχol aruχat 'boker	לֶאֱכוֹל אֲרוּחַת בּוֹקֶר
déjeuner (m)	aruχat tsaha'rayim	אֲרוּחַת צָהֳרַיִם (נ)
déjeuner (vi)	le'eχol aruχat tsaha'rayim	לֶאֱכוֹל אֲרוּחַת צָהֳרַיִם
dîner (m)	aruχat 'erev	אֲרוּחַת עֶרֶב (נ)
dîner (vi)	le'eχol aruχat 'erev	לֶאֱכוֹל אֲרוּחַת עֶרֶב

appétit (m)	te'avon	תֵּיאָבוֹן (ז)
Bon appétit!	betei'avon!	בְּתֵיאָבוֹן!

ouvrir (vt)	lif'toaχ	לִפְתּוֹחַ
renverser (liquide)	liʃpoχ	לִשְׁפּוֹךְ
se renverser (liquide)	lehiʃapeχ	לְהִישָׁפֵךְ

bouillir (vi)	lir'toaχ	לִרְתּוֹחַ
faire bouillir	lehar'tiaχ	לְהַרְתִּיחַ
bouilli (l'eau ~e)	ra'tuaχ	רָתוּחַ

refroidir (vt)	lekarer	לְקָרֵר
se refroidir (vp)	lehitkarer	לְהִתְקָרֵר

goût (m)	'ta'am	טַעַם (ז)
arrière-goût (m)	'ta'am levai	טַעַם לְוַואי (ז)

suivre un régime	lirzot	לִרְזוֹת
régime (m)	di''eta	דִּיאֵטָה (נ)
vitamine (f)	vitamin	וִיטָמִין (ז)
calorie (f)	ka'lorya	קָלוֹרְיָה (נ)

végétarien (m)	tsimχoni	צִמְחוֹנִי (ז)
végétarien (adj)	tsimχoni	צִמְחוֹנִי

lipides (m pl)	ʃumanim	שׁוּמָנִים (ז"ר)
protéines (f pl)	χelbonim	חֶלְבּוֹנִים (ז"ר)
glucides (m pl)	paχmema	פַּחְמֵימָה (נ)
tranche (f)	prusa	פְּרוּסָה (נ)
morceau (m)	χatiχa	חֲתִיכָה (נ)
miette (f)	perur	פֵּירוּר (ז)

49. Le dressage de la table

cuillère (f)	kaf	כַּף (ז)
couteau (m)	sakin	סַכִּין (ז, נ)
fourchette (f)	mazleg	מַזְלֵג (ז)

tasse (f)	'sefel	סֵפֶל (ז)
assiette (f)	tsa'laxat	צַלַחַת (נ)
soucoupe (f)	taxtit	תַּחְתִּית (נ)
serviette (f)	mapit	מַפִּית (נ)
cure-dent (m)	keisam ʃi'nayim	קֵיסָם שִׁנַּיִם (ז)

50. Le restaurant

restaurant (m)	mis'ada	מִסְעָדָה (נ)
salon (m) de café	beit kafe	בֵּית קָפֶה (ז)
bar (m)	bar, pab	בָּר, פָּאבּ (ז)
salon (m) de thé	beit te	בֵּית תֶּה (ז)

serveur (m)	meltsar	מֶלְצָר (ז)
serveuse (f)	meltsarit	מֶלְצָרִית (נ)
barman (m)	'barmen	בַּרְמָן (ז)

carte (f)	tafrit	תַּפְרִיט (ז)
carte (f) des vins	reʃimat yeynot	רְשִׁימַת יֵינוֹת (נ)
réserver une table	lehazmin ʃulxan	לְהַזְמִין שׁוּלְחָן

plat (m)	mana	מָנָה (נ)
commander (vt)	lehazmin	לְהַזְמִין
faire la commande	lehazmin	לְהַזְמִין

apéritif (m)	maʃke meta'aven	מַשְׁקֶה מְתַאֲבֵן (ז)
hors-d'œuvre (m)	meta'aven	מְתַאֲבֵן (ז)
dessert (m)	ki'nuax	קִינּוּחַ (ז)

addition (f)	xeʃbon	חֶשְׁבּוֹן (ז)
régler l'addition	leʃalem	לְשַׁלֵּם
rendre la monnaie	latet 'odef	לָתֵת עוֹדֶף
pourboire (m)	tip	טִיפ (ז)

La famille. Les parents. Les amis

51. Les données personnelles. Les formulaires

prénom (m)	ʃem	שֵׁם (ז)
nom (m) de famille	ʃem miʃpaχa	שֵׁם מִשְׁפָּחָה (ז)
date (f) de naissance	ta'ariχ leda	תַּאֲרִיךְ לֵידָה (ז)
lieu (m) de naissance	mekom leda	מְקוֹם לֵידָה (ז)
nationalité (f)	le'om	לְאוֹם (ז)
domicile (m)	mekom megurim	מְקוֹם מְגוּרִים (ז)
pays (m)	medina	מְדִינָה (נ)
profession (f)	mik'tso'a	מִקְצוֹעַ (ז)
sexe (m)	min	מִין (ז)
taille (f)	'gova	גּוֹבַהּ (ז)
poids (m)	miʃkal	מִשְׁקָל (ז)

52. La famille. Les liens de parenté

mère (f)	em	אֵם (נ)
père (m)	av	אָב (ז)
fils (m)	ben	בֵּן (ז)
fille (f)	bat	בַּת (נ)
fille (f) cadette	habat haktana	הַבַּת הַקְּטַנָה (נ)
fils (m) cadet	haben hakatan	הַבֵּן הַקָּטָן (ז)
fille (f) aînée	habat habχora	הַבַּת הַבְּכוֹרָה (נ)
fils (m) aîné	haben habχor	הַבֵּן הַבְּכוֹר (ז)
frère (m)	aχ	אָח (ז)
frère (m) aîné	aχ gadol	אָח גָּדוֹל (ז)
frère (m) cadet	aχ katan	אָח קָטָן (ז)
sœur (f)	aχot	אָחוֹת (נ)
sœur (f) aînée	aχot gdola	אָחוֹת גְדוֹלָה (נ)
sœur (f) cadette	aχot ktana	אָחוֹת קְטַנָה (נ)
cousin (m)	ben dod	בֶּן דוֹד (ז)
cousine (f)	bat 'doda	בַּת דוֹדָה (נ)
maman (f)	'ima	אִמָּא (נ)
papa (m)	'aba	אַבָּא (ז)
parents (m pl)	horim	הוֹרִים (ז"ר)
enfant (m, f)	'yeled	יֶלֶד (ז)
enfants (pl)	yeladim	יְלָדִים (ז"ר)
grand-mère (f)	'savta	סַבְתָּא (נ)
grand-père (m)	'saba	סַבָּא (ז)
petit-fils (m)	'neχed	נֶכֶד (ז)

petite-fille (f)	neχda	נֶבְדָּה (נ)
petits-enfants (pl)	neχadim	נְבָדִים (ז"ר)
oncle (m)	dod	דּוֹד (ז)
tante (f)	'doda	דּוֹדָה (נ)
neveu (m)	aχyan	אַחְיָן (ז)
nièce (f)	aχyanit	אַחְיָנִית (נ)
belle-mère (f)	χamot	חָמוֹת (נ)
beau-père (m)	χam	חָם (ז)
gendre (m)	χatan	חָתָן (ז)
belle-mère (f)	em χoreget	אֵם חוֹרֶגֶת (נ)
beau-père (m)	av χoreg	אָב חוֹרֵג (ז)
nourrisson (m)	tinok	תִּינוֹק (ז)
bébé (m)	tinok	תִּינוֹק (ז)
petit (m)	pa'ot	פָּעוֹט (ז)
femme (f)	iʃa	אִשָּׁה (נ)
mari (m)	'ba'al	בַּעַל (ז)
époux (m)	ben zug	בֶּן זוּג (ז)
épouse (f)	bat zug	בַּת זוּג (נ)
marié (adj)	nasui	נָשׂוּי
mariée (adj)	nesu'a	נְשׂוּאָה
célibataire (adj)	ravak	רַוָּק
célibataire (m)	ravak	רַוָּק (ז)
divorcé (adj)	garuʃ	גָּרוּשׁ
veuve (f)	almana	אַלְמָנָה (נ)
veuf (m)	alman	אַלְמָן (ז)
parent (m)	karov miʃpaχa	קָרוֹב מִשְׁפָּחָה (ז)
parent (m) proche	karov miʃpaχa	קָרוֹב מִשְׁפָּחָה (ז)
parent (m) éloigné	karov raχok	קָרוֹב רָחוֹק (ז)
parents (m pl)	krovei miʃpaχa	קְרוֹבֵי מִשְׁפָּחָה (ז"ר)
orphelin (m)	yatom	יָתוֹם (ז)
orpheline (f)	yetoma	יְתוֹמָה (נ)
tuteur (m)	apo'tropos	אַפּוֹטְרוֹפּוֹס (ז)
adopter (un garçon)	le'amets	לְאַמֵּץ
adopter (une fille)	le'amets	לְאַמֵּץ

53. Les amis. Les collègues

ami (m)	χaver	חָבֵר (ז)
amie (f)	χavera	חֲבֵרָה (נ)
amitié (f)	yedidut	יְדִידוּת (נ)
être ami	lihyot yadidim	לִהְיוֹת יָדִידִים
copain (m)	χaver	חָבֵר (ז)
copine (f)	χavera	חֲבֵרָה (נ)
partenaire (m)	ʃutaf	שׁוּתָף (ז)
chef (m)	menahel, roʃ	מְנַהֵל (ז), רֹאשׁ (ז)
supérieur (m)	memune	מְמֻנֶּה (ז)

propriétaire (m)	be'alim	בְּעָלִים (ז)
subordonné (m)	kafuf le	כָּפוּף ל (ז)
collègue (m, f)	amit	עָמִית (ז)

connaissance (f)	makar	מַכָּר (ז)
compagnon (m) de route	ben levaya	בֶּן לְוָיָה (ז)
copain (m) de classe	xaver lekita	חָבֵר לְכִּיתָה (ז)

voisin (m)	ʃaxen	שָׁכֵן (ז)
voisine (f)	ʃxena	שְׁכֵנָה (נ)
voisins (m pl)	ʃxenim	שְׁכֵנִים (ז״ר)

54. L'homme. La femme

femme (f)	iʃa	אִשָּׁה (נ)
jeune fille (f)	baxura	בַּחוּרָה (נ)
fiancée (f)	kala	כַּלָּה (נ)

belle (adj)	yafa	יָפָה
de grande taille	gvoha	גְבוֹהָה
svelte (adj)	tmira	תְמִירָה
de petite taille	namux	נָמוּךְ

| blonde (f) | blon'dinit | בְּלוֹנְדִינִית (נ) |
| brune (f) | bru'netit | בְּרוּנֶטִית (נ) |

de femme (adj)	ʃel naʃim	שֶׁל נָשִׁים
vierge (f)	betula	בְּתוּלָה (נ)
enceinte (adj)	hara	הָרָה

homme (m)	'gever	גֶּבֶר (ז)
blond (m)	blon'dini	בְּלוֹנְדִינִי (ז)
brun (m)	ʃxarxar	שְׁחַרְחַר
de grande taille	ga'voha	גָּבוֹהַ
de petite taille	namux	נָמוּךְ

rude (adj)	gas	גַס
trapu (adj)	guʦ	גּוּץ
robuste (adj)	xason	חָסוֹן
fort (adj)	xazak	חָזָק
force (f)	'koax	כּוֹחַ (ז)

gros (adj)	ʃamen	שָׁמֵן
basané (adj)	ʃaxum	שָׁחוּם
svelte (adj)	tamir	תָמִיר
élégant (adj)	ele'ganti	אֶלֶגַנְטִי

55. L'age

âge (m)	gil	גִּיל (ז)
jeunesse (f)	ne'urim	נְעוּרִים (ז״ר)
jeune (adj)	ʦa'ir	צָעִיר

plus jeune (adj)	tsa'ir yoter	צָעִיר יוֹתֵר
plus âgé (adj)	mevugar yoter	מְבוֹגָר יוֹתֵר
jeune homme (m)	baxur	בָּחוּר (ז)
adolescent (m)	'na'ar	נַעַר (ז)
gars (m)	baxur	בָּחוּר (ז)
vieillard (m)	zaken	זָקֵן (ז)
vieille femme (f)	zkena	זְקֵנָה (נ)
adulte (m)	mevugar	מְבוֹגָר (ז)
d'âge moyen (adj)	bagil ha'amida	בְּגִיל הָעֲמִידָה
âgé (adj)	zaken	זָקֵן
vieux (adj)	zaken	זָקֵן
retraite (f)	'pensya	פֶּנְסְיָה (נ)
prendre sa retraite	latset legimla'ot	לָצֵאת לְגִימְלָאוֹת
retraité (m)	pensyoner	פֶּנְסִיוֹנֶר (ז)

56. Les enfants. Les adolescents

enfant (m, f)	'yeled	יֶלֶד (ז)
enfants (pl)	yeladim	יְלָדִים (ז"ר)
jumeaux (m pl)	te'omim	תְּאוֹמִים (ז"ר)
berceau (m)	arisa	עֲרִיסָה (נ)
hochet (m)	ra'afan	רַעֲשָׁן (ז)
couche (f)	xitul	חִיתוּל (ז)
tétine (f)	motsets	מוֹצֵץ (ז)
poussette (m)	agala	עֲגָלָה (נ)
école (f) maternelle	gan yeladim	גַּן יְלָדִים (ז)
baby-sitter (m, f)	beibi'siter	בֵּיבִּיסִיטֶר (ז, נ)
enfance (f)	yaldut	יַלְדוּת (נ)
poupée (f)	buba	בּוּבָּה (נ)
jouet (m)	tsa'a'tsu'a	צַעֲצוּעַ (ז)
jeu (m) de construction	misxak harkava	מִשְׂחַק הַרְכָּבָה (ז)
bien élevé (adj)	mexunax	מְחוּנָךְ
mal élevé (adj)	lo mexunax	לֹא מְחוּנָךְ
gâté (adj)	mefunak	מְפוּנָק
faire le vilain	lehiftovev	לְהִשְׁתּוֹבֵב
vilain (adj)	fovav	שׁוֹבָב
espièglerie (f)	ma'ase 'kundes	מַעֲשֵׂה קוּנְדֵּס (ז)
vilain (m)	'yeled fovav	יֶלֶד שׁוֹבָב (ז)
obéissant (adj)	tsaytan	צַיְּתָן
désobéissant (adj)	lo memufma	לֹא מְמוּשְׁמָע
sage (adj)	ka'nu'a	כָּנוּעַ
intelligent (adj)	xaxam	חָכָם
l'enfant prodige	'yeled 'pele	יֶלֶד פֶּלֶא (ז)

57. Les couples mariés. La vie de famille

embrasser (sur les lèvres)	lenaʃek	לְנַשֵּׁק
s'embrasser (vp)	lehitnaʃek	לְהִתְנַשֵּׁק
famille (f)	miʃpaχa	מִשְׁפָּחָה (נ)
familial (adj)	miʃpaχti	מִשְׁפַּחְתִּי
couple (m)	zug	זוּג (ז)
mariage (m) (~ civil)	nisu'im	נִישׂוּאִים (ז"ר)
foyer (m) familial	aχ, ken	אָח (נ), קֵן (ז)
dynastie (f)	ʃo'ʃelet	שׁוֹשֶׁלֶת (נ)

rendez-vous (m)	deit	דֵּייט (ז)
baiser (m)	neʃika	נְשִׁיקָה (נ)

amour (m)	ahava	אַהֲבָה (נ)
aimer (qn)	le'ehov	לֶאֱהוֹב
aimé (adj)	ahuv	אָהוּב

tendresse (f)	roχ	רוֹךְ (ז)
tendre (affectueux)	adin, raχ	עָדִין, רַךְ
fidélité (f)	ne'emanut	נֶאֱמָנוּת (נ)
fidèle (adj)	masur	מָסוּר
soin (m) (~ de qn)	de'aga	דְּאָגָה (נ)
attentionné (adj)	do'eg	דּוֹאֵג

jeunes mariés (pl)	zug tsa'ir	זוּג צָעִיר (ז)
lune (f) de miel	ya'reaχ dvaʃ	יָרֵחַ דְּבַשׁ (ז)
se marier (prendre pour époux)	lehitχaten	לְהִתְחַתֵּן
se marier (prendre pour épouse)	lehitχaten	לְהִתְחַתֵּן

mariage (m)	χatuna	חֲתוּנָה (נ)
les noces d'or	χatunat hazahav	חֲתוּנַת הַזָּהָב (נ)
anniversaire (m)	yom nisu'in	יוֹם נִישׂוּאִין (ז)

amant (m)	me'ahev	מְאַהֵב (ז)
maîtresse (f)	mea'hevet	מְאַהֶבֶת (נ)

adultère (m)	bgida	בְּגִידָה (נ)
commettre l'adultère	livgod be...	לִבְגוֹד בְּ...
jaloux (adj)	kanai	קַנָּאִי
être jaloux	lekane	לְקַנֵּא
divorce (m)	geruʃin	גֵּרוּשִׁין (ז"ר)
divorcer (vi)	lehitgareʃ mi...	לְהִתְגָּרֵשׁ מִ...

se disputer (vp)	lariv	לָרִיב
se réconcilier (vp)	lehitpayes	לְהִתְפַּייֵס
ensemble (adv)	be'yaχad	בְּיַחַד
sexe (m)	min	מִין (ז)

bonheur (m)	'oʃer	אוֹשֶׁר (ז)
heureux (adj)	me'uʃar	מְאוּשָׁר
malheur (m)	ason	אָסוֹן (ז)
malheureux (adj)	umlal	אוּמְלָל

Le caractère. Les émotions

58. Les sentiments. Les émotions

sentiment (m)	'regeʃ	רֶגֶשׁ (ז)
sentiments (m pl)	regaʃot	רְגָשׁוֹת (ז״ר)
sentir (vt)	lehargiʃ	לְהַרְגִישׁ
faim (f)	'ra'av	רָעָב (ז)
avoir faim	lihyot ra'ev	לִהְיוֹת רָעֵב
soif (f)	tsima'on	צִמָאוֹן (ז)
avoir soif	lihyot tsame	לִהְיוֹת צָמֵא
somnolence (f)	yaʃ'nuniyut	יַשׁנוּנִיוּת (נ)
avoir sommeil	lirtsot liʃon	לִרְצוֹת לִישׁוֹן
fatigue (f)	ayefut	עֲיֵיפוּת (נ)
fatigué (adj)	ayef	עָיֵיף
être fatigué	lehit'ayef	לְהִתְעַיֵיף
humeur (f) (de bonne ~)	matsav 'ruaχ	מַצָב רוּחַ (ז)
ennui (m)	ʃi'amum	שִׁעֲמוּם (ז)
s'ennuyer (vp)	lehiʃta'amem	לְהִשְׁתַעֲמֵם
solitude (f)	hitbodedut	הִתְבּוֹדְדוּת (נ)
s'isoler (vp)	lehitboded	לְהִתְבּוֹדֵד
inquiéter (vt)	lehad'ig	לְהַדְאִיג
s'inquiéter (vp)	lid'og	לִדְאוֹג
inquiétude (f)	de'aga	דְאָגָה (נ)
préoccupation (f)	χarada	חֲרָדָה (נ)
soucieux (adj)	mutrad	מוּטְרָד
s'énerver (vp)	lihyot atsbani	לִהְיוֹת עַצְבָּנִי
paniquer (vi)	lehibahel	לְהִיבָּהֵל
espoir (m)	tikva	תִקְוָה (נ)
espérer (vi)	lekavot	לְקַווֹת
certitude (f)	vada'ut	וַדָאוּת (נ)
certain (adj)	vada'i	וַדָאִי
incertitude (f)	i vada'ut	אִי וַדָאוּת (נ)
incertain (adj)	lo ba'tuaχ	לֹא בָּטוּחַ
ivre (adj)	ʃikor	שִׁיכּוֹר
sobre (adj)	pi'keaχ	פִּיכֵּחַ
faible (adj)	χalaʃ	חַלָשׁ
heureux (adj)	me'uʃar	מְאוּשָׁר
faire peur	lehafχid	לְהַפְחִיד
fureur (f)	teruf	טֵירוּף
rage (f), colère (f)	'za'am	זַעַם (ז)
dépression (f)	dika'on	דִיכָּאוֹן (ז)
inconfort (m)	i noχut	אִי נוֹחוּת (נ)

confort (m)	noχut	נוֹחוּת (ז)
regretter (vt)	lehitsta'er	לְהִצְטַעֵר
regret (m)	χarata	חֲרָטָה (נ)
malchance (f)	'χoser mazal	חוֹסֶר מַזָּל (ז)
tristesse (f)	'etsev	עֶצֶב (ז)
honte (f)	buʃa	בּוּשָׁה (נ)
joie, allégresse (f)	simχa	שִׂמְחָה (נ)
enthousiasme (m)	hitlahavut	הִתְלַהֲבוּת (נ)
enthousiaste (m)	mitlahev	מִתְלַהֵב
avoir de l'enthousiasme	lehitlahev	לְהִתְלַהֵב

59. Le caractère. La personnalité

caractère (m)	'ofi	אוֹפִי (ז)
défaut (m)	pgam be''ofi	פְּגַם בָּאוֹפִי (ז)
esprit (m)	'seχel	שֵׂכֶל (ז)
raison (f)	bina	בִּינָה (נ)
conscience (f)	matspun	מַצְפּוּן (ז)
habitude (f)	hergel	הֶרְגֵּל (ז)
capacité (f)	ye'χolet	יְכוֹלֶת (נ)
savoir (faire qch)	la'da'at	לָדַעַת
patient (adj)	savlan	סַבְלָן
impatient (adj)	χasar savlanut	חֲסַר סַבְלָנוּת
curieux (adj)	sakran	סַקְרָן
curiosité (f)	sakranut	סַקְרָנוּת (נ)
modestie (f)	tsni'ut	צְנִיעוּת (נ)
modeste (adj)	tsa'nu'a	צָנוּעַ
vaniteux (adj)	lo tsa'nu'a	לֹא צָנוּעַ
paresse (f)	atslut	עַצְלוּת (נ)
paresseux (adj)	atsel	עָצֵל
paresseux (m)	atslan	עַצְלָן (ז)
astuce (f)	armumiyut	עַרְמוּמִיּוּת (נ)
rusé (adj)	armumi	עַרְמוּמִי
méfiance (f)	'χoser emun	חוֹסֶר אֵמוּן (ז)
méfiant (adj)	χadʃani	חַדְשָׁנִי
générosité (f)	nedivut	נְדִיבוּת (נ)
généreux (adj)	nadiv	נָדִיב
doué (adj)	muχʃar	מוּכְשָׁר
talent (m)	kiʃaron	כִּישָׁרוֹן (ז)
courageux (adj)	amits	אַמִּיץ
courage (m)	'omets	אוֹמֶץ (ז)
honnête (adj)	yaʃar	יָשָׁר
honnêteté (f)	'yoʃer	יוֹשֶׁר (ז)
prudent (adj)	zahir	זָהִיר
courageux (adj)	amits	אַמִּיץ

sérieux (adj)	retsini	רְצִינִי
sévère (adj)	χamur	חָמוּר
décidé (adj)	neχrats	נֶחֱרָץ
indécis (adj)	hasesan	הַסַּסָן
timide (adj)	baiʃan	בַּיְשָׁן
timidité (f)	baiʃanut	בַּיְשָׁנוּת (נ)
confiance (f)	emun	אֵמוּן (ז)
croire (qn)	leha'amin	לְהַאֲמִין
confiant (adj)	tam	תָּם
sincèrement (adv)	beχenut	בְּכֵנוּת
sincère (adj)	ken	כֵּן
sincérité (f)	kenut	כֵּנוּת (נ)
ouvert (adj)	pa'tuaχ	פָּתוּחַ
calme (adj)	ʃalev	שָׁלֵו
franc (sincère)	glui lev	גְּלוּי לֵב
naïf (adj)	na''ivi	נָאִיבִי
distrait (adj)	mefuzar	מְפֻזָּר
drôle, amusant (adj)	matsχik	מַצְחִיק
avidité (f)	ta'avat 'betsa	תַּאֲוֹת בֶּצַע (נ)
avare (adj)	rodef 'betsa	רוֹדֵף בֶּצַע
radin (adj)	kamtsan	קַמְצָן
méchant (adj)	raʃa	רָשָׁע
têtu (adj)	akʃan	עַקְשָׁן
désagréable (adj)	lo na'im	לֹא נָעִים
égoïste (m)	ego'ist	אֶגוֹאִיסְט (ז)
égoïste (adj)	anoχi	אָנוֹכִי
peureux (m)	paχdan	פַּחְדָן (ז)
peureux (adj)	paχdani	פַּחְדָנִי

60. Le sommeil. Les rêves

dormir (vi)	liʃon	לִישׁוֹן
sommeil (m)	ʃena	שֵׁינָה (נ)
rêve (m)	χalom	חֲלוֹם (ז)
rêver (en dormant)	laχalom	לַחֲלוֹם
endormi (adj)	radum	רָדוּם
lit (m)	mita	מִיטָה (נ)
matelas (m)	mizran	מִזְרָן (ז)
couverture (f)	smiχa	שְׂמִיכָה (נ)
oreiller (m)	karit	כָּרִית (נ)
drap (m)	sadin	סָדִין (ז)
insomnie (f)	nedudei ʃena	נְדוּדֵי שֵׁינָה (ז״ר)
sans sommeil (adj)	χasar ʃena	חֲסַר שֵׁינָה
somnifère (m)	kadur ʃena	כַּדּוּר שֵׁינָה (ז)
prendre un somnifère	la'kaχat kadur ʃena	לָקַחַת כַּדּוּר שֵׁינָה
avoir sommeil	lirtsot liʃon	לִרְצוֹת לִישׁוֹן

bâiller (vi)	lefahek	לְפַהֵק
aller se coucher	la'leχet liʃon	לָלֶכֶת לִישׁוֹן
faire le lit	leha'tsi'a mita	לְהַצִּיעַ מִיטָה
s'endormir (vp)	leheradem	לְהֵירָדֵם

cauchemar (m)	siyut	סִיוּט (ז)
ronflement (m)	neχira	נְחִירָה (נ)
ronfler (vi)	linχor	לִנְחוֹר

réveil (m)	ʃa'on me'orer	שְׁעוֹן מְעוֹרֵר (ז)
réveiller (vt)	leha'ir	לְהָעִיר
se réveiller (vp)	lehit'orer	לְהִתְעוֹרֵר
se lever (tôt, tard)	lakum	לָקוּם
se laver (le visage)	lehitraχets	לְהִתְרַחֵץ

61. L'humour. Le rire. La joie

humour (m)	humor	הוּמוֹר (ז)
sens (m) de l'humour	χuʃ humor	חוּשׁ הוּמוֹר (ז)
s'amuser (vp)	lehanot	לֵיהָנוֹת
joyeux (adj)	sa'meaχ	שָׂמֵחַ
joie, allégresse (f)	alitsut	עַלִּיצוּת (נ)

sourire (m)	χiyuχ	חִיוּךְ (ז)
sourire (vi)	leχayeχ	לְחַיֵּיךְ
se mettre à rire	lifrots bitsχok	לִפְרוֹץ בִּצְחוֹק
rire (vi)	litsχok	לִצְחוֹק
rire (m)	tsχok	צְחוֹק (ז)

anecdote (f)	anek'dota	אֲנֶקְדּוֹטָה (נ)
drôle, amusant (adj)	matsχik	מַצְחִיק
comique, ridicule (adj)	meʃa'a'ʃe'a	מְשַׁעֲשֵׁעַ

plaisanter (vi)	lehitba'deaχ	לְהִתְבַּדֵּחַ
plaisanterie (f)	bdiχa	בְּדִיחָה (נ)
joie (f) (émotion)	simχa	שִׂמְחָה (נ)
se réjouir (vp)	lis'moaχ	לִשְׂמוֹחַ
joyeux (adj)	sa'meaχ	שָׂמֵחַ

62. Dialoguer et communiquer. Partie 1

communication (f)	'keʃer	קֶשֶׁר (ז)
communiquer (vi)	letakʃer	לְתַקְשֵׁר

conversation (f)	siχa	שִׂיחָה (נ)
dialogue (m)	du 'siaχ	דּוּ־שִׂיחַ (ז)
discussion (f) (débat)	diyun	דִּיּוּן (ז)
débat (m)	vi'kuaχ	וִיכּוּחַ (ז)
discuter (vi)	lehitva'keaχ	לְהִתְוַוכֵּחַ

interlocuteur (m)	ben 'siaχ	בֶּן שִׂיחַ (ז)
sujet (m)	nose	נוֹשֵׂא (ז)

point (m) de vue	nekudat mabat	נְקוּדַת מַבָּט (נ)
opinion (f)	de'a	דֵּעָה (נ)
discours (m)	ne'um	נְאוּם (ז)

discussion (f) (d'un rapport)	diyun	דִּיּוּן (ז)
discuter (vt)	ladun	לָדוּן
conversation (f)	siχa	שִׂיחָה (נ)
converser (vi)	leso'χeaχ	לְשׂוֹחֵחַ
rencontre (f)	pgiʃa	פְּגִישָׁה (נ)
se rencontrer (vp)	lehipageʃ	לְהִיפָּגֵשׁ

proverbe (m)	pitgam	פִּתְגָּם (ז)
dicton (m)	pitgam	פִּתְגָּם (ז)
devinette (f)	χida	חִידָה (נ)
poser une devinette	laχud χida	לָחוּד חִידָה
mot (m) de passe	sisma	סִיסְמָה (נ)
secret (m)	sod	סוֹד (ז)

serment (m)	ʃvu'a	שְׁבוּעָה (נ)
jurer (de faire qch)	lehiʃava	לְהִישָׁבַע
promesse (f)	havtaχa	הַבְטָחָה (נ)
promettre (vt)	lehav'tiaχ	לְהַבְטִיחַ

conseil (m)	etsa	עֵצָה (נ)
conseiller (vt)	leya'ets	לְייַעֵץ
suivre le conseil (de qn)	lif'ol lefi ha'etsa	לִפְעוֹל לְפִי הָעֵצָה
écouter (~ ses parents)	lehiʃama	לְהִישָׁמַע

nouvelle (f)	χadaʃot	חֲדָשׁוֹת (נ"ר)
sensation (f)	sen'satsya	סֶנְסַצְיָה (נ)
renseignements (m pl)	meida	מֵידָע (ז)
conclusion (f)	maskana	מַסְקָנָה (נ)
voix (f)	kol	קוֹל (ז)
compliment (m)	maχma'a	מַחְמָאָה (נ)
aimable (adj)	adiv	אָדִיב

mot (m)	mila	מִילָה (נ)
phrase (f)	miʃpat	מִשְׁפָּט (ז)
réponse (f)	tʃuva	תְשׁוּבָה (נ)

| vérité (f) | emet | אֱמֶת (נ) |
| mensonge (m) | 'ʃeker | שֶׁקֶר (ז) |

pensée (f)	maχʃava	מַחְשָׁבָה (נ)
idée (f)	ra'ayon	רַעְיוֹן (ז)
fantaisie (f)	fan'tazya	פַנְטַזְיָה (נ)

63. Dialoguer et communiquer. Partie 2

respecté (adj)	meχubad	מְכוּבָּד
respecter (vt)	leχabed	לְכַבֵּד
respect (m)	kavod	כָּבוֹד (ז)
Cher ...	hayakar ...	הַיָּקָר ...
présenter (faire connaître)	la'asot hekerut	לַעֲשׂוֹת הֶיכֵּרוּת

faire la connaissance	lehakir	לְהַכִּיר
intention (f)	kavana	כַּוָּנָה (נ)
avoir l'intention	lehitkaven	לְהִתְכַּוֵּן
souhait (m)	iχul	אִיחוּל (ז)
souhaiter (vt)	le'aχel	לְאַחֵל

étonnement (m)	hafta'a	הַפְתָּעָה (נ)
étonner (vt)	lehaf'ti'a	לְהַפְתִּיעַ
s'étonner (vp)	lehitpale	לְהִתְפַּלֵּא

donner (vt)	latet	לָתֵת
prendre (vt)	la'kaχat	לָקַחַת
rendre (vt)	lehaχzir	לְהַחְזִיר
retourner (vt)	lehaʃiv	לְהָשִׁיב

s'excuser (vp)	lehitnatsel	לְהִתְנַצֵּל
excuse (f)	hitnatslut	הִתְנַצְּלוּת (נ)
pardonner (vt)	lis'loaχ	לִסְלוֹחַ

parler (~ avec qn)	ledaber	לְדַבֵּר
écouter (vt)	lehakʃiv	לְהַקְשִׁיב
écouter jusqu'au bout	liʃ'mo'a	לִשְׁמוֹעַ
comprendre (vt)	lehavin	לְהָבִין

montrer (vt)	lehar'ot	לְהַרְאוֹת
regarder (vt)	lehistakel	לְהִסְתַּכֵּל
appeler (vt)	likro le...	לִקְרוֹא לְ...
distraire (déranger)	lehaf'ri'a	לְהַפְרִיעַ
ennuyer (déranger)	lehaf'ri'a	לְהַפְרִיעַ
passer (~ le message)	limsor	לִמְסוֹר

prière (f) (demande)	bakaʃa	בַּקָּשָׁה (נ)
demander (vt)	levakeʃ	לְבַקֵּשׁ
exigence (f)	driʃa	דְרִישָׁה (נ)
exiger (vt)	lidroʃ	לִדְרוֹשׁ

taquiner (vt)	lehitgarot	לְהִתְגָּרוֹת
se moquer (vp)	lil'og	לִלְעוֹג
moquerie (f)	'la'ag	לַעַג (ז)
surnom (m)	kinui	כִּינוּי (ז)

allusion (f)	'remez	רֶמֶז (ז)
faire allusion	lirmoz	לִרְמוֹז
sous-entendre (vt)	lehitkaven le...	לְהִתְכַּוֵּן לְ...

description (f)	te'ur	תֵּיאוּר (ז)
décrire (vt)	leta'er	לְתָאֵר
éloge (m)	'ʃevaχ	שֶׁבַח (ז)
louer (vt)	leʃa'beaχ	לְשַׁבֵּחַ

déception (f)	aχzava	אַכְזָבָה (נ)
décevoir (vt)	le'aχzev	לְאַכְזֵב
être déçu	lehit'aχzev	לְהִתְאַכְזֵב

| supposition (f) | hanaχa | הַנָחָה (נ) |
| supposer (vt) | leʃa'er | לְשַׁעֵר |

avertissement (m)	azhara	אַזְהָרָה (נ)
prévenir (vt)	lehazhir	לְהַזְהִיר

64. Dialoguer et communiquer. Partie 3

convaincre (vt)	leʃaχ'ne'a	לְשַׁכְנֵעַ
calmer (vt)	lehar'gi'a	לְהַרְגִּיעַ
silence (m) (~ est d'or)	ʃtika	שְׁתִיקָה (נ)
rester silencieux	liʃtok	לִשְׁתּוֹק
chuchoter (vi, vt)	lilχoʃ	לִלְחוֹשׁ
chuchotement (m)	leχiʃa	לְחִישָׁה (נ)
sincèrement (adv)	beχenut	בְּכֵנוּת
à mon avis ...	leda'ati ...	לְדַעְתִּי ...
détail (m) (d'une histoire)	prat	פְּרָט (ז)
détaillé (adj)	meforat	מְפוֹרָט
en détail (adv)	bimfurat	בִּמְפוֹרָט
indice (m)	'remez	רֶמֶז (ז)
donner un indice	lirmoz	לִרְמוֹז
regard (m)	mabat	מַבָּט (ז)
jeter un coup d'oeil	lehabit	לְהַבִּיט
fixe (un regard ~)	kafu	קָפוּא
clignoter (vi)	lematsmets	לְמַצְמֵץ
cligner de l'oeil	likrots	לִקְרוֹץ
hocher la tête	lehanhen	לְהַנְהֵן
soupir (m)	anaχa	אֲנָחָה (נ)
soupirer (vi)	lehe'anaχ	לְהֵיאָנַח
tressaillir (vi)	lir'od	לִרְעוֹד
geste (m)	meχva	מֶחֱוָה (נ)
toucher (de la main)	la'ga'at be...	לָגַעַת בְּ...
saisir (par le bras)	litfos	לִתְפּוֹס
taper (sur l'épaule)	lit'poaχ	לִטְפּוֹחַ
Attention!	zehirut!	זְהִירוּת!
Vraiment?	be'emet?	בֶּאֱמֶת?
Tu es sûr?	ata ba'tuaχ?	אַתָה בָּטוּחַ?
Bonne chance!	behatslaχa!	בְּהַצְלָחָה!
Compris!	muvan!	מוּבָן!
Dommage!	χaval!	חֲבָל!

65. L'accord. Le refus

accord (m)	haskama	הַסְכָּמָה (נ)
être d'accord	lehaskim	לְהַסְכִּים
approbation (f)	iʃur	אִישׁוּר (ז)
approuver (vt)	le'aʃer	לְאַשֵׁר
refus (m)	siruv	סֵירוּב (ז)

se refuser (vp)	lesarev	לְסָרֵב
Super!	metsuyan!	מְצוּיָן!
Bon!	tov!	טוֹב!
D'accord!	be'seder!	בְּסֵדֶר!

interdit (adj)	asur	אָסוּר
c'est interdit	asur	אָסוּר
c'est impossible	'bilti efʃari	בִּלְתִי אֶפְשָׁרִי
incorrect (adj)	ʃagui	שָׁגוּי

décliner (vt)	lidχot	לִדְחוֹת
soutenir (vt)	litmoχ be...	לִתְמוֹךְ בְּ...
accepter (condition, etc.)	lekabel	לְקַבֵּל

confirmer (vt)	le'aʃer	לְאַשֵׁר
confirmation (f)	iʃur	אִישׁוּר (ז)
permission (f)	reʃut	רְשׁוּת (נ)
permettre (vt)	leharʃot	לְהַרְשׁוֹת
décision (f)	haχlata	הַחְלָטָה (נ)
ne pas dire un mot	liʃtok	לִשְׁתוֹק

condition (f)	tnai	תְנַאי (ז)
excuse (f) (prétexte)	teruts	תֵירוּץ (ז)
éloge (m)	'ʃevaχ	שֶׁבַח (ז)
louer (vt)	leʃa'beaχ	לְשַׁבֵּחַ

66. La réussite. La chance. L'échec

succès (m)	hatsala	הַצְלָחָה (נ)
avec succès (adv)	behatslaχa	בְּהַצְלָחָה
réussi (adj)	mutslaχ	מוּצְלָח

chance (f)	mazal	מָזָל (ז)
Bonne chance!	behatslaχa!	בְּהַצְלָחָה!
de chance (jour ~)	mutslaχ	מוּצְלָח
chanceux (adj)	bar mazal	בַּר מַזָל

échec (m)	kiʃalon	כִּישָׁלוֹן (ז)
infortune (f)	'χoser mazal	חוֹסֶר מָזָל (ז)
malchance (f)	'χoser mazal	חוֹסֶר מָזָל (ז)

raté (adj)	lo mutslaχ	לֹא מוּצְלָח
catastrophe (f)	ason	אָסוֹן (ז)

fierté (f)	ga'ava	גַאֲוָה (נ)
fier (adj)	ge'e	גֵאֶה
être fier	lehitga'ot	לְהִתְגָאוֹת

gagnant (m)	zoχe	זוֹכֶה (ז)
gagner (vi)	lena'tseaχ	לְנַצֵחַ
perdre (vi)	lehafsid	לְהַפְסִיד
tentative (f)	nisayon	נִיסָיוֹן (ז)
essayer (vt)	lenasot	לְנַסוֹת
chance (f)	hizdamnut	הִזְדַמְנוּת (נ)

67. Les disputes. Les émotions négatives

cri (m)	tse'aka	צְעָקָה (נ)
crier (vi)	lits'ok	לִצְעוֹק
se mettre à crier	lehatχil lits'ok	לְהַתְחִיל לִצְעוֹק
dispute (f)	riv	רִיב (ז)
se disputer (vp)	lariv	לָרִיב
scandale (m) (dispute)	riv	רִיב (ז)
faire un scandale	lariv	לָרִיב
conflit (m)	siχsuχ	סְכְסוּך (ז)
malentendu (m)	i havana	אִי הֲבָנָה (נ)
insulte (f)	elbon	עֶלְבּוֹן (ז)
insulter (vt)	leha'aliv	לְהַעֲלִיב
insulté (adj)	ne'elav	נֶעֱלָב
offense (f)	tina	טִינָה (נ)
offenser (vt)	lif'go'a	לִפְגוֹעַ
s'offenser (vp)	lehipaga	לְהִיפָּגַע
indignation (f)	hitmarmerut	הִתְמַרְמְרוּת (נ)
s'indigner (vp)	lehitra'em	לְהִתְרַעֵם
plainte (f)	tluna	תְּלוּנָה (נ)
se plaindre (vp)	lehitlonen	לְהִתְלוֹנֵן
excuse (f)	hitnatslut	הִתְנַצְלוּת (נ)
s'excuser (vp)	lehitnatsel	לְהִתְנַצֵּל
demander pardon	levakeʃ sliχa	לְבַקֵּשׁ סְלִיחָה
critique (f)	bi'koret	בִּיקוֹרֶת (נ)
critiquer (vt)	levaker	לְבַקֵּר
accusation (f)	ha'aʃama	הַאֲשָׁמָה (נ)
accuser (vt)	leha'aʃim	לְהַאֲשִׁים
vengeance (f)	nekama	נְקָמָה (נ)
se venger (vp)	linkom	לִנְקוֹם
faire payer (qn)	lehaχzir	לְהַחֲזִיר
mépris (m)	zilzul	זִלְזוּל (ז)
mépriser (vt)	lezalzel be...	לְזַלְזֵל בְּ...
haine (f)	sin'a	שִׂנְאָה (נ)
haïr (vt)	lisno	לִשְׂנוֹא
nerveux (adj)	atsbani	עַצְבָּנִי
s'énerver (vp)	lihyot atsbani	לִהְיוֹת עַצְבָּנִי
fâché (adj)	ka'us	כָּעוּס
fâcher (vt)	lehargiz	לְהַרְגִּיז
humiliation (f)	haʃpala	הַשְׁפָּלָה (נ)
humilier (vt)	lehaʃpil	לְהַשְׁפִּיל
s'humilier (vp)	lehaʃpil et atsmo	לְהַשְׁפִּיל אֶת עַצְמוֹ
choc (m)	'helem	הֶלֶם (ז)
choquer (vt)	leza'a'ze'a	לְזַעֲזֵעַ
ennui (m) (problème)	tsara	צָרָה (נ)

désagréable (adj)	lo na'im	לֹא נָעִים
peur (f)	'paχad	פַּחַד (ז)
terrible (tempête, etc.)	nora	נוֹרָא
effrayant (histoire ~e)	mafχid	מַפְחִיד
horreur (f)	zva'a	זְוָעָה (נ)
horrible (adj)	ayom	אָיוֹם

commencer à trembler	lehera'ed	לְהֵירָעֵד
pleurer (vi)	livkot	לִבְכּוֹת
se mettre à pleurer	lehatχil livkot	לְהַתְחִיל לִבְכּוֹת
larme (f)	dim'a	דִמְעָה (נ)

faute (f)	aʃma	אַשְׁמָה (נ)
culpabilité (f)	rigʃei aʃam	רִגְשֵׁי אָשָׁם (ז"ר)
déshonneur (m)	χerpa	חֶרְפָּה (נ)
protestation (f)	meχa'a	מְחָאָה (נ)
stress (m)	'laχats	לַחַץ (ז)

déranger (vt)	lehaf'ri'a	לְהַפְרִיעַ
être furieux	liχ'os	לִכְעוֹס
en colère, fâché (adj)	zo'em	זוֹעֵם
rompre (relations)	lesayem	לְסַיֵים
réprimander (vt)	lekalel	לְקַלֵל

prendre peur	lehibahel	לְהִיבָּהֵל
frapper (vt)	lehakot	לְהַכּוֹת
se battre (vp)	lehitkotet	לְהִתְקוֹטֵט

régler (~ un conflit)	lehasdir	לְהַסְדִיר
mécontent (adj)	lo merutse	לֹא מְרוּצֶה
enragé (adj)	metoraf	מְטוֹרָף

| Ce n'est pas bien! | ze lo tov! | זֶה לֹא טוֹב! |
| C'est mal! | ze ra! | זֶה רַע! |

La médecine

68. Les maladies

maladie (f)	maxala	מַחֲלָה (נ)
être malade	lihyot xole	לִהְיוֹת חוֹלֶה
santé (f)	bri'ut	בְּרִיאוּת (נ)
rhume (m) (coryza)	na'zelet	נַזֶּלֶת (נ)
angine (f)	da'leket ʃkedim	דַּלֶּקֶת שְׁקֵדִים (נ)
refroidissement (m)	hitstanenut	הִצְטַנְּנוּת (נ)
prendre froid	lehitstanen	לְהִצְטַנֵּן
bronchite (f)	bron'xitis	בְּרוֹנְכִיטִיס (ז)
pneumonie (f)	da'leket re'ot	דַּלֶּקֶת רֵיאוֹת (נ)
grippe (f)	ʃa'pa'at	שַׁפַּעַת (נ)
myope (adj)	ktsar re'iya	קְצַר רְאִיָּה
presbyte (adj)	rexok re'iya	רְחוֹק־רְאִיָּה
strabisme (m)	pzila	פְּזִילָה (נ)
strabique (adj)	pozel	פּוֹזֵל
cataracte (f)	katarakt	קָטָרַקְט (ז)
glaucome (m)	gla'u'koma	גְּלָאוּקוֹמָה (נ)
insulte (f)	ʃavats moxi	שָׁבָץ מוֹחִי (ז)
crise (f) cardiaque	hetkef lev	הֶתְקֵף לֵב (ז)
infarctus (m) de myocarde	'otem ʃrir halev	אוֹטֶם שְׁרִיר הַלֵּב (ז)
paralysie (f)	ʃituk	שִׁיתּוּק (ז)
paralyser (vt)	leʃatek	לְשַׁתֵּק
allergie (f)	a'lergya	אָלֶרְגְּיָה (נ)
asthme (m)	'astma, ka'tseret	אַסְתְמָה, קַצֶּרֶת (נ)
diabète (m)	su'keret	סוּכֶּרֶת (נ)
mal (m) de dents	ke'ev ʃi'nayim	כְּאֵב שִׁינַיִים (ז)
carie (f)	a'ʃeʃet	עַשֶּׁשֶׁת (נ)
diarrhée (f)	ʃilʃul	שִׁלְשׁוּל (ז)
constipation (f)	atsirut	עֲצִירוּת (נ)
estomac (m) barbouillé	kilkul keiva	קִלְקוּל קֵיבָה (ז)
intoxication (f) alimentaire	har'alat mazon	הַרְעָלַת מָזוֹן (נ)
être intoxiqué	laxatof har'alat mazon	לַחֲטוֹף הַרְעָלַת מָזוֹן
arthrite (f)	da'leket mifrakim	דַּלֶּקֶת מִפְרָקִים (נ)
rachitisme (m)	ra'kexet	רַכֶּבֶת (נ)
rhumatisme (m)	ʃigaron	שִׁיגָּרוֹן (ז)
athérosclérose (f)	ar'teryo skle'rosis	אַרְטֶרְיוֹ־סְקְלֶרוֹסִיס (ז)
gastrite (f)	da'leket keiva	דַּלֶּקֶת קֵיבָה (נ)
appendicite (f)	da'leket toseftan	דַּלֶּקֶת תּוֹסֶפְתָּן (נ)

| cholécystite (f) | da'leket kis hamara | דַּלֶּקֶת כִּיס הַמָּרָה (נ) |
| ulcère (m) | 'ulkus, kiv | אוּלְקוּס, כִּיב (ז) |

rougeole (f)	χa'tsevet	חַצֶּבֶת (נ)
rubéole (f)	a'demet	אַדֶּמֶת (נ)
jaunisse (f)	tsa'hevet	צַהֶבֶת (נ)
hépatite (f)	da'leket kaved	דַּלֶּקֶת כָּבֵד (נ)

schizophrénie (f)	sχizo'frenya	סְכִיזוֹפְרֶנְיָה (נ)
rage (f) (hydrophobie)	ka'levet	כַּלֶּבֶת (נ)
névrose (f)	noi'roza	נוֹירוֹזָה (נ)
commotion (f) cérébrale	za'a'zu'a 'moaχ	זַעֲזוּעַ מוֹחַ (ז)

cancer (m)	sartan	סַרְטָן (ז)
sclérose (f)	ta'refet	טָרֶשֶׁת (נ)
sclérose (f) en plaques	ta'refet nefotsa	טָרֶשֶׁת נְפוֹצָה (נ)

alcoolisme (m)	alkoholizm	אַלְכּוֹהוֹלִיזְם (ז)
alcoolique (m)	alkoholist	אַלְכּוֹהוֹלִיסְט (ז)
syphilis (f)	a'gevet	עַגֶּבֶת (נ)
SIDA (m)	eids	אֵיידְס (ז)

tumeur (f)	gidul	גִּידוּל (ז)
maligne (adj)	mam'ir	מַמְאִיר
bénigne (adj)	fapir	שָׁפִיר

fièvre (f)	ka'daχat	קַדַּחַת (נ)
malaria (f)	ma'larya	מָלַרְיָה (נ)
gangrène (f)	gan'grena	גַּנְגְּרֶנָה (נ)
mal (m) de mer	maχalat yam	מַחֲלַת יָם (נ)
épilepsie (f)	maχalat hanefila	מַחֲלַת הַנְּפִילָה (נ)

épidémie (f)	magefa	מַגֵּיפָה (נ)
typhus (m)	'tifus	טִיפוּס (ז)
tuberculose (f)	fa'χefet	שַׁחֶפֶת (נ)
choléra (m)	ko'lera	כּוֹלֵרָה (נ)
peste (f)	davar	דֶּבֶר (ז)

69. Les symptômes. Le traitement. Partie 1

symptôme (m)	simptom	סִימְפְּטוֹם (ז)
température (f)	χom	חוֹם (ז)
fièvre (f)	χom ga'voha	חוֹם גָּבוֹהַ (ז)
pouls (m)	'dofek	דּוֹפֶק (ז)

vertige (m)	sχar'χoret	סְחַרְחוֹרֶת (נ)
chaud (adj)	χam	חַם
frisson (m)	tsmar'moret	צְמַרְמוֹרֶת (נ)
pâle (adj)	χiver	חִיוֵּר

toux (f)	fi'ul	שִׁיעוּל (ז)
tousser (vi)	lehifta'el	לְהִשְׁתַּעֵל
éternuer (vi)	lehit'atef	לְהִתְעַטֵּשׁ
évanouissement (m)	ilafon	עִילָּפוֹן (ז)

s'évanouir (vp)	lehit'alef	לְהִתְעַלֵף
bleu (m)	xabura	חַבּוּרָה (נ)
bosse (f)	blita	בְּלִיטָה (נ)
se heurter (vp)	lekabel maka	לְקַבֵּל מַכָּה
meurtrissure (f)	maka	מַכָּה (נ)
se faire mal	lekabel maka	לְקַבֵּל מַכָּה

boiter (vi)	lits'lo'a	לִצְלוֹעַ
foulure (f)	'neka	נֶקַע (ז)
se démettre (l'épaule, etc.)	lin'ko'a	לִנְקוֹעַ
fracture (f)	'ʃever	שֶׁבֶר (ז)
avoir une fracture	liʃbor	לִשְׁבּוֹר

coupure (f)	xatax	חָתָךְ (ז)
se couper (~ le doigt)	lehixatex	לְהֵיחָתֵךְ
hémorragie (f)	dimum	דִימוּם (ז)

brûlure (f)	kviya	כְּוִויָה (נ)
se brûler (vp)	laxatof kviya	לַחְטוֹף כְּוִויָה

se piquer (le doigt)	lidkor	לִדְקוֹר
se piquer (vp)	lehidaker	לְהִידָקֵר
blesser (vt)	lif'tso'a	לִפְצוֹעַ
blessure (f)	ptsi'a	פְּצִיעָה (נ)
plaie (f) (blessure)	'petsa	פֶּצַע (ז)
trauma (m)	'tra'uma	טְרָאוּמָה (נ)

délirer (vi)	lahazot	לַהֲזוֹת
bégayer (vi)	legamgem	לְגַמְגֵם
insolation (f)	makat 'ʃemeʃ	מַכַּת שֶׁמֶשׁ (נ)

70. Les symptômes. Le traitement. Partie 2

douleur (f)	ke'ev	כְּאֵב (ז)
écharde (f)	kots	קוֹץ (ז)

sueur (f)	ze'a	זֵיעָה (נ)
suer (vi)	leha'zi'a	לְהַזִיעַ
vomissement (m)	haka'a	הֲקָאָה (נ)
spasmes (m pl)	pirkusim	פִּירְכּוּסִים (ז"ר)

enceinte (adj)	hara	הָרָה
naître (vi)	lehivaled	לְהִיוָולֵד
accouchement (m)	leda	לֵידָה (נ)
accoucher (vi)	la'ledet	לָלֶדֶת
avortement (m)	hapala	הַפָּלָה (נ)

respiration (f)	neʃima	נְשִׁימָה (נ)
inhalation (f)	ʃe'ifa	שְׁאִיפָה (נ)
expiration (f)	neʃifa	נְשִׁיפָה (נ)
expirer (vi)	linʃof	לִנְשׁוֹף
inspirer (vi)	liʃof	לִשְׁאוֹף
invalide (m)	naxe	נָכֶה (ז)
handicapé (m)	naxe	נָכֶה (ז)

drogué (m)	narkoman	נַרְקוֹמָן (ז)
sourd (adj)	χereʃ	חֵרֵשׁ
muet (adj)	ilem	אִילֵם
sourd-muet (adj)	χereʃ-ilem	חֵרֵשׁ־אִילֵם

fou (adj)	meʃuga	מְשׁוּגָע
fou (m)	meʃuga	מְשׁוּגָע (ז)
folle (f)	meʃu'ga'at	מְשׁוּגַעַת (נ)
devenir fou	lehiʃta'ge'a	לְהִשְׁתַּגֵּעַ

gène (m)	gen	גֵּן (ז)
immunité (f)	χasinut	חֲסִינוּת (נ)
héréditaire (adj)	toraʃti	תּוֹרַשְׁתִּי
congénital (adj)	mulad	מוּלָד

virus (m)	'virus	וִירוּס (ז)
microbe (m)	χaidak	חַיְדַּק (ז)
bactérie (f)	bak'terya	בַּקְטֶרְיָה (נ)
infection (f)	zihum	זִיהוּם (ז)

71. Les symptômes. Le traitement. Partie 3

| hôpital (m) | beit χolim | בֵּית חוֹלִים (ז) |
| patient (m) | metupal | מְטוֹפָּל (ז) |

diagnostic (m)	avχana	אַבְחָנָה (נ)
cure (f) (faire une ~)	ripui	רִיפּוּי (ז)
traitement (m)	tipul refu'i	טִיפּוּל רְפוּאִי (ז)
se faire soigner	lekabel tipul	לְקַבֵּל טִיפּוּל
traiter (un patient)	letapel be...	לְטַפֵּל בְּ...
soigner (un malade)	letapel be...	לְטַפֵּל בְּ...
soins (m pl)	tipul	טִיפּוּל (ז)

opération (f)	ni'tuaχ	נִיתוּחַ (ז)
panser (vt)	laχboʃ	לַחְבּוֹשׁ
pansement (m)	χaviʃa	חֲבִישָׁה (נ)

vaccination (f)	χisun	חִיסוּן (ז)
vacciner (vt)	leχasen	לְחַסֵּן
piqûre (f)	zrika	זְרִיקָה (נ)
faire une piqûre	lehazrik	לְהַזְרִיק

crise, attaque (f)	hetkef	הֶתְקֵף (ז)
amputation (f)	kti'a	קְטִיעָה (נ)
amputer (vt)	lik'to'a	לִקְטוֹעַ
coma (m)	tar'demet	תַּרְדֶּמֶת (נ)
être dans le coma	lihyot betar'demet	לִהְיוֹת בְּתַרְדֶּמֶת
réanimation (f)	tipul nimraʦ	טִיפּוּל נִמְרָץ (ז)

se rétablir (vp)	lehaχlim	לְהַחְלִים
état (m) (de santé)	maʦav	מַצָּב (ז)
conscience (f)	hakara	הַכָּרָה (נ)
mémoire (f)	zikaron	זִיכָּרוֹן (ז)
arracher (une dent)	la'akor	לַעֲקוֹר

| plombage (m) | stima | סְתִימָה (נ) |
| plomber (vt) | la'asot stima | לַעֲשׂוֹת סְתִימָה |

| hypnose (f) | hip'noza | הִיפְּנוֹזָה (נ) |
| hypnotiser (vt) | lehapnet | לְהַפְנֵט |

72. Les médecins

médecin (m)	rofe	רוֹפֵא (ז)
infirmière (f)	aχot	אָחוֹת (נ)
médecin (m) personnel	rofe iʃi	רוֹפֵא אִישִׁי (ז)

dentiste (m)	rofe ʃi'nayim	רוֹפֵא שִׁינַיִים (ז)
ophtalmologiste (m)	rofe ei'nayim	רוֹפֵא עֵינַיִים (ז)
généraliste (m)	rofe pnimi	רוֹפֵא פְּנִימִי (ז)
chirurgien (m)	kirurg	כִּירוּרג (ז)

psychiatre (m)	psiχi''ater	פְּסִיכִיאָטֶר (ז)
pédiatre (m)	rofe yeladim	רוֹפֵא יְלָדִים (ז)
psychologue (m)	psiχolog	פְּסִיכוֹלוֹג (ז)
gynécologue (m)	rofe naʃim	רוֹפֵא נָשִׁים (ז)
cardiologue (m)	kardyolog	קַרְדְיוֹלוֹג (ז)

73. Les médicaments. Les accessoires

médicament (m)	trufa	תְּרוּפָה (נ)
remède (m)	trufa	תְּרוּפָה (נ)
prescrire (vt)	lirʃom	לִרְשׁוֹם
ordonnance (f)	mirʃam	מִרְשָׁם (ז)

comprimé (m)	kadur	כַּדוּר (ז)
onguent (m)	miʃχa	מִשְׁחָה (נ)
ampoule (f)	'ampula	אַמְפּוּלָה (נ)
mixture (f)	ta'a'rovet	תַּעֲרוֹבֶת (נ)
sirop (m)	sirop	סִירוֹפ (ז)
pilule (f)	gluya	גְלוּיָה (נ)
poudre (f)	avka	אַבְקָה (נ)

bande (f)	taχ'boʃet 'gaza	תַחְבּוֹשֶׁת גָאזָה (ז)
coton (m) (ouate)	'tsemer 'gefen	צֶמֶר גֶפֶן (ז)
iode (m)	yod	יוֹד (ז)

sparadrap (m)	'plaster	פְּלַסְטֶר (ז)
compte-gouttes (m)	taf'tefet	טַפְטֶפֶת (נ)
thermomètre (m)	madχom	מַדְחוֹם (ז)
seringue (f)	mazrek	מַזְרֵק (ז)

| fauteuil (m) roulant | kise galgalim | כִּיסֵא גַלְגַלִים (ז) |
| béquilles (f pl) | ka'bayim | קַבַּיִים (ז"ר) |

| anesthésique (m) | meʃakeχ ke'evim | מְשַׁכֵּךְ כְּאֵבִים (ז) |
| purgatif (m) | trufa meʃal'ʃelet | תְּרוּפָה מְשַׁלְשֶׁלֶת (נ) |

alcool (m)	'kohal	כֹּהַל (ז)
herbe (f) médicinale	isvei marpe	עִשְׂבֵי מַרְפֵּא (ז"ר)
d'herbes (adj)	ʃel asavim	שֶׁל עֲשָׂבִים

74. Le tabac et ses produits dérivés

tabac (m)	'tabak	טַבָּק (ז)
cigarette (f)	si'garya	סִיגָרִיָּה (נ)
cigare (f)	sigar	סִיגָר (ז)
pipe (f)	mik'teret	מִקְטֶרֶת (נ)
paquet (m)	xafisa	חֲפִיסָה (נ)

allumettes (f pl)	gafrurim	גַּפְרוּרִים (ז"ר)
boîte (f) d'allumettes	kufsat gafrurim	קוּפְסַת גַּפְרוּרִים (נ)
briquet (m)	matsit	מַצִּית (ז)
cendrier (m)	ma'afera	מַאֲפֵרָה (נ)
étui (m) à cigarettes	nartik lesi'garyot	נַרְתִּיק לְסִיגָרִיּוֹת (ז)

fume-cigarette (m)	piya	פִּיָּה (נ)
filtre (m)	'filter	פִילְטֶר (ז)

fumer (vi, vt)	le'aʃen	לְעַשֵּׁן
allumer une cigarette	lehadlik si'garya	לְהַדְלִיק סִיגָרִיָּה
tabagisme (m)	iʃun	עִישׁוּן (ז)
fumeur (m)	me'aʃen	מְעַשֵּׁן (ז)

mégot (m)	bdal si'garya	בְּדַל סִיגָרִיָּה (ז)
fumée (f)	aʃan	עָשָׁן (ז)
cendre (f)	'efer	אֵפֶר (ז)

L'HABITAT HUMAIN

La ville

75. La ville. La vie urbaine

ville (f)	ir	עִיר (נ)
capitale (f)	ir bira	עִיר בִּירָה (נ)
village (m)	kfar	כְּפָר (ז)
plan (m) de la ville	mapat ha'ir	מַפַּת הָעִיר (נ)
centre-ville (m)	merkaz ha'ir	מֶרְכַּז הָעִיר (ז)
banlieue (f)	parvar	פַּרְוָר (ז)
de banlieue (adj)	parvari	פַּרְוָרִי
périphérie (f)	parvar	פַּרְוָר (ז)
alentours (m pl)	svivot	סְבִיבוֹת (נ״ר)
quartier (m)	ʃχuna	שְׁכוּנָה (נ)
quartier (m) résidentiel	ʃχunat megurim	שְׁכוּנַת מְגוּרִים (נ)
trafic (m)	tnu'a	תְּנוּעָה (נ)
feux (m pl) de circulation	ramzor	רַמְזוֹר (ז)
transport (m) urbain	taχbura tsiburit	תַחְבּוּרָה צִיבּוּרִית (נ)
carrefour (m)	'tsomet	צוֹמֶת (ז)
passage (m) piéton	ma'avar χatsaya	מַעֲבַר חֲצָיָה (ז)
passage (m) souterrain	ma'avar tat karka'i	מַעֲבָר תַּת־קַרְקָעִי (ז)
traverser (vt)	laχatsot	לַחֲצוֹת
piéton (m)	holeχ 'regel	הוֹלֵך רֶגֶל (ז)
trottoir (m)	midraχa	מִדְרָכָה (נ)
pont (m)	'geʃer	גֶּשֶׁר (ז)
quai (m)	ta'yelet	טַיֶּלֶת (נ)
fontaine (f)	mizraka	מִזְרָקָה (נ)
allée (f)	sdera	שְׂדֵרָה (נ)
parc (m)	park	פַּארְק (ז)
boulevard (m)	sdera	שְׂדֵרָה (נ)
place (f)	kikar	כִּיכָּר (נ)
avenue (f)	reχov raʃi	רְחוֹב רָאשִׁי (ז)
rue (f)	reχov	רְחוֹב (ז)
ruelle (f)	simta	סִמְטָה (נ)
impasse (f)	mavoi satum	מָבוֹי סָתוּם (ז)
maison (f)	'bayit	בַּיִת (ז)
édifice (m)	binyan	בִּנְיָן (ז)
gratte-ciel (m)	gored ʃχakim	גּוֹרֵד שְׁחָקִים (ז)
façade (f)	χazit	חֲזִית (נ)
toit (m)	gag	גַּג (ז)

fenêtre (f)	χalon	חַלּוֹן (ז)
arc (m)	'keʃet	קֶשֶׁת (נ)
colonne (f)	amud	עַמּוּד (ז)
coin (m)	pina	פִּינָה (נ)

vitrine (f)	χalon ra'ava	חַלּוֹן רַאֲוָה (ז)
enseigne (f)	'ʃelet	שֶׁלֶט (ז)
affiche (f)	kraza	כְּרָזָה (נ)
affiche (f) publicitaire	'poster	פּוֹסְטֶר (ז)
panneau-réclame (m)	'luaχ pirsum	לוּחַ פִּרְסוּם (ז)

ordures (f pl)	'zevel	זֶבֶל (ז)
poubelle (f)	paχ aʃpa	פַּח אַשְׁפָּה (ז)
jeter à terre	lelaχleχ	לְלַכְלֵךְ
décharge (f)	mizbala	מִזְבָּלָה (נ)

cabine (f) téléphonique	ta 'telefon	תָּא טֶלֶפוֹן (ז)
réverbère (m)	amud panas	עַמּוּד פָּנָס (ז)
banc (m)	safsal	סַפְסָל (ז)

policier (m)	ʃoter	שׁוֹטֵר (ז)
police (f)	miʃtara	מִשְׁטָרָה (נ)
clochard (m)	kabtsan	קַבְּצָן (ז)
sans-abri (m)	χasar 'bayit	חֲסַר בַּיִת (ז)

76. Les institutions urbaines

magasin (m)	χanut	חֲנוּת (נ)
pharmacie (f)	beit mir'kaχat	בֵּית מִרְקַחַת (ז)
opticien (m)	χanut miʃka'fayim	חֲנוּת מִשְׁקָפַיִים (נ)
centre (m) commercial	kanyon	קַנְיוֹן (ז)
supermarché (m)	super'market	סוּפֶּרְמַרְקֶט (ז)

boulangerie (f)	ma'afiya	מַאֲפִיָּה (נ)
boulanger (m)	ofe	אוֹפֶה (ז)
pâtisserie (f)	χanut mamtakim	חֲנוּת מַמְתַּקִּים (נ)
épicerie (f)	ma'kolet	מַכּוֹלֶת (נ)
boucherie (f)	itliz	אִטְלִיז (ז)

| magasin (m) de légumes | χanut perot viyerakot | חֲנוּת פֵּירוֹת וִירָקוֹת (נ) |
| marché (m) | ʃuk | שׁוּק (ז) |

salon (m) de café	beit kafe	בֵּית קָפֶה (ז)
restaurant (m)	mis'ada	מִסְעָדָה (נ)
brasserie (f)	pab	פָּאבּ (ז)
pizzeria (f)	pi'tseriya	פִּיצֶרְיָה (נ)

salon (m) de coiffure	mispara	מִסְפָּרָה (נ)
poste (f)	'do'ar	דּוֹאַר (ז)
pressing (m)	nikui yaveʃ	נִיקּוּי יָבֵשׁ (ז)
atelier (m) de photo	'studyo letsilum	סְטוּדִיוֹ לְצִילוּם (ז)

| magasin (m) de chaussures | χanut na'a'layim | חֲנוּת נַעֲלַיִים (נ) |
| librairie (f) | χanut sfarim | חֲנוּת סְפָרִים (נ) |

magasin (m) d'articles de sport	χanut sport	חֲנוּת סְפּוֹרְט (נ)
atelier (m) de retouche	χanut tikun bgadim	חֲנוּת תִּיקוּן בְּגָדִים (נ)
location (f) de vêtements	χanut haskarat bgadim	חֲנוּת הַשְׂכָּרַת בְּגָדִים (נ)
location (f) de films	χanut haʃalat sratim	חֲנוּת הַשְׁאָלַת סְרָטִים (נ)

cirque (m)	kirkas	קִרְקָס (ז)
zoo (m)	gan hayot	גַּן חַיּוֹת (ז)
cinéma (m)	kol'no'a	קוֹלְנוֹעַ (ז)
musée (m)	muze'on	מוּזֵיאוֹן (ז)
bibliothèque (f)	sifriya	סִפְרִיָּה (נ)

théâtre (m)	te'atron	תֵּיאַטְרוֹן (ז)
opéra (m)	beit 'opera	בֵּית אוֹפֵּרָה (ז)
boîte (f) de nuit	mo'adon 'laila	מוֹעֲדוֹן לַיְלָה (ז)
casino (m)	ka'zino	קָזִינוֹ (ז)

mosquée (f)	misgad	מִסְגָּד (ז)
synagogue (f)	beit 'kneset	בֵּית כְּנֶסֶת (ז)
cathédrale (f)	kated'rala	קָתֶדְרָלָה (נ)
temple (m)	mikdaʃ	מִקְדָּשׁ (ז)
église (f)	knesiya	כְּנֵסִיָּה (נ)

institut (m)	miχlala	מִכְלָלָה (נ)
université (f)	uni'versita	אוּנִיבֶרְסִיטָה (נ)
école (f)	beit 'sefer	בֵּית סֵפֶר (ז)

préfecture (f)	maχoz	מָחוֹז (ז)
mairie (f)	iriya	עִירִיָּה (נ)
hôtel (m)	beit malon	בֵּית מָלוֹן (ז)
banque (f)	bank	בַּנְק (ז)

ambassade (f)	ʃagrirut	שַׁגְרִירוּת (נ)
agence (f) de voyages	soχnut nesi'ot	סוֹכְנוּת נְסִיעוֹת (נ)
bureau (m) d'information	modi'in	מוֹדִיעִין (ז)
bureau (m) de change	misrad hamarat mat'be'a	מִשְׂרַד הֲמָרַת מַטְבֵּעַ (ז)

| métro (m) | ra'kevet taχtit | רַכֶּבֶת תַּחְתִּית (נ) |
| hôpital (m) | beit χolim | בֵּית חוֹלִים (ז) |

| station-service (f) | taχanat 'delek | תַּחֲנַת דֶּלֶק (נ) |
| parking (m) | migraʃ χanaya | מִגְרַשׁ חֲנָיָה (ז) |

77. Les transports en commun

autobus (m)	'otobus	אוֹטוֹבּוּס (ז)
tramway (m)	ra'kevet kala	רַכֶּבֶת קַלָּה (נ)
trolleybus (m)	tro'leibus	טְרוֹלֵייבּוּס (ז)
itinéraire (m)	maslul	מַסְלוּל (ז)
numéro (m)	mispar	מִסְפָּר (ז)

prendre ...	lin'so'a be...	...לִנְסוֹעַ בְּ
monter (dans l'autobus)	la'alot	לַעֲלוֹת
descendre de ...	la'redet mi...	...לָרֶדֶת מֵ
arrêt (m)	taχana	תַּחֲנָה (נ)

arrêt (m) prochain	hataxana haba'a	הַתַּחֲנָה הַבָּאָה (נ)
terminus (m)	hataxana ha'axrona	הַתַּחֲנָה הָאַחֲרוֹנָה (נ)
horaire (m)	'luax zmanim	לוּחַ זְמַנִּים (ז)
attendre (vt)	lehamtin	לְהַמְתִּין
ticket (m)	kartis	כַּרְטִיס (ז)
prix (m) du ticket	mexir hanesiya	מְחִיר הַנְּסִיעָה (ז)
caissier (m)	kupai	קוּפָּאִי (ז)
contrôle (m) des tickets	bi'koret kartisim	בִּיקּוֹרֶת כַּרְטִיסִים (נ)
contrôleur (m)	mevaker	מְבַקֵּר (ז)
être en retard	le'axer	לְאַחֵר
rater (~ le train)	lefasfes	לְפַסְפֵּס
se dépêcher	lemaher	לְמַהֵר
taxi (m)	monit	מוֹנִית (נ)
chauffeur (m) de taxi	nahag monit	נַהַג מוֹנִית (ז)
en taxi	bemonit	בְּמוֹנִית
arrêt (m) de taxi	taxanat moniyot	תַּחֲנַת מוֹנִיּוֹת (נ)
appeler un taxi	lehazmin monit	לְהַזְמִין מוֹנִית
prendre un taxi	la'kaxat monit	לָקַחַת מוֹנִית
trafic (m)	tnu'a	תְּנוּעָה (נ)
embouteillage (m)	pkak	פְּקָק (ז)
heures (f pl) de pointe	ʃa'ot 'omes	שְׁעוֹת עוֹמֶס (נ"ר)
se garer (vp)	laxanot	לַחֲנוֹת
garer (vt)	lehaxnot	לְהַחֲנוֹת
parking (m)	xanaya	חֲנָיָה (נ)
métro (m)	ra'kevet taxtit	רַכֶּבֶת תַּחְתִּית (נ)
station (f)	taxana	תַּחֲנָה (נ)
prendre le métro	lin'so'a betaxtit	לִנְסוֹעַ בְּתַחְתִּית
train (m)	ra'kevet	רַכֶּבֶת (נ)
gare (f)	taxanat ra'kevet	תַּחֲנַת רַכֶּבֶת (נ)

78. Le tourisme

monument (m)	an'darta	אַנְדַּרְטָה (נ)
forteresse (f)	mivtsar	מִבְצָר (ז)
palais (m)	armon	אַרְמוֹן (ז)
château (m)	tira	טִירָה (נ)
tour (f)	migdal	מִגְדָּל (ז)
mausolée (m)	ma'uzo'le'um	מָאוּזוֹלֵיאוּם (ז)
architecture (f)	adrixalut	אַדְרִיכָלוּת (נ)
médiéval (adj)	benaimi	בֵּינַיימִי
ancien (adj)	atik	עַתִּיק
national (adj)	le'umi	לְאוּמִי
connu (adj)	mefursam	מְפוּרְסָם
touriste (m)	tayar	תַּייָר (ז)
guide (m) (personne)	madrix tiyulim	מַדְרִיךְ טִיוּלִים (ז)
excursion (f)	tiyul	טִיוּל (ז)

montrer (vt)	lehar'ot	לְהַראוֹת
raconter (une histoire)	lesaper	לְסַפֵּר

trouver (vt)	limtso	לִמצוֹא
se perdre (vp)	la'leχet le'ibud	לָלֶכֶת לְאִיבּוּד
plan (m) (du metro, etc.)	mapa	מַפָּה (נ)
carte (f) (de la ville, etc.)	tarʃim	תַרשִים (ז)

souvenir (m)	maz'keret	מַזְכֶּרֶת (נ)
boutique (f) de souvenirs	χanut matanot	חָנוּת מַתָנוֹת (נ)
prendre en photo	letsalem	לְצַלֵם
se faire prendre en photo	lehitstalem	לְהִצטַלֵם

79. Le shopping

acheter (vt)	liknot	לִקנוֹת
achat (m)	kniya	קְנִיָּה (נ)
faire des achats	la'leχet lekniyot	לָלֶכֶת לִקנִיוֹת
shopping (m)	ariχat kniyot	עֲרִיכַת קְנִיוֹת (נ)

être ouvert	pa'tuaχ	פָּתוּחַ
être fermé	sagur	סָגוּר

chaussures (f pl)	na'a'layim	נַעֲלַיים (נ״ר)
vêtement (m)	bgadim	בּגָדִים (ז״ר)
produits (m pl) de beauté	tamrukim	תַמרוּקִים (ז״ר)
produits (m pl) alimentaires	mutsrei mazon	מוּצרֵי מָזוֹן (ז״ר)
cadeau (m)	matana	מַתָנָה (נ)

vendeur (m)	moχer	מוֹכֵר (ז)
vendeuse (f)	mo'χeret	מוֹכֶרֶת (נ)

caisse (f)	kupa	קוּפָּה (נ)
miroir (m)	mar'a	מַראָה (נ)
comptoir (m)	duχan	דוּכָן (ז)
cabine (f) d'essayage	'χeder halbaʃa	חֶדָר הַלבָּשָׁה (ז)

essayer (robe, etc.)	limdod	לִמדוֹד
aller bien (robe, etc.)	lehat'im	לְהַתאִים
plaire (être apprécié)	limtso χen be'ei'nayim	לִמצוֹא חֵן בְּעֵינַיים

prix (m)	meχir	מְחִיר (ז)
étiquette (f) de prix	tag meχir	תַג מְחִיר (ז)
coûter (vt)	la'alot	לַעֲלוֹת
Combien?	'kama?	כַּמָה?
rabais (m)	hanaχa	הֲנָחָה (נ)

pas cher (adj)	lo yakar	לֹא יָקָר
bon marché (adj)	zol	זוֹל
cher (adj)	yakar	יָקָר
C'est cher	ze yakar	זֶה יָקָר

location (f)	haskara	הַשׂכָּרָה (נ)
louer (une voiture, etc.)	liskor	לִשׂכּוֹר

| crédit (m) | aʃrai | אַשְׁרַאי (ז) |
| à crédit (adv) | be'aʃrai | בְּאַשְׁרַאי |

80. L'argent

argent (m)	'kesef	כֶּסֶף (ז)
échange (m)	hamara	הֲמָרָה (נ)
cours (m) de change	'ʃa'ar χalifin	שַׁעַר חֲלִיפִין (ז)
distributeur (m)	kaspomat	כַּסְפּוֹמָט (ז)
monnaie (f)	mat'be'a	מַטְבֵּעַ (ז)

| dollar (m) | 'dolar | דּוֹלָר (ז) |
| euro (m) | 'eiro | אֵירוֹ (ז) |

lire (f)	'lira	לִירָה (נ)
mark (m) allemand	mark germani	מַרק גֶּרְמָנִי (ז)
franc (m)	frank	פְרַנק (ז)
livre sterling (f)	'lira 'sterling	לִירָה שְׁטֶרְלִינג (נ)
yen (m)	yen	יֶן (ז)

dette (f)	χov	חוֹב (ז)
débiteur (m)	'ba'al χov	בַּעַל חוֹב (ז)
prêter (vt)	lehalvot	לְהַלְווֹת
emprunter (vt)	lilvot	לִלְווֹת

banque (f)	bank	בַּנק (ז)
compte (m)	χeʃbon	חֶשְׁבּוֹן (ז)
verser (dans le compte)	lehafkid	לְהַפְקִיד
verser dans le compte	lehafkid leχeʃbon	לְהַפְקִיד לְחֶשְׁבּוֹן
retirer du compte	limʃoχ meχeʃbon	לִמְשׁוֹך מֵחֶשְׁבּוֹן

carte (f) de crédit	kartis aʃrai	כַּרְטִיס אַשְׁרַאי (ז)
espèces (f pl)	mezuman	מְזוּמָן
chèque (m)	tʃek	צ'ק (ז)
faire un chèque	liχtov tʃek	לִכְתוֹב צ'ק
chéquier (m)	pinkas 'tʃekim	פִנְקָס צ'קִים (ז)

portefeuille (m)	arnak	אַרְנָק (ז)
bourse (f)	arnak lematbe''ot	אַרְנָק לְמַטְבְּעוֹת (ז)
coffre fort (m)	ka'sefet	כַּסֶפֶת (נ)

héritier (m)	yoreʃ	יוֹרֵשׁ (ז)
héritage (m)	yeruʃa	יְרוּשָׁה (נ)
fortune (f)	'oʃer	עוֹשֶׁר (ז)

location (f)	χoze sχirut	חוֹזֶה שְׂכִירוּת (ז)
loyer (m) (argent)	sχar dira	שְׂכַר דִּירָה (ז)
louer (prendre en location)	liskor	לִשְׂכּוֹר

prix (m)	meχir	מְחִיר (ז)
coût (m)	alut	עֲלוּת (נ)
somme (f)	sχum	סְכוּם (ז)
dépenser (vt)	lehotsi	לְהוֹצִיא
dépenses (f pl)	hotsa'ot	הוֹצָאוֹת (נ"ר)

| économiser (vt) | laχasoχ | לַחֲסוֹךְ |
| économe (adj) | χesχoni | חֶסְכוֹנִי |

payer (régler)	leʃalem	לְשַׁלֵם
paiement (m)	taʃlum	תַשְׁלוּם (ז)
monnaie (f) (rendre la ~)	'odef	עוֹדֶף (ז)

impôt (m)	mas	מַס (ז)
amende (f)	knas	קְנָס (ז)
mettre une amende	liknos	לִקְנוֹס

81. La poste. Les services postaux

poste (f)	'do'ar	דוֹאַר (ז)
courrier (m) (lettres, etc.)	'do'ar	דוֹאַר (ז)
facteur (m)	davar	דַוָוּר (ז)
heures (f pl) d'ouverture	ʃa'ot avoda	שְׁעוֹת עֲבוֹדָה (נ"ר)

lettre (f)	miχtav	מִכְתָב (ז)
recommandé (m)	miχtav raʃum	מִכְתָב רָשׁוּם (ז)
carte (f) postale	gluya	גְלוּיָה (נ)
télégramme (m)	mivrak	מִבְרָק (ז)
colis (m)	χavila	חֲבִילָה (נ)
mandat (m) postal	ha'avarat ksafim	הַעֲבָרַת כְּסָפִים (נ)

recevoir (vt)	lekabel	לְקַבֵּל
envoyer (vt)	liʃ'loaχ	לִשְׁלוֹחַ
envoi (m)	ʃliχa	שְׁלִיחָה (ז)

adresse (f)	'ktovet	כְּתוֹבֶת (נ)
code (m) postal	mikud	מִיקוּד (ז)
expéditeur (m)	ʃo'leaχ	שׁוֹלֵחַ (ז)
destinataire (m)	nim'an	נִמְעָן (ז)

| prénom (m) | ʃem prati | שֵׁם פְּרָטִי (ז) |
| nom (m) de famille | ʃem miʃpaχa | שֵׁם מִשְׁפָּחָה (ז) |

tarif (m)	ta'arif	תַעֲרִיף (ז)
normal (adj)	ragil	רָגִיל
économique (adj)	χesχoni	חֶסְכוֹנִי

poids (m)	miʃkal	מִשְׁקָל (ז)
peser (~ les lettres)	liʃkol	לִשְׁקוֹל
enveloppe (f)	ma'atafa	מַעֲטָפָה (נ)
timbre (m)	bul 'do'ar	בּוּל דוֹאַר (ז)
timbrer (vt)	lehadbik bul	לְהַדְבִּיק בּוּל

Le logement. La maison. Le foyer

82. La maison. Le logis

maison (f)	'bayit	בַּיִת (ז)
chez soi	ba'bayit	בַּבַּיִת
cour (f)	χatser	חָצֵר (נ)
clôture (f)	gader	גָּדֵר (נ)

brique (f)	levena	לְבֵנָה (נ)
en brique (adj)	milevenim	מִלְבֵנִים
pierre (f)	'even	אֶבֶן (נ)
en pierre (adj)	me''even	מֵאֶבֶן
béton (m)	beton	בֶּטוֹן (ז)
en béton (adj)	mibeton	מִבֶּטוֹן

neuf (adj)	χadaʃ	חָדָשׁ
vieux (adj)	yaʃan	יָשָׁן
délabré (adj)	balui	בָּלוּי
moderne (adj)	mo'derni	מוֹדֶרְנִי
à plusieurs étages	rav komot	רַב-קוֹמוֹת
haut (adj)	ga'voha	גָּבוֹהַ

étage (m)	'koma	קוֹמָה (נ)
sans étage (adj)	χad komati	חַד-קוֹמָתִי

rez-de-chaussée (m)	komat 'karka	קוֹמַת קַרְקַע (נ)
dernier étage (m)	hakoma ha'elyona	הַקּוֹמָה הָעֶלְיוֹנָה (נ)

toit (m)	gag	גַּג (ז)
cheminée (f)	aruba	אֲרוּבָּה (נ)

tuile (f)	'ra'af	רַעַף (ז)
en tuiles (adj)	mere'afim	מֵרְעָפִים
grenier (m)	aliyat gag	עֲלִיַּת גַּג (נ)

fenêtre (f)	χalon	חַלוֹן (ז)
vitre (f)	zχuχit	זְכוּכִית (נ)

rebord (m)	'eden χalon	אֶדֶן חַלּוֹן (ז)
volets (m pl)	trisim	תְּרִיסִים (ז"ר)

mur (m)	kir	קִיר (ז)
balcon (m)	mir'peset	מִרְפֶּסֶת (נ)
gouttière (f)	marzev	מַרְזֵב (ז)

en haut (à l'étage)	le'mala	לְמַעְלָה
monter (vi)	la'alot bemadregot	לַעֲלוֹת בְּמַדְרֵגוֹת
descendre (vi)	la'redet bemadregot	לָרֶדֶת בְּמַדְרֵגוֹת
déménager (vi)	la'avor	לַעֲבוֹר

83. La maison. L'entrée. L'ascenseur

entrée (f)	knisa	כְּנִיסָה (נ)
escalier (m)	madregot	מַדְרֵגוֹת (נ״ר)
marches (f pl)	madregot	מַדְרֵגוֹת (נ״ר)
rampe (f)	ma'ake	מַעֲקֶה (ז)
hall (m)	'lobi	לוֹבִּי (ז)
boîte (f) à lettres	teivat 'do'ar	תֵּיבַת דּוֹאַר (נ)
poubelle (f) d'extérieur	pax 'zevel	פַּח זֶבֶל (ז)
vide-ordures (m)	merik aʃpa	מֵרִיק אַשְׁפָּה (ז)
ascenseur (m)	ma'alit	מַעֲלִית (נ)
monte-charge (m)	ma'alit masa	מַעֲלִית מַשָּׂא (נ)
cabine (f)	ta ma'alit	תָּא מַעֲלִית (ז)
prendre l'ascenseur	lin'so'a bema'alit	לִנְסוֹעַ בְּמַעֲלִית
appartement (m)	dira	דִּירָה (נ)
locataires (m pl)	dayarim	דַּיָּרִים (ז״ר)
voisin (m)	ʃaxen	שָׁכֵן (ז)
voisine (f)	ʃxena	שְׁכֵנָה (נ)
voisins (m pl)	ʃxenim	שְׁכֵנִים (ז״ר)

84. La maison. La porte. La serrure

porte (f)	'delet	דֶּלֶת (נ)
portail (m)	'ʃa'ar	שַׁעַר (ז)
poignée (f)	yadit	יָדִית (נ)
déverrouiller (vt)	lif'toax	לִפְתּוֹחַ
ouvrir (vt)	lif'toax	לִפְתּוֹחַ
fermer (vt)	lisgor	לִסְגּוֹר
clé (f)	maf'teax	מַפְתֵּחַ (ז)
trousseau (m), jeu (m)	tsror maftexot	צְרוֹר מַפְתְּחוֹת (ז)
grincer (la porte)	laxarok	לַחֲרוֹק
grincement (m)	xarika	חֲרִיקָה (נ)
gond (m)	tsir	צִיר (ז)
paillasson (m)	ʃtixon	שְׁטִיחוֹן (ז)
serrure (f)	man'ul	מַנְעוּל (ז)
trou (m) de la serrure	xor haman'ul	חוֹר הַמַּנְעוּל (ז)
verrou (m)	'briax	בְּרִיחַ (ז)
loquet (m)	'briax	בְּרִיחַ (ז)
cadenas (m)	man'ul	מַנְעוּל (ז)
sonner (à la porte)	letsaltsel	לְצַלְצֵל
sonnerie (f)	tsiltsul	צִלְצוּל (ז)
sonnette (f)	pa'amon	פַּעֲמוֹן (ז)
bouton (m)	kaftor	כַּפְתּוֹר (ז)
coups (m pl) à la porte	hakaʃa	הַקָּשָׁה (נ)
frapper (~ à la porte)	lehakiʃ	לְהַקִּישׁ

code (m)	kod	קוֹד (ז)
serrure (f) à combinaison	man'ul kod	מַנְעוּל קוֹד (ז)
interphone (m)	'interkom	אִינְטֶרְקוֹם (ז)
numéro (m)	mispar	מִסְפָּר (ז)
plaque (f) de porte	luxit	לוּחִית (נ)
judas (m)	einit	עֵינִית (נ)

85. La maison de campagne

village (m)	kfar	כְּפָר (ז)
potager (m)	gan yarak	גַּן יָרָק (ז)
palissade (f)	gader	גָּדֵר (נ)
clôture (f)	gader yetedot	גָּדֵר יְתֵדוֹת (נ)
portillon (m)	piʃpaʃ	פִּשְׁפָּש (ז)

grange (f)	asam	אָסָם (ז)
cave (f)	martef	מַרְתֵּף (ז)
abri (m) de jardin	maxsan	מַחְסָן (ז)
puits (m)	be'er	בְּאֵר (נ)

poêle (m) (~ à bois)	ax	אָח (נ)
chauffer le poêle	lehasik et ha'ax	לְהַסִיק אֶת הָאָח
bois (m) de chauffage	atsei hasaka	עֲצֵי הַסָּקָה (ז"ר)
bûche (f)	bul ets	בּוּל עֵץ (ז)

véranda (f)	mir'peset mekora	מִרְפֶּסֶת מְקוֹרָה (נ)
terrasse (f)	mir'peset	מִרְפֶּסֶת (נ)
perron (m) d'entrée	madregot ba'petax 'bayit	מַדְרֵגוֹת בַּפֶּתַח בַּיִת (נ"ר)
balançoire (f)	nadneda	נַדְנֵדָה (נ)

86. Le château. Le palais

château (m)	tira	טִירָה (נ)
palais (m)	armon	אַרְמוֹן (ז)
forteresse (f)	mivtsar	מִבְצָר (ז)

muraille (f)	xoma	חוֹמָה (נ)
tour (f)	migdal	מִגְדָּל (ז)
donjon (m)	migdal merkazi	מִגְדָּל מֶרְכָּזִי (ז)

herse (f)	ʃa'ar anaxi	שַׁעַר אֲנָכִי (ז)
souterrain (m)	ma'avar tat karka'i	מַעֲבָר תַּת-קַרְקָעִי (ז)
douve (f)	xafir	חָפִיר (ז)

| chaîne (f) | ʃal'ʃelet | שַׁלְשֶׁלֶת (נ) |
| meurtrière (f) | eʃnav 'yeri | אֶשְׁנַב יָרִי (ז) |

| magnifique (adj) | mefo'ar | מְפוֹאָר |
| majestueux (adj) | malxuti | מַלְכוּתִי |

| inaccessible (adj) | 'bilti xadir | בִּלְתִּי חָדִיר |
| médiéval (adj) | benaimi | בֵּינַיימִי |

87. L'appartement

appartement (m)	dira	דִּירָה (נ)
chambre (f)	'xeder	חֶדֶר (ז)
chambre (f) à coucher	xadar ʃena	חֲדַר שֵׁינָה (ז)
salle (f) à manger	pinat 'oxel	פִּינַת אוֹכֶל (נ)
salon (m)	salon	סָלוֹן (ז)
bureau (m)	xadar avoda	חֲדַר עֲבוֹדָה (ז)
antichambre (f)	prozdor	פּרוֹזדוֹר (ז)
salle (f) de bains	xadar am'batya	חֲדַר אַמבַּטיָה (ז)
toilettes (f pl)	ʃerutim	שֵׁירוּתִים (ז"ר)
plafond (m)	tikra	תִּקרָה (נ)
plancher (m)	ritspa	רִצפָּה (נ)
coin (m)	pina	פִּינָה (נ)

88. L'appartement. Le ménage

faire le ménage	lenakot	לְנַקוֹת
ranger (jouets, etc.)	lefanot	לְפַנוֹת
poussière (f)	avak	אָבָק (ז)
poussiéreux (adj)	me'ubak	מְאוּבָּק
essuyer la poussière	lenakot avak	לְנַקוֹת אָבָק
aspirateur (m)	ʃo'ev avak	שוֹאֵב אָבָק (ז)
passer l'aspirateur	liʃ'ov avak	לִשאוֹב אָבָק
balayer (vt)	letate	לְטַאטֵא
balayures (f pl)	'psolet ti'tu	פּסוֹלֶת טָאטוּא (נ)
ordre (m)	'seder	סֵדֶר (ז)
désordre (m)	i 'seder	אִי סֵדֶר (ז)
balai (m) à franges	magev im smartut	מַגָב עִם סמַרטוּט (ז)
torchon (m)	smartut avak	סמַרטוּט אָבָק (ז)
balayette (f) de sorgho	mat'ate katan	מַטאֲטֵא קָטָן (ז)
pelle (f) à ordures	ya'e	יָעֶה (ז)

89. Les meubles. L'intérieur

meubles (m pl)	rehitim	רָהִיטִים (ז"ר)
table (f)	ʃulxan	שׁוּלחָן (ז)
chaise (f)	kise	כִּסֵא (ז)
lit (m)	mita	מִיטָה (נ)
canapé (m)	sapa	סַפָּה (נ)
fauteuil (m)	kursa	כּוּרסָה (נ)
bibliothèque (f) (meuble)	aron sfarim	אָרוֹן סְפָרִים (ז)
rayon (m)	madaf	מַדָף (ז)
armoire (f)	aron bgadim	אָרוֹן בּגָדִים (ז)
patère (f)	mitle	מִתלֶה (ז)

portemanteau (m)	mitle	מִתְלֶה (ז)
commode (f)	ʃida	שִׁידָה (נ)
table (f) basse	ʃulχan itonim	שׁוּלְחַן עִיתּוֹנִים (ז)

miroir (m)	mar'a	מַרְאָה (נ)
tapis (m)	ʃa'tiaχ	שָׁטִיחַ (ז)
petit tapis (m)	ʃa'tiaχ	שָׁטִיחַ (ז)

cheminée (f)	aχ	אָח (נ)
bougie (f)	ner	נֵר (ז)
chandelier (m)	pamot	פָּמוֹט (ז)

rideaux (m pl)	vilonot	וִילוֹנוֹת (ז"ר)
papier (m) peint	tapet	טַפֶּט (ז)
jalousie (f)	trisim	תְּרִיסִים (ז"ר)

lampe (f) de table	menorat ʃulχan	מְנוֹרַת שׁוּלְחָן (נ)
applique (f)	menorat kir	מְנוֹרַת קִיר (נ)
lampadaire (m)	menora o'medet	מְנוֹרָה עוֹמֶדֶת (נ)
lustre (m)	niv'reʃet	נִבְרֶשֶׁת (נ)

pied (m) (~ de la table)	'regel	רֶגֶל (נ)
accoudoir (m)	miʃ'enet yad	מִשְׁעֶנֶת יָד (נ)
dossier (m)	miʃ'enet	מִשְׁעֶנֶת (נ)
tiroir (m)	megera	מְגֵירָה (נ)

90. La literie

linge (m) de lit	matsa'im	מַצָּעִים (ז"ר)
oreiller (m)	karit	כָּרִית (נ)
taie (f) d'oreiller	tsipit	צִיפִית (נ)
couverture (f)	smiχa	שְׂמִיכָה (נ)
drap (m)	sadin	סָדִין (ז)
couvre-lit (m)	kisui mita	כִּיסוּי מִיטָה (ז)

91. La cuisine

cuisine (f)	mitbaχ	מִטְבָּח (ז)
gaz (m)	gaz	גַּז (ז)
cuisinière (f) à gaz	tanur gaz	תַּנּוּר גַּז (ז)
cuisinière (f) électrique	tanur χaʃmali	תַּנּוּר חַשְׁמַלִי (ז)
four (m)	tanur afiya	תַּנּוּר אֲפִייָה (ז)
four (m) micro-ondes	mikrogal	מִיקְרוֹגַל (ז)

réfrigérateur (m)	mekarer	מְקָרֵר (ז)
congélateur (m)	makpi	מַקְפִּיא (ז)
lave-vaisselle (m)	me'diaχ kelim	מֵדִיחַ כֵּלִים (ז)

hachoir (m) à viande	matχenat basar	מַטְחֲנַת בָּשָׂר (נ)
centrifugeuse (f)	masχeta	מַסְחֵטָה (נ)
grille-pain (m)	'toster	טוֹסְטֶר (ז)
batteur (m)	'mikser	מִיקְסֶר (ז)

machine (f) à café	meχonat kafe	מְכוֹנַת קָפֶּה (נ)
cafetière (f)	findʒan	פִינְג'אן (ז)
moulin (m) à café	matχenat kafe	מַטְחֲנַת קָפֶּה (נ)

bouilloire (f)	kumkum	קוּמְקוּם (ז)
théière (f)	kumkum	קוּמְקוּם (ז)
couvercle (m)	miχse	מִכְסֶה (ז)
passoire (f) à thé	mis'nenet te	מְסַנֶּנֶת תֵּה (נ)

cuillère (f)	kaf	כַּף (נ)
petite cuillère (f)	kapit	כַּפִּית (נ)
cuillère (f) à soupe	kaf	כַּף (נ)
fourchette (f)	mazleg	מַזְלֵג (ז)
couteau (m)	sakin	סַכִּין (ז, נ)

vaisselle (f)	kelim	כֵּלִים (ז"ר)
assiette (f)	tsa'laχat	צַלַּחַת (נ)
soucoupe (f)	taχtit	תַּחְתִּית (נ)

verre (m) à shot	kosit	כּוֹסִית (נ)
verre (m) (~ d'eau)	kos	כּוֹס (נ)
tasse (f)	'sefel	סֵפֶל (ז)

sucrier (m)	mis'keret	מִסְכֶּרֶת (נ)
salière (f)	milχiya	מִלְחִיָּה (נ)
poivrière (f)	pilpeliya	פִּלְפְּלִיָּה (נ)
beurrier (m)	maχame'a	מַחְמָאָה (ז)

casserole (f)	sir	סִיר (ז)
poêle (f)	maχvat	מַחֲבַת (נ)
louche (f)	tarvad	תַּרְוָד (ז)
passoire (f)	mis'nenet	מְסַנֶּנֶת (נ)
plateau (m)	magaʃ	מַגָּשׁ (ז)

bouteille (f)	bakbuk	בַּקְבּוּק (ז)
bocal (m) (à conserves)	tsin'tsenet	צִנְצֶנֶת (נ)
boîte (f) en fer-blanc	paχit	פַּחִית (נ)

ouvre-bouteille (m)	potχan bakbukim	פּוֹתְחָן בַּקְבּוּקִים (ז)
ouvre-boîte (m)	potχan kufsa'ot	פּוֹתְחָן קוּפְסָאוֹת (ז)
tire-bouchon (m)	maχlets	מַחְלֵץ (ז)
filtre (m)	'filter	פִילְטֶר (ז)
filtrer (vt)	lesanen	לְסַנֵּן

| ordures (f pl) | 'zevel | זֶבֶל (ז) |
| poubelle (f) | paχ 'zevel | פַּח זֶבֶל (ז) |

92. La salle de bains

salle (f) de bains	χadar am'batya	חֲדַר אַמְבַּטְיָה (ז)
eau (f)	'mayim	מַיִם (ז"ר)
robinet (m)	'berez	בֶּרֶז (ז)
eau (f) chaude	'mayim χamim	מַיִם חַמִּים (ז"ר)
eau (f) froide	'mayim karim	מַיִם קָרִים (ז"ר)

dentifrice (m)	miʃχat ʃi'nayim	מִשְׁחַת שִׁינַיִים (נ)
se brosser les dents	letsaχ'tseaχ ʃi'nayim	לְצַחְצֵחַ שִׁינַיִים
brosse (f) à dents	miv'reʃet ʃi'nayim	מִבְרֶשֶׁת שִׁינַיִים (נ)

se raser (vp)	lehitga'leaχ	לְהִתְגַלֵחַ
mousse (f) à raser	'ketsef gi'luaχ	קֶצֶף גִילוּחַ (ז)
rasoir (m)	'ta'ar	תַעַר (ז)

laver (vt)	liʃtof	לִשְׁטוֹף
se laver (vp)	lehitraχets	לְהִתְרַחֵץ
douche (f)	mik'laχat	מִקְלַחַת (נ)
prendre une douche	lehitka'leaχ	לְהִתְקַלֵחַ

baignoire (f)	am'batya	אַמְבַּטְיָה (נ)
cuvette (f)	asla	אַסְלָה (נ)
lavabo (m)	kiyor	כִּיוֹר (ז)

| savon (m) | sabon | סַבּוֹן (ז) |
| porte-savon (m) | saboniya | סַבּוֹנִיָיה (נ) |

éponge (f)	sfog 'lifa	סְפוֹג לִיפָה (ז)
shampooing (m)	ʃampu	שַׁמְפּוּ (ז)
serviette (f)	ma'gevet	מַגֶבֶת (נ)
peignoir (m) de bain	χaluk raχatsa	חָלוּק רַחְצָה (ז)

lessive (f) (faire la ~)	kvisa	כְּבִיסָה (נ)
machine (f) à laver	meχonat kvisa	מְכוֹנַת כְּבִיסָה (נ)
faire la lessive	leχabes	לְכַבֵּס
lessive (f) (poudre)	avkat kvisa	אַבְקַת כְּבִיסָה (נ)

93. Les appareils électroménagers

téléviseur (m)	tele'vizya	טֶלֶוִיזְיָה (נ)
magnétophone (m)	teip	טֵייפּ (ז)
magnétoscope (m)	maχʃir 'vide'o	מַכְשִׁיר וִידָאוֹ (ז)
radio (f)	'radyo	רַדְיוֹ (ז)
lecteur (m)	nagan	נַגָן (ז)

vidéoprojecteur (m)	makren	מַקְרֵן (ז)
home cinéma (m)	kol'no'a beiti	קוֹלְנוֹעַ בֵּיתִי (ז)
lecteur DVD (m)	nagan dividi	נַגָן DVD (ז)
amplificateur (m)	magber	מַגְבֵּר (ז)
console (f) de jeux	maχʃir plei'steiʃen	מַכְשִׁיר פְּלֵייסְטֵיישֶׁן (ז)

caméscope (m)	matslemat 'vide'o	מַצְלֵמַת וִידָאוֹ (נ)
appareil (m) photo	matslema	מַצְלֵמָה (נ)
appareil (m) photo numérique	matslema digi'talit	מַצְלֵמָה דִיגִיטָלִית (נ)

aspirateur (m)	ʃo'ev avak	שׁוֹאֵב אָבָק (ז)
fer (m) à repasser	maghets	מַגְהֵץ (ז)
planche (f) à repasser	'kereʃ gihuts	קֶרֶשׁ גִיהוּץ (ז)

| téléphone (m) | 'telefon | טֶלֶפוֹן (ז) |
| portable (m) | 'telefon nayad | טֶלֶפוֹן נַיָיד (ז) |

| machine (f) à écrire | meχonat ktiva | מְכוֹנַת כְּתִיבָה (נ) |
| machine (f) à coudre | meχonat tfira | מְכוֹנַת תְּפִירָה (נ) |

micro (m)	mikrofon	מִיקְרוֹפוֹן (ז)
écouteurs (m pl)	ozniyot	אוֹזְנִיוֹת (נ"ר)
télécommande (f)	'ʃelet	שֶׁלֶט (ז)

CD (m)	taklitor	תַּקְלִיטוֹר (ז)
cassette (f)	ka'letet	קַלֶּטֶת (נ)
disque (m) (vinyle)	taklit	תַּקְלִיט (ז)

94. Les travaux de réparation et de rénovation

rénovation (f)	ʃiputs	שִׁיפּוּץ (ז)
faire la rénovation	leʃapets	לְשַׁפֵּץ
réparer (vt)	letaken	לְתַקֵן
remettre en ordre	lesader	לְסַדֵּר
refaire (vt)	la'asot meχadaʃ	לַעֲשׂוֹת מֵחָדָשׁ

peinture (f)	'tseva	צֶבַע (ז)
peindre (des murs)	lits'bo'a	לִצְבּוֹעַ
peintre (m) en bâtiment	tsaba'i	צַבָּעִי (ז)
pinceau (m)	mikχol	מִכְחוֹל (ז)

| chaux (f) | sid | סִיד (ז) |
| blanchir à la chaux | lesayed | לְסַיֵיד |

papier (m) peint	tapet	טַפֶּט (ז)
tapisser (vt)	lehadbik ta'petim	לְהַדְבִּיק טַפֶּטִים
vernis (m)	'laka	לַכָּה (נ)
vernir (vt)	lim'roaχ 'laka	לִמְרוֹחַ לַכָּה

95. La plomberie

eau (f)	'mayim	מַיִם (ז"ר)
eau (f) chaude	'mayim χamim	מַיִם חַמִים (ז"ר)
eau (f) froide	'mayim karim	מַיִם קָרִים (ז"ר)
robinet (m)	'berez	בֶּרֶז (ז)

goutte (f)	tipa	טִיפָה (נ)
goutter (vi)	letaftef	לְטַפְטֵף
fuir (tuyau)	lidlof	לִדְלוֹף
fuite (f)	dlifa	דְלִיפָה (נ)
flaque (f)	ʃlulit	שְׁלוּלִית (נ)

tuyau (m)	tsinor	צִינוֹר (ז)
valve (f)	'berez	בֶּרֶז (ז)
se boucher (vp)	lehisatem	לְהִיסָתֵם

outils (m pl)	klei avoda	כְּלֵי עֲבוֹדָה (ז"ר)
clé (f) réglable	maf'teaχ mitkavnen	מַפְתֵחַ מִתְכַּווֵנֵן (ז)
dévisser (vt)	lif'toaχ	לִפְתוֹחַ

visser (vt)	lehavrig	לְהַבְרִיג
déboucher (vt)	lif'toax et hastima	לִפְתוֹחַ אֶת הַסְתִימָה
plombier (m)	fravrav	שְרַבְרָב (ז)
sous-sol (m)	martef	מַרְתֵּף (ז)
égouts (m pl)	biyuv	בִּיוּב (ז)

96. L'incendie

feu (m)	srefa	שְׂרֵיפָה (נ)
flamme (f)	lehava	לֶהָבָה (נ)
étincelle (f)	nitsots	נִיצוֹץ (ז)
fumée (f)	afan	עָשָׁן (ז)
flambeau (m)	lapid	לַפִּיד (ז)
feu (m) de bois	medura	מְדוּרָה (נ)

essence (f)	'delek	דֶּלֶק (ז)
kérosène (m)	kerosin	קֵרוֹסִין (ז)
inflammable (adj)	dalik	דָּלִיק
explosif (adj)	nafits	נָפִיץ
DÉFENSE DE FUMER	asur le'afen!	אָסוּר לְעַשֵׁן!

sécurité (f)	betixut	בְּטִיחוּת (נ)
danger (m)	sakana	סַכָּנָה (נ)
dangereux (adj)	mesukan	מְסוּכָּן

prendre feu	lehidalek	לְהִידָלֵק
explosion (f)	pitsuts	פִּיצוּץ (ז)
mettre feu	lehatsit	לְהַצִית
incendiaire (m)	matsit	מַצִית (ז)
incendie (m) prémédité	hatsata	הַצָתָה (נ)

flamboyer (vi)	liv'or	לִבְעוֹר
brûler (vi)	la'alot be'ef	לַעֲלוֹת בְּאֵשׁ
brûler complètement	lehisaref	לְהִישָׂרֵף

appeler les pompiers	lehazmin mexabei ef	לְהַזְמִין מְכַבֵּי אֵשׁ
pompier (m)	kabai	כַּבַּאי (ז)
voiture (f) de pompiers	'rexev kibui	רֶכֶב כִּיבּוּי (ז)
sapeurs-pompiers (pl)	mexabei ef	מְכַבֵּי אֵשׁ (ז"ר)
échelle (f) des pompiers	sulam kaba'im	סוּלָם כַּבָּאִים (ז)

tuyau (m) d'incendie	zarnuk	זַרְנוּק (ז)
extincteur (m)	mataf	מַטָף (ז)
casque (m)	kasda	קַסְדָה (נ)
sirène (f)	tsofar	צוֹפָר (ז)

crier (vi)	lits'ok	לִצְעוֹק
appeler au secours	likro le'ezra	לִקְרוֹא לְעֶזְרָה
secouriste (m)	matsil	מַצִיל (ז)
sauver (vt)	lehatsil	לְהַצִיל

venir (vi)	leha'gi'a	לְהַגִיעַ
éteindre (feu)	lexabot	לְכַבּוֹת
eau (f)	'mayim	מַיִם (ז"ר)

sable (m)	χol	חוֹל (ז)
ruines (f pl)	χoravot	חוֹרְבוֹת (נ״ר)
tomber en ruine	likros	לִקְרוֹס
s'écrouler (vp)	likros	לִקְרוֹס
s'effondrer (vp)	lehitmotet	לְהִתְמוֹטֵט
morceau (m) (de mur, etc.)	pisat χoravot	פִּיסַת חוֹרְבוֹת (נ)
cendre (f)	'efer	אֵפֶר (ז)
mourir étouffé	lehiχanek	לְהֵיחָנֵק
périr (vi)	lehihareg	לְהֵיהָרֵג

LES ACTIVITÉS HUMAINS

Le travail. Les affaires. Partie 1

97. Les opérations bancaires

banque (f)	bank	בַּנק (ז)
agence (f) bancaire	snif	סָנִיף (ז)
conseiller (m)	yo'ets	יוֹעֵץ (ז)
gérant (m)	menahel	מְנַהֵל (ז)
compte (m)	xeʃbon	חֶשבּוֹן (ז)
numéro (m) du compte	mispar xeʃbon	מִספַּר חֶשבּוֹן (ז)
compte (m) courant	xeʃbon over vaʃav	חֶשבּוֹן עוֹבֵר וָשָב (ז)
compte (m) sur livret	xeʃbon xisaxon	חֶשבּוֹן חִסָכוֹן (ז)
ouvrir un compte	lif'toax xeʃbon	לִפתוֹח חֶשבּוֹן
clôturer le compte	lisgor xeʃbon	לִסגוֹר חֶשבּוֹן
verser dans le compte	lehafkid lexeʃbon	לְהַפקִיד לְחֶשבּוֹן
retirer du compte	limʃox mexeʃbon	לִמשוֹך מֵחֶשבּוֹן
dépôt (m)	pikadon	פִּיקָדוֹן (ז)
faire un dépôt	lehafkid	לְהַפקִיד
virement (m) bancaire	ha'avara banka'it	הַעֲבָרָה בַּנקָאִית (נ)
faire un transfert	leha'avir 'kesef	לְהַעֲבִיר כֶּסֶף
somme (f)	sxum	סכוּם (ז)
Combien?	'kama?	כַּמָה?
signature (f)	xatima	חָתִימָה (נ)
signer (vt)	laxtom	לַחתוֹם
carte (f) de crédit	kartis aʃrai	כַּרטִיס אַשרַאי (ז)
code (m)	kod	קוֹד (ז)
numéro (m) de carte de crédit	mispar kartis aʃrai	מִספַּר כַּרטִיס אַשרַאי (ז)
distributeur (m)	kaspomat	כַּספּוֹמָט (ז)
chèque (m)	tʃek	צֶ'ק (ז)
faire un chèque	lixtov tʃek	לִכתוֹב צֶ'ק
chéquier (m)	pinkas 'tʃekim	פָּנקָס צֶ'קִים (ז)
crédit (m)	halva'a	הַלוָואָה (נ)
demander un crédit	levakeʃ halva'a	לְבַקֵש הַלוָואָה
prendre un crédit	lekabel halva'a	לְקַבֵּל הַלוָואָה
accorder un crédit	lehalvot	לְהַלווֹת
gage (m)	arvut	עַרבוּת (נ)

98. Le téléphone. La conversation téléphonique

téléphone (m)	'telefon	טֶלֶפוֹן (ז)
portable (m)	'telefon nayad	טֶלֶפוֹן נַיָּיד (ז)
répondeur (m)	meʃivon	מְשִׁיבוֹן (ז)
téléphoner, appeler	letsaltsel	לְצַלְצֵל
appel (m)	siχat 'telefon	שִׂיחַת טֶלֶפוֹן (נ)
composer le numéro	leχayeg mispar	לְחַיֵּיג מִסְפָּר
Allô!	'halo!	הָלוֹ!
demander (~ l'heure)	liʃ'ol	לִשְׁאוֹל
répondre (vi, vt)	la'anot	לַעֲנוֹת
entendre (bruit, etc.)	liʃ'mo'a	לִשְׁמוֹעַ
bien (adv)	tov	טוֹב
mal (adv)	lo tov	לֹא טוֹב
bruits (m pl)	hafra'ot	הַפְרָעוֹת (נ"ר)
récepteur (m)	ʃfo'feret	שְׁפוֹפֶרֶת (נ)
décrocher (vt)	leharim ʃfo'feret	לְהָרִים שְׁפוֹפֶרֶת
raccrocher (vi)	leha'niaχ ʃfo'feret	לְהָנִיחַ שְׁפוֹפֶרֶת
occupé (adj)	tafus	תָּפוּס
sonner (vi)	letsaltsel	לְצַלְצֵל
carnet (m) de téléphone	'sefer tele'fonim	סֵפֶר טֶלֶפוֹנִים (ז)
local (adj)	mekomi	מְקוֹמִי
appel (m) local	siχa mekomit	שִׂיחָה מְקוֹמִית (נ)
interurbain (adj)	bein ironi	בֵּין עִירוֹנִי
appel (m) interurbain	siχa bein ironit	שִׂיחָה בֵּין עִירוֹנִית (נ)
international (adj)	benle'umi	בֵּינְלְאוּמִי
appel (m) international	siχa benle'umit	שִׂיחָה בֵּינְלְאוּמִית (נ)

99. Le téléphone portable

portable (m)	'telefon nayad	טֶלֶפוֹן נַיָּיד (ז)
écran (m)	masaχ	מָסָךְ (ז)
bouton (m)	kaftor	כַּפְתּוֹר (ז)
carte SIM (f)	kartis sim	כַּרְטִיס סִים (ז)
pile (f)	solela	סוֹלְלָה (נ)
être déchargé	lehitroken	לְהִתְרוֹקֵן
chargeur (m)	mit'an	מַטְעָן (ז)
menu (m)	tafrit	תַּפְרִיט (ז)
réglages (m pl)	hagdarot	הַגְדָּרוֹת (נ"ר)
mélodie (f)	mangina	מַנְגִּינָה (נ)
sélectionner (vt)	livχor	לִבְחוֹר
calculatrice (f)	maxʃevon	מַחְשְׁבוֹן (ז)
répondeur (m)	ta koli	תָּא קוֹלִי (ז)
réveil (m)	ʃa'on me'orer	שָׁעוֹן מְעוֹרֵר (ז)

contacts (m pl)	anʃei 'keʃer	אַנְשֵׁי קֶשֶׁר (ז״ר)
SMS (m)	misron	מִסְרוֹן (ז)
abonné (m)	manui	מָנוּי (ז)

100. La papeterie

| stylo (m) à bille | et kaduri | עֵט כַּדּוּרִי (ז) |
| stylo (m) à plume | et no've'a | עֵט נוֹבֵעַ (ז) |

crayon (m)	iparon	עִיפָּרוֹן (ז)
marqueur (m)	'marker	מַרְקֵר (ז)
feutre (m)	tuʃ	טוּשׁ (ז)

| bloc-notes (m) | pinkas | פִּנְקָס (ז) |
| agenda (m) | yoman | יוֹמָן (ז) |

règle (f)	sargel	סַרְגֵּל (ז)
calculatrice (f)	maxʃevon	מַחְשְׁבוֹן (ז)
gomme (f)	'maxak	מַחַק (ז)
punaise (f)	'na'ats	נַעַץ (ז)
trombone (m)	mehadek	מְהַדֵּק (ז)

colle (f)	'devek	דֶּבֶק (ז)
agrafeuse (f)	ʃadxan	שַׁדְכָן (ז)
perforateur (m)	menakev	מְנַקֵּב (ז)
taille-crayon (m)	maxded	מַחְדֵּד (ז)

Le travail. Les affaires. Partie 2

101. Les médias de masse

journal (m)	iton	עִיתוֹן (ז)
revue (f)	ʒurnal	ז'וּרְנָל (ז)
presse (f)	itonut	עִיתוֹנוּת (נ)
radio (f)	'radyo	רַדְיוֹ (ז)
station (f) de radio	taxanat 'radyo	תַחֲנַת רַדְיוֹ (נ)
télévision (f)	tele'vizya	טֶלֶוִויזְיָה (נ)
animateur (m)	manxe	מַנְחֶה (ז)
présentateur (m) de journaux télévisés	karyan	קַרְיָן (ז)
commentateur (m)	parʃan	פַּרְשָׁן (ז)
journaliste (m)	itonai	עִיתוֹנַאי (ז)
correspondant (m)	katav	כַּתָּב (ז)
reporter photographe (m)	tsalam itonut	צַלָם עִיתוֹנוּת (ז)
reporter (m)	katav	כַּתָּב (ז)
rédacteur (m)	orex	עוֹרֵךְ (ז)
rédacteur (m) en chef	orex raʃi	עוֹרֵךְ רָאשִׁי (ז)
s'abonner (vp)	lehasdir manui	לְהַסְדִּיר מָנוּי
abonnement (m)	minui	מִנוּי (ז)
abonné (m)	manui	מָנוּי (ז)
lire (vi, vt)	likro	לִקְרוֹא
lecteur (m)	kore	קוֹרֵא (ז)
tirage (m)	tfutsa	תְפוּצָה (נ)
mensuel (adj)	xodʃi	חוֹדְשִׁי
hebdomadaire (adj)	ʃvu'i	שְׁבוּעִי
numéro (m)	gilayon	גִילָּיוֹן (ז)
nouveau (~ numéro)	tari	טָרִי
titre (m)	ko'teret	כּוֹתֶרֶת (נ)
entrefilet (m)	katava ktsara	כַּתָּבָה קְצָרָה (נ)
rubrique (f)	tur	טוּר (ז)
article (m)	ma'amar	מַאֲמָר (ז)
page (f)	amud	עַמוּד (ז)
reportage (m)	katava	כַּתָּבָה (נ)
événement (m)	ei'ru'a	אֵירוּעַ (ז)
sensation (f)	sen'satsya	סֶנְסַצְיָה (נ)
scandale (m)	ʃa'aruriya	שַׁעֲרוּרִיָה (נ)
scandaleux	meviʃ	מֵבִישׁ
grand (~ scandale)	gadol	גָדוֹל
émission (f)	toxnit	תוֹכְנִית (נ)
interview (f)	ra'ayon	רַאֲיוֹן (ז)

| émission (f) en direct | ʃidur χai | שִׁידוּר חַי (ז) |
| chaîne (f) (~ payante) | aruts | עָרוּץ (ז) |

102. L'agriculture

agriculture (f)	χakla'ut	חַקְלָאוּת (נ)
paysan (m)	ikar	אִיכָּר (ז)
paysanne (f)	χakla'ut	חַקְלָאִית (נ)
fermier (m)	χavai	חַוַּאי (ז)

| tracteur (m) | 'traktor | טְרַקְטוֹר (ז) |
| moissonneuse-batteuse (f) | kombain | קוֹמְבַּיְן (ז) |

charrue (f)	maχreʃa	מַחְרֵשָׁה (נ)
labourer (vt)	laχaroʃ	לַחֲרוֹשׁ
champ (m) labouré	sade χaruʃ	שָׂדֶה חָרוּשׁ (ז)
sillon (m)	'telem	תֶּלֶם (ז)

semer (vt)	liz'ro'a	לִזְרוֹעַ
semeuse (f)	mazre'a	מַזְרֵעָה (נ)
semailles (f pl)	zri'a	זְרִיעָה (נ)

| faux (f) | χermeʃ | חֶרְמֵשׁ (ז) |
| faucher (vt) | liktsor | לִקְצוֹר |

| pelle (f) | et | אֵת (ז) |
| bêcher (vt) | leta'teaχ | לְתַתֵּחַ |

couperet (m)	ma'ader	מַעֲדֵר (ז)
sarcler (vt)	lenakeʃ	לְנַכֵּשׁ
mauvaise herbe (f)	'esev ʃote	עֵשֶׂב שׁוֹטֶה (ז)

arrosoir (m)	maʃpeχ	מַשְׁפֵּךְ (ז)
arroser (plantes)	lehaʃkot	לְהַשְׁקוֹת
arrosage (m)	haʃkaya	הַשְׁקָיָה (נ)

| fourche (f) | kilʃon | קִלְשׁוֹן (ז) |
| râteau (m) | magrefa | מַגְרֵפָה (נ) |

engrais (m)	'deʃen	דֶּשֶׁן (ז)
engraisser (vt)	ledaʃen	לְדַשֵּׁן
fumier (m)	'zevel	זֶבֶל (ז)

champ (m)	sade	שָׂדֶה (ז)
pré (m)	aχu	אָחוּ (ז)
potager (m)	gan yarak	גַּן יָרָק (ז)
jardin (m)	bustan	בּוּסְתָּן (ז)

faire paître	lir'ot	לִרְעוֹת
berger (m)	ro'e tson	רוֹעֶה צֹאן (ז)
pâturage (m)	mir'e	מִרְעֶה (ז)

| élevage (m) | gidul bakar | גִּידּוּל בָּקָר (ז) |
| élevage (m) de moutons | gidul kvasim | גִּידּוּל כְּבָשִׂים (ז) |

plantation (f)	mata	מַטָּע (ז)
plate-bande (f)	aruga	עֲרוּגָה (נ)
serre (f)	χamama	חֲמָמָה (נ)
sécheresse (f)	ba'tsoret	בַּצּוֹרֶת (נ)
sec (l'été ~)	yaveʃ	יָבֵשׁ
grains (m pl)	tvu'a	תְּבוּאָה (נ)
céréales (f pl)	gidulei dagan	גִּידוּלֵי דָגָן (ז"ר)
récolter (vt)	liktof	לִקְטוֹף
meunier (m)	toχen	טוֹחֵן (ז)
moulin (m)	taχanat 'kemaχ	טַחֲנַת קֶמַח (נ)
moudre (vt)	litχon	לִטְחוֹן
farine (f)	'kemaχ	קֶמַח (ז)
paille (f)	kaʃ	קַשׁ (ז)

103. Le BTP et la construction

chantier (m)	atar bniya	אֲתַר בְּנִיָּה (ז)
construire (vt)	livnot	לִבְנוֹת
ouvrier (m) du bâtiment	banai	בַּנַּאי (ז)
projet (m)	proyekt	פְּרוֹיֶקְט (ז)
architecte (m)	adriχal	אַדְרִיכָל (ז)
ouvrier (m)	po'el	פּוֹעֵל (ז)
fondations (f pl)	yesodot	יְסוֹדוֹת (ז"ר)
toit (m)	gag	גַּג (ז)
pieu (m) de fondation	amud yesod	עַמּוּד יְסוֹד (ז)
mur (m)	kir	קִיר (ז)
ferraillage (m)	mot χizuk	מוֹט חִיזּוּק (ז)
échafaudage (m)	pigumim	פִּיגּוּמִים (ז"ר)
béton (m)	beton	בֶּטוֹן (ז)
granit (m)	granit	גְּרָנִיט (ז)
pierre (f)	'even	אֶבֶן (נ)
brique (f)	levena	לְבֵנָה (נ)
sable (m)	χol	חוֹל (ז)
ciment (m)	'melet	מֶלֶט (ז)
plâtre (m)	'tiaχ	טִיחַ (ז)
plâtrer (vt)	leta'yeaχ	לְטַיֵּיחַ
peinture (f)	'tseva	צֶבַע (ז)
peindre (des murs)	lits'bo'a	לִצְבּוֹעַ
tonneau (m)	χavit	חָבִית (נ)
grue (f)	aguran	עֲגוּרָן (ז)
monter (vt)	lehanif	לְהָנִיף
abaisser (vt)	lehorid	לְהוֹרִיד
bulldozer (m)	daχpor	דַּחְפּוֹר (ז)
excavateur (m)	maχper	מַחְפֵּר (ז)

godet (m)	ʃa'ov	שָׁאוֹב (ז)
creuser (vt)	laχpor	לַחְפּוֹר
casque (m)	kasda	קַסְדָּה (נ)

Les professions. Les métiers

104. La recherche d'emploi. Le licenciement

travail (m)	avoda	עֲבוֹדָה (נ)
employés (pl)	'segel	סֶגֶל (ז)
personnel (m)	'segel	סֶגֶל (ז)
carrière (f)	kar'yera	קָרְיֶרָה (נ)
perspective (f)	efʃaruyot	אֶפְשָׁרוּיוֹת (נ״ר)
maîtrise (f)	meyumanut	מְיוּמָנוּת (נ)
sélection (f)	sinun	סִינוּן (ז)
agence (f) de recrutement	soχnut 'koaχ adam	סוֹכְנוּת כּוֹחַ אָדָם (נ)
C.V. (m)	korot χayim	קוֹרוֹת חַיִּים (נ״ר)
entretien (m)	ra'ayon avoda	רַאֲיוֹן עֲבוֹדָה (ז)
emploi (m) vacant	misra pnuya	מִשְׂרָה פְּנוּיָה (נ)
salaire (m)	mas'koret	מַשְׂכּוֹרֶת (נ)
salaire (m) fixe	mas'koret kvu'a	מַשְׂכּוֹרֶת קְבוּעָה (נ)
rémunération (f)	taʃlum	תַּשְׁלוּם (ז)
poste (m) (~ évolutif)	tafkid	תַּפְקִיד (ז)
fonction (f)	χova	חוֹבָה (נ)
liste (f) des fonctions	tχum aχrayut	תְּחוּם אַחְרָיוּת (ז)
occupé (adj)	asuk	עָסוּק
licencier (vt)	lefater	לְפַטֵּר
licenciement (m)	pitur	פִּיטוּר (ז)
chômage (m)	avtala	אַבְטָלָה (נ)
chômeur (m)	muvtal	מוּבְטָל (ז)
retraite (f)	'pensya	פֶּנְסִיָה (נ)
prendre sa retraite	laʦet legimla'ot	לָצֵאת לְגִימְלָאוֹת

105. Les hommes d'affaires

directeur (m)	menahel	מְנַהֵל (ז)
gérant (m)	menahel	מְנַהֵל (ז)
patron (m)	bos	בּוֹס (ז)
supérieur (m)	memune	מְמוּנֶה (ז)
supérieurs (m pl)	memunim	מְמוּנִים (ז״ר)
président (m)	nasi	נָשִׂיא (ז)
président (m) (d'entreprise)	yoʃev roʃ	יוֹשֵׁב רֹאשׁ (ז)
adjoint (m)	sgan	סְגָן (ז)
assistant (m)	ozer	עוֹזֵר (ז)

secrétaire (m, f)	mazkir	מַזְכִּיר (ז)
secrétaire (m, f) personnel	mazkir iʃi	מַזְכִּיר אִישִׁי (ז)
homme (m) d'affaires	iʃ asakim	אִישׁ עֲסָקִים (ז)
entrepreneur (m)	yazam	יַזָּם (ז)
fondateur (m)	meyased	מְיַסֵּד (ז)
fonder (vt)	leyased	לְיַסֵּד
fondateur (m)	meχonen	מְכוֹנֵן (ז)
partenaire (m)	ʃutaf	שׁוּתָף (ז)
actionnaire (m)	'ba'al menayot	בַּעַל מְנָיוֹת (ז)
millionnaire (m)	milyoner	מִילְיוֹנֵר (ז)
milliardaire (m)	milyarder	מִילְיַארְדֵר (ז)
propriétaire (m)	be'alim	בְּעָלִים (ז)
propriétaire (m) foncier	'ba'al adamot	בַּעַל אֲדָמוֹת (ז)
client (m)	la'koaχ	לָקוֹחַ (ז)
client (m) régulier	la'koaχ ka'vu'a	לָקוֹחַ קָבוּעַ (ז)
acheteur (m)	kone	קוֹנֶה (ז)
visiteur (m)	mevaker	מְבַקֵּר (ז)
professionnel (m)	miktso'an	מִקְצוֹעָן (ז)
expert (m)	mumχe	מוּמְחֶה (ז)
spécialiste (m)	mumχe	מוּמְחֶה (ז)
banquier (m)	bankai	בַּנְקַאי (ז)
courtier (m)	soχen	סוֹכֵן (ז)
caissier (m)	kupai	קוּפַּאי (ז)
comptable (m)	menahel χeʃbonot	מְנַהֵל חֶשְׁבּוֹנוֹת (ז)
agent (m) de sécurité	ʃomer	שׁוֹמֵר (ז)
investisseur (m)	maʃ'ki'a	מַשְׁקִיעַ (ז)
débiteur (m)	'ba'al χov	בַּעַל חוֹב (ז)
créancier (m)	malve	מַלְוֶה (ז)
emprunteur (m)	love	לוֹוֶה (ז)
importateur (m)	yevu'an	יְבוּאָן (ז)
exportateur (m)	yetsu'an	יְצוּאָן (ז)
producteur (m)	yatsran	יַצְרָן (ז)
distributeur (m)	mefits	מֵפִיץ (ז)
intermédiaire (m)	metaveχ	מְתַוֵּךְ (ז)
conseiller (m)	yo'ets	יוֹעֵץ (ז)
représentant (m)	natsig meχirot	נָצִיג מְכִירוֹת (ז)
agent (m)	soχen	סוֹכֵן (ז)
agent (m) d'assurances	soχen bi'tuaχ	סוֹכֵן בִּיטוּחַ (ז)

106. Les métiers des services

cuisinier (m)	tabaχ	טַבָּח (ז)
cuisinier (m) en chef	ʃef	שֶׁף (ז)

boulanger (m)	ofe	אוֹפֶה (ז)
barman (m)	'barmen	בַּרְמֶן (ז)
serveur (m)	meltsar	מֶלְצָר (ז)
serveuse (f)	meltsarit	מֶלְצָרִית (נ)

avocat (m)	orex din	עוֹרֵך דִּין (ז)
juriste (m)	orex din	עוֹרֵך דִּין (ז)
notaire (m)	notaryon	נוֹטַרְיוֹן (ז)

électricien (m)	xaʃmalai	חַשְׁמַלַּאי (ז)
plombier (m)	ʃravrav	שְׁרַבְרַב (ז)
charpentier (m)	nagar	נַגָּר (ז)

masseur (m)	ma'ase	מְעַסֶּה (ז)
masseuse (f)	masa'ʒistit	מְסַזְ'יסְטִית (נ)
médecin (m)	rofe	רוֹפֵא (ז)

chauffeur (m) de taxi	nahag monit	נַהָג מוֹנִית (ז)
chauffeur (m)	nahag	נַהָג (ז)
livreur (m)	ʃa'liax	שָׁלִיחַ (ז)

femme (f) de chambre	xadranit	חַדְרָנִית (נ)
agent (m) de sécurité	ʃomer	שׁוֹמֵר (ז)
hôtesse (f) de l'air	da'yelet	דַּיֶּלֶת (נ)

professeur (m)	more	מוֹרֶה (ז)
bibliothécaire (m)	safran	סַפְרָן (ז)
traducteur (m)	metargem	מְתַרְגֵּם (ז)
interprète (m)	meturgeman	מְתוּרְגְּמָן (ז)
guide (m)	madrix tiyulim	מַדְרִיך טִיּוּלִים (ז)

coiffeur (m)	sapar	סַפָּר (ז)
facteur (m)	davar	דַּוָּר (ז)
vendeur (m)	moxer	מוֹכֵר (ז)

jardinier (m)	ganan	גַּנָּן (ז)
serviteur (m)	meʃaret	מְשָׁרֵת (ז)
servante (f)	meʃa'retet	מְשָׁרֶתֶת (נ)
femme (f) de ménage	menaka	מְנַקָּה (נ)

107. Les professions militaires et leurs grades

soldat (m) (grade)	turai	טוּרַאי (ז)
sergent (m)	samal	סַמָּל (ז)
lieutenant (m)	'segen	סֶגֶן (ז)
capitaine (m)	'seren	סֶרֶן (ז)

commandant (m)	rav 'seren	רַב־סֶרֶן (ז)
colonel (m)	aluf miʃne	אַלּוּף מִשְׁנֶה (ז)
général (m)	aluf	אַלּוּף (ז)
maréchal (m)	'marʃal	מַרְשָׁל (ז)
amiral (m)	admiral	אַדְמִירָל (ז)
militaire (m)	iʃ tsava	אִישׁ צָבָא (ז)
soldat (m)	xayal	חַיָּל (ז)

officier (m)	katsin	קָצִין (ז)
commandant (m)	mefaked	מְפַקֵד (ז)
garde-frontière (m)	ʃomer gvul	שׁוֹמֵר גְבוּל (ז)
opérateur (m) radio	alχutai	אַלְחוּטַאי (ז)
éclaireur (m)	iʃ modi'in kravi	אִישׁ מוֹדִיעִין קְרָבִי (ז)
démineur (m)	χablan	חַבְּלָן (ז)
tireur (m)	tsalaf	צַלָף (ז)
navigateur (m)	navat	נַוָוט (ז)

108. Les fonctionnaires. Les prêtres

roi (m)	'meleχ	מֶלֶךְ (ז)
reine (f)	malka	מַלְכָּה (נ)
prince (m)	nasiχ	נָסִיךְ (ז)
princesse (f)	nesiχa	נְסִיכָה (נ)
tsar (m)	tsar	צָאר (ז)
tsarine (f)	tsa'rina	צָאָרִינָה (נ)
président (m)	nasi	נָשִׂיא (ז)
ministre (m)	sar	שַׂר (ז)
premier ministre (m)	roʃ memʃala	רֹאשׁ מֶמְשָׁלָה (ז)
sénateur (m)	se'nator	סֶנָאטוֹר (ז)
diplomate (m)	diplomat	דִיפְּלוֹמָט (ז)
consul (m)	'konsul	קוֹנְסוּל (ז)
ambassadeur (m)	ʃagrir	שַׁגְרִיר (ז)
conseiller (m)	yo'ets	יוֹעֵץ (ז)
fonctionnaire (m)	pakid	פָּקִיד (ז)
préfet (m)	prefekt	פְּרֶפֶקְט (ז)
maire (m)	roʃ ha'ir	רֹאשׁ הָעִיר (ז)
juge (m)	ʃofet	שׁוֹפֵט (ז)
procureur (m)	to've'a	תוֹבֵעַ (ז)
missionnaire (m)	misyoner	מִיסְיוֹנֶר (ז)
moine (m)	nazir	נָזִיר (ז)
abbé (m)	roʃ minzar ka'toli	רֹאשׁ מִנְזָר קָתוֹלִי (ז)
rabbin (m)	rav	רַב (ז)
vizir (m)	vazir	וָזִיר (ז)
shah (m)	ʃaχ	שָׁאח (ז)
cheik (m)	ʃeiχ	שֵׁיח (ז)

109. Les professions agricoles

apiculteur (m)	kavran	כַּוְורָן (ז)
berger (m)	ro'e tson	רוֹעֶה צֹאן (ז)
agronome (m)	agronom	אַגְרוֹנוֹם (ז)

éleveur (m)	megadel bakar	מְגַדֵל בָּקָר (ז)
vétérinaire (m)	veterinar	וֶטֶרִינָר (ז)

fermier (m)	χavai	חַוַואי (ז)
vinificateur (m)	yeinan	יֵינָן (ז)
zoologiste (m)	zo'olog	זוֹאוֹלוֹג (ז)
cow-boy (m)	'ka'uboi	קָאוּבּוֹי (ז)

110. Les professions artistiques

acteur (m)	saχkan	שַׂחְקָן (ז)
actrice (f)	saχkanit	שַׂחְקָנִית (נ)

chanteur (m)	zamar	זַמָּר (ז)
cantatrice (f)	za'meret	זַמֶּרֶת (נ)

danseur (m)	rakdan	רַקְדָן (ז)
danseuse (f)	rakdanit	רַקְדָנִית (נ)

artiste (m)	saχkan	שַׂחְקָן (ז)
artiste (f)	saχkanit	שַׂחְקָנִית (נ)

musicien (m)	muzikai	מוּזִיקַאי (ז)
pianiste (m)	psantran	פְּסַנְתְּרָן (ז)
guitariste (m)	nagan gi'tara	נַגָּן גִּיטָרָה (ז)

chef (m) d'orchestre	mena'tseaχ	מְנַצֵּחַ (ז)
compositeur (m)	malχin	מַלְחִין (ז)
imprésario (m)	amargan	אָמַרְגָּן (ז)

metteur (m) en scène	bamai	בַּמַּאי (ז)
producteur (m)	mefik	מֵפִיק (ז)
scénariste (m)	tasritai	תַּסְרִיטַאי (ז)
critique (m)	mevaker	מְבַקֵּר (ז)

écrivain (m)	sofer	סוֹפֵר (ז)
poète (m)	meʃorer	מְשׁוֹרֵר (ז)
sculpteur (m)	pasal	פַּסָּל (ז)
peintre (m)	tsayar	צַיָּר (ז)

jongleur (m)	lahatutan	לַהֲטוּטָן (ז)
clown (m)	leitsan	לֵיצָן (ז)
acrobate (m)	akrobat	אַקְרוֹבָּט (ז)
magicien (m)	kosem	קוֹסֵם (ז)

111. Les différents mètiers

médecin (m)	rofe	רוֹפֵא (ז)
infirmière (f)	aχot	אָחוֹת (נ)
psychiatre (m)	psiχi''ater	פְּסִיכִיאָטֵר (ז)
stomatologue (m)	rofe ʃi'nayim	רוֹפֵא שִׁנַּיִים (ז)
chirurgien (m)	kirurg	כִּירוּרְג (ז)

astronaute (m)	astro'na'ut	אַסטרוֹנָאוּט (ז)
astronome (m)	astronom	אַסטרוֹנוֹם (ז)
pilote (m)	tayas	טַיָּס (ז)

chauffeur (m)	nahag	נֶהָג (ז)
conducteur (m) de train	nahag ra'kevet	נֶהָג רַכֶּבֶת (ז)
mécanicien (m)	meχonai	מְכוֹנַאי (ז)

mineur (m)	kore	כּוֹרֶה (ז)
ouvrier (m)	po'el	פּוֹעֵל (ז)
serrurier (m)	misgad	מַסגֵּד (ז)
menuisier (m)	nagar	נַגָּר (ז)
tourneur (m)	χarat	חָרָט (ז)
ouvrier (m) du bâtiment	banai	בַּנַּאי (ז)
soudeur (m)	rataχ	רַתָּךְ (ז)

professeur (m) (titre)	pro'fesor	פְּרוֹפֶסוֹר (ז)
architecte (m)	adriχal	אַדרִיכָל (ז)
historien (m)	historyon	הִיסטוֹריוֹן (ז)
savant (m)	mad'an	מַדעָן (ז)
physicien (m)	fizikai	פִיזִיקַאי (ז)
chimiste (m)	χimai	כִימַאי (ז)

archéologue (m)	arχe'olog	אַרכֵיאוֹלוֹג (ז)
géologue (m)	ge'olog	גֵּיאוֹלוֹג (ז)
chercheur (m)	χoker	חוֹקֵר (ז)

| baby-sitter (m, f) | ʃmartaf | שׁמַרטַף (ז) |
| pédagogue (m, f) | more, meχaneχ | מוֹרֶה, מְחַנֵּךְ (ז) |

rédacteur (m)	oreχ	עוֹרֵךְ (ז)
rédacteur (m) en chef	oreχ raʃi	עוֹרֵךְ רָאשִׁי (ז)
correspondant (m)	katav	כַּתָּב (ז)
dactylographe (f)	kaldanit	קַלּדָנִית (נ)

designer (m)	me'atsev	מְעַצֵּב (ז)
informaticien (m)	mumχe maχʃevim	מוּמחֶה מַחשְׁבִים (ז)
programmeur (m)	metaχnet	מְתַכנֵת (ז)
ingénieur (m)	mehandes	מְהַנדֵּס (ז)

marin (m)	yamai	יַמַּאי (ז)
matelot (m)	malaχ	מַלָּח (ז)
secouriste (m)	matsil	מַצִּיל (ז)

pompier (m)	kabai	כַּבַּאי (ז)
policier (m)	ʃoter	שׁוֹטֵר (ז)
veilleur (m) de nuit	ʃomer	שׁוֹמֵר (ז)
détective (m)	balaʃ	בַּלָּשׁ (ז)

douanier (m)	pakid 'meχes	פָּקִיד מֶכֶס (ז)
garde (m) du corps	ʃomer roʃ	שׁוֹמֵר רֹאשׁ (ז)
gardien (m) de prison	soher	סוֹהֵר (ז)
inspecteur (m)	mefa'keaχ	מְפַקֵּחַ (ז)

| sportif (m) | sportai | ספוֹרטַאי (ז) |
| entraîneur (m) | me'amen | מְאַמֵּן (ז) |

boucher (m)	katsav	קַצָּב (ז)
cordonnier (m)	sandlar	סַנדלָר (ז)
commerçant (m)	soχer	סוֹחֵר (ז)
chargeur (m)	sabal	סַבָּל (ז)

| couturier (m) | me'atsev ofna | מְעַצֵב אוֹפנָה (ז) |
| modèle (f) | dugmanit | דוּגמָנִית (נ) |

112. Les occupations. Le statut social

| écolier (m) | talmid | תַלמִיד (ז) |
| étudiant (m) | student | סטוּדֶנט (ז) |

philosophe (m)	filosof	פִילוֹסוֹף (ז)
économiste (m)	kalkelan	כַּלכְּלָן (ז)
inventeur (m)	mamtsi	מַמצִיא (ז)

chômeur (m)	muvtal	מוּבטָל (ז)
retraité (m)	pensyoner	פֶּנסיוֹנֶר (ז)
espion (m)	meragel	מְרַגֵל (ז)

prisonnier (m)	asir	אָסִיר (ז)
gréviste (m)	ʃovet	שוֹבֵת (ז)
bureaucrate (m)	birokrat	בִּירוֹקרָט (ז)
voyageur (m)	metayel	מְטַייֵל (ז)

homosexuel (m)	'lesbit, 'homo	לֶסבִּית (נ), הוֹמוֹ (ז)
hacker (m)	'haker	הָאקֶר (ז)
hippie (m, f)	'hipi	הִיפִּי (ז)

bandit (m)	ʃoded	שוֹדֵד (ז)
tueur (m) à gages	ro'tseaχ saχir	רוֹצֵחַ שָׂכִיר (ז)
drogué (m)	narkoman	נַרקוֹמָן (ז)
trafiquant (m) de drogue	soχer samim	סוֹחֵר סַמִים (ז)
prostituée (f)	zona	זוֹנָה (נ)
souteneur (m)	sarsur	סַרסוּר (ז)

sorcier (m)	meχaʃef	מְכַשֵף (ז)
sorcière (f)	maχʃefa	מַכשֵפָה (נ)
pirate (m)	ʃoded yam	שוֹדֵד יָם (ז)
esclave (m)	ʃifχa, 'eved	שִפחָה (נ), עֶבֶד (ז)
samouraï (m)	samurai	סָמוּרַאי (ז)
sauvage (m)	'pere adam	פֶּרֶא אָדָם (ז)

Le sport

113. Les types de sports. Les sportifs

sportif (m)	sportai	ספּוֹרְטַאי (ז)
type (m) de sport	anaf sport	עָנָף סְפּוֹרְט (ז)
basket-ball (m)	kadursal	כַּדוּרְסַל (ז)
basketteur (m)	kadursalan	כַּדוּרְסַלָן (ז)
base-ball (m)	'beisbol	בֵּייסְבּוֹל (ז)
joueur (m) de base-ball	saχkan 'beisbol	שַׂחְקָן בֵּיסְבּוֹל (ז)
football (m)	kadu'regel	כַּדוּרֶגֶל (ז)
joueur (m) de football	kaduraglan	כַּדוּרַגְלָן (ז)
gardien (m) de but	ʃo'er	שׁוֹעֵר (ז)
hockey (m)	'hoki	הוֹקִי (ז)
hockeyeur (m)	saχkan 'hoki	שַׂחְקָן הוֹקִי (ז)
volley-ball (m)	kadur'af	כַּדוּרְעָף (ז)
joueur (m) de volley-ball	saχkan kadur'af	שַׂחְקָן כַּדוּרְעָף (ז)
boxe (f)	igruf	אִיגְרוּף (ז)
boxeur (m)	mit'agref	מִתְאַגְרֵף (ז)
lutte (f)	he'avkut	הֵיאָבְקוּת (נ)
lutteur (m)	mit'abek	מִתְאַבֵּק (ז)
karaté (m)	karate	קָרָטֶה (ז)
karatéka (m)	karatist	קָרָטִיסְט (ז)
judo (m)	'dʒudo	גַ'ודוֹ (ז)
judoka (m)	dʒudai	גַ'ודָאי (ז)
tennis (m)	'tenis	טֶנִיס (ז)
joueur (m) de tennis	tenisai	טֶנִיסַאי (ז)
natation (f)	sχiya	שְׂחִייָה (נ)
nageur (m)	saχyan	שַׂחְייָן (ז)
escrime (f)	'sayif	סַיִף (ז)
escrimeur (m)	sayaf	סַייָף (ז)
échecs (m pl)	'ʃaχmat	שַׁחְמָט (ז)
joueur (m) d'échecs	ʃaχmetai	שַׁחְמְטַאי (ז)
alpinisme (m)	tipus harim	טִיפּוּס הָרִים (ז)
alpiniste (m)	metapes harim	מְטַפֵּס הָרִים (ז)
course (f)	ritsa	רִיצָה (נ)

coureur (m)	atsan	אָצָן (ז)
athlétisme (m)	at'letika kala	אַתְלֵטִיקָה קַלָה (נ)
athlète (m)	atlet	אַתְלֵט (ז)
équitation (f)	rexiva al sus	רְכִיבָה עַל סוּס (נ)
cavalier (m)	paraʃ	פָּרָשׁ (ז)
patinage (m) artistique	haxlaka omanutit	הַחְלָקָה אוֹמָנוּתִית (נ)
patineur (m)	maxlik amanuti	מַחְלִיק אָמָנוּתִי (ז)
patineuse (f)	maxlika amanutit	מַחְלִיקָה אָמָנוּתִית (נ)
haltérophilie (f)	haramat miʃkolot	הֲרָמַת מִשְׁקוֹלוֹת (נ)
haltérophile (m)	miʃkolan	מִשְׁקוֹלָן (ז)
course (f) automobile	merots mexoniyot	מֵירוֹץ מְכוֹנִיוֹת (ז)
pilote (m)	nahag merotsim	נָהַג מֵרוֹצִים (ז)
cyclisme (m)	rexiva al ofa'nayim	רְכִיבָה עַל אוֹפַנַּיִים (נ)
cycliste (m)	roxev ofa'nayim	רוֹכֵב אוֹפַנַּיִים (ז)
sauts (m pl) en longueur	kfitsa la'roxav	קְפִיצָה לָרוֹחַק (נ)
sauts (m pl) à la perche	kfitsa bemot	קְפִיצָה בְּמוֹט (נ)
sauteur (m)	kofets	קוֹפֵץ (ז)

114. Les types de sports. Divers

football (m) américain	'futbol	פוּטבּוֹל (ז)
badminton (m)	notsit	נוֹצִית (נ)
biathlon (m)	bi'atlon	בִּיאַתְלוֹן (ז)
billard (m)	bilyard	בִּילִיאַרד (ז)
bobsleigh (m)	miz'xelet	מִזחֶלֶת (נ)
bodybuilding (m)	pi'tuax guf	פִּיתוּחַ גוּף (ז)
water-polo (m)	polo 'mayim	פּוֹלוֹ מַיִם (ז)
handball (m)	kadur yad	כַּדוּר־יָד (ז)
golf (m)	golf	גוֹלף (ז)
aviron (m)	xatira	חֲתִירָה (נ)
plongée (f)	tslila	צְלִילָה (נ)
course (f) à skis	ski bemiʃor	סְקִי בַּמִישׂוֹר (ז)
tennis (m) de table	'tenis ʃulxan	טֶנִיס שׁוּלחָן (ז)
voile (f)	'ʃayit	שַׁיִט (ז)
rallye (m)	'rali	רַאלִי (ז)
rugby (m)	'rogbi	רוֹגבִּי (ז)
snowboard (m)	gliʃat 'ʃeleg	גְלִישַׁת שֶׁלֶג (נ)
tir (m) à l'arc	kaʃatut	קַשָׁתוּת (נ)

115. La salle de sport

barre (f) à disques	miʃ'kolet	מִשׁקוֹלֶת (נ)
haltères (m pl)	miʃkolot	מִשׁקוֹלוֹת (נ"ר)

appareil (m) d'entraînement	maχʃir 'koʃer	מַכְשִׁיר בּוֹשֶׁר (ז)
vélo (m) d'exercice	ofanei 'koʃer	אוֹפַנֵי בּוֹשֶׁר (ז״ר)
tapis (m) roulant	haliχon	הָלִיכוֹן (ז)
barre (f) fixe	'metaχ	מֶתַח (ז)
barres (pl) parallèles	makbilim	מַקְבִּילִים (ז״ר)
cheval (m) d'Arçons	sus	סוּס (ז)
tapis (m) gymnastique	mizron	מִזְרוֹן (ז)
corde (f) à sauter	dalgit	דַלְגִית (נ)
aérobic (m)	ei'robika	אֵירוֹבִּיקָה (ז)
yoga (m)	'yoga	יוֹגָה (נ)

116. Le sport. Divers

Jeux (m pl) olympiques	hamisχakim ha'o'limpiyim	הַמִשְׂחָקִים הָאוֹלִימְפִּיִים (ז״ר)
gagnant (m)	mena'tseaχ	מְנַצֵחַ (ז)
remporter (vt)	lena'tseaχ	לְנַצֵחַ
gagner (vi)	lena'tseaχ	לְנַצֵחַ
leader (m)	manhig	מַנְהִיג (ז)
prendre la tête	lehovil	לְהוֹבִיל
première place (f)	makom riʃon	מָקוֹם רִאשׁוֹן (ז)
deuxième place (f)	makom ʃeni	מָקוֹם שֵׁנִי (ז)
troisième place (f)	makom ʃliʃi	מָקוֹם שְׁלִישִׁי (ז)
médaille (f)	me'dalya	מֶדַלְיָה (נ)
trophée (m)	pras	פְּרָס (ז)
coupe (f) (trophée)	ga'vi'a nitsaχon	גָבִיעַ נִיצָחוֹן (ז)
prix (m)	pras	פְּרָס (ז)
prix (m) principal	pras riʃon	פְּרָס רִאשׁוֹן (ז)
record (m)	si	שִׂיא (ז)
établir un record	lik'bo'a si	לִקְבּוֹעַ שִׂיא
finale (f)	gmar	גְמָר (ז)
final (adj)	ʃel hagmar	שֶׁל הַגְמָר
champion (m)	aluf	אַלוּף (ז)
championnat (m)	alifut	אַלִיפוּת (נ)
stade (m)	itstadyon	אִצְטַדִיוֹן (ז)
tribune (f)	bama	בָּמָה (נ)
supporteur (m)	ohed	אוֹהֵד (ז)
adversaire (m)	yariv	יָרִיב (ז)
départ (m)	kav zinuk	קַו זִינוּק (ז)
ligne (f) d'arrivée	kav hagmar	קַו הַגְמָר (ז)
défaite (f)	tvusa	תְבוּסָה (נ)
perdre (vi)	lehafsid	לְהַפְסִיד
arbitre (m)	ʃofet	שׁוֹפֵט (ז)
jury (m)	χaver ʃoftim	חָבֶר שׁוֹפְטִים (ז)

score (m)	totsa'a	תּוֹצָאָה (נ)
match (m) nul	'teku	תֵּיקוּ (ז)
faire match nul	lesayem be'teku	לְסַיֵּם בְּתֵיקוּ
point (m)	nekuda	נְקוּדָה (נ)
résultat (m)	totsa'a	תּוֹצָאָה (נ)
période (f)	sivuv	סִיבוּב (ז)
mi-temps (f) (pause)	hafsaka	הַפְסָקָה (נ)
dopage (m)	sam	סַם (ז)
pénaliser (vt)	leha'aniʃ	לְהַעֲנִיש
disqualifier (vt)	lefsol	לִפְסוֹל
agrès (m)	maxʃir	מַכְשִׁיר (ז)
lance (f)	kidon	כִּידוֹן (ז)
poids (m) (boule de métal)	kadur barzel	כַּדּוּר בַּרְזֶל (ז)
bille (f) (de billard, etc.)	kadur	כַּדּוּר (ז)
but (cible)	matara	מַטָּרָה (נ)
cible (~ en papier)	matara	מַטָּרָה (נ)
tirer (vi)	lirot	לִירוֹת
précis (un tir ~)	meduyak	מְדוּיָק
entraîneur (m)	me'amen	מְאַמֵּן (ז)
entraîner (vt)	le'amen	לְאַמֵּן
s'entraîner (vp)	lehit'amen	לְהִתְאַמֵּן
entraînement (m)	imun	אִימּוּן (ז)
salle (f) de gym	'xeder 'koʃer	חֶדֶר כּוֹשֶׁר (ז)
exercice (m)	imun	אִימּוּן (ז)
échauffement (m)	ximum	חִימּוּם (ז)

L'éducation

117. L'éducation

école (f)	beit 'sefer	בֵּית סֵפֶר (ז)
directeur (m) d'école	menahel beit 'sefer	מְנַהֵל בֵּית סֵפֶר (ז)
élève (m)	talmid	תַּלְמִיד (ז)
élève (f)	talmida	תַּלְמִידָה (נ)
écolier (m)	talmid	תַּלְמִיד (ז)
écolière (f)	talmida	תַּלְמִידָה (נ)
enseigner (vt)	lelamed	לְלַמֵּד
apprendre (~ l'arabe)	lilmod	לִלְמוֹד
apprendre par cœur	lilmod be'al pe	לִלְמוֹד בְּעַל פֶּה
apprendre (à faire qch)	lilmod	לִלְמוֹד
être étudiant, -e	lilmod	לִלְמוֹד
aller à l'école	la'leχet le'beit 'sefer	לָלֶכֶת לְבֵית סֵפֶר
alphabet (m)	alefbeit	אָלֶפְבֵּית (ז)
matière (f)	mik'tso'a	מִקְצוֹעַ (ז)
salle (f) de classe	kita	כִּיתָה (נ)
leçon (f)	ʃi'ur	שִׁיעוּר (ז)
récréation (f)	hafsaka	הַפְסָקָה (נ)
sonnerie (f)	pa'amon	פַּעֲמוֹן (ז)
pupitre (m)	ʃulχan limudim	שׁוּלְחַן לִימוּדִים (ז)
tableau (m) noir	'luaχ	לוּחַ (ז)
note (f)	tsiyun	צִיּוּן (ז)
bonne note (f)	tsiyun tov	צִיּוּן טוֹב (ז)
mauvaise note (f)	tsiyun ga'ru'a	צִיּוּן גָּרוּעַ (ז)
donner une note	latet tsiyun	לָתֵת צִיּוּן
faute (f)	ta'ut	טָעוּת (נ)
faire des fautes	la'asot ta'uyot	לַעֲשׂוֹת טָעוּיוֹת
corriger (une erreur)	letaken	לְתַקֵּן
antisèche (f)	ʃlif	שְׁלִיף (ז)
devoir (m)	ʃi'urei 'bayit	שִׁיעוּרֵי בַּיִת (ז"ר)
exercice (m)	targil	תַּרְגִּיל (ז)
être présent	lihyot no'χeaχ	לִהְיוֹת נוֹכֵחַ
être absent	lehe'ader	לְהֵיעָדֵר
manquer l'école	lehaχsir	לְהַחְסִיר
punir (vt)	leha'aniʃ	לְהַעֲנִישׁ
punition (f)	'oneʃ	עוֹנֶשׁ (ז)
conduite (f)	hitnahagut	הִתְנַהֲגוּת (נ)

carnet (m) de notes	yoman beit 'sefer	יוֹמָן בֵּית סֵפֶר (ז)
crayon (m)	iparon	עִיפָּרוֹן (ז)
gomme (f)	'maxak	מֶחָק (ז)
craie (f)	gir	גִיר (ז)
plumier (m)	kalmar	קַלְמָר (ז)

cartable (m)	yalkut	יַלְקוּט (ז)
stylo (m)	et	עֵט (ז)
cahier (m)	max'beret	מַחבֶּרֶת (נ)
manuel (m)	'sefer limud	סֵפֶר לִימוּד (ז)
compas (m)	mexuga	מְחוּגָה (נ)

dessiner (~ un plan)	lesartet	לְשַׂרטֵט
dessin (m) technique	sirtut	שִׂרטוּט (ז)

poésie (f)	ʃir	שִׁיר (ז)
par cœur (adv)	beʿal pe	בְּעַל פֶּה
apprendre par cœur	lilmod beʿal pe	לִלמוֹד בְּעַל פֶּה

vacances (f pl)	xufʃa	חוּפשָׁה (נ)
être en vacances	lihyot bexuffa	לִהיוֹת בְּחוּפשָׁה
passer les vacances	lehaʿavir 'xofeʃ	לְהַעֲבִיר חוֹפֶשׁ

interrogation (f) écrite	mivxan	מִבחָן (ז)
composition (f)	xibur	חִיבּוּר (ז)
dictée (f)	haxtava	הַכתָבָה (נ)
examen (m)	bxina	בּחִינָה (נ)
passer les examens	lehibaxen	לְהִיבָּחֵן
expérience (f) (~ de chimie)	nisui	נִיסוּי (ז)

118. L'enseignement supérieur

académie (f)	aka'demya	אָקָדֶמיָה (נ)
université (f)	uni'versita	אוּנִיבֶרסִיטָה (נ)
faculté (f)	fa'kulta	פָקוּלטָה (נ)

étudiant (m)	student	סטוּדֶנט (ז)
étudiante (f)	stu'dentit	סטוּדֶנטִית (נ)
enseignant (m)	martse	מַרצֶה (ז)

salle (f)	ulam hartsa'ot	אוּלַם הַרצָאוֹת (ז)
licencié (m)	boger	בּוֹגֵר (ז)

diplôme (m)	di'ploma	דִיפּלוֹמָה (נ)
thèse (f)	diser'tatsya	דִיסֶרטַציָה (נ)

étude (f)	mexkar	מֶחקָר (ז)
laboratoire (m)	ma'abada	מַעֲבָּדָה (נ)

cours (m)	hartsa'a	הַרצָאָה (נ)
camarade (m) de cours	xaver lelimudim	חָבֵר לְלִימוּדִים (ז)

bourse (f)	milga	מִלגָה (נ)
grade (m) universitaire	'to'ar aka'demi	תוֹאַר אָקָדֶמִי (ז)

119. Les disciplines scientifiques

mathématiques (f pl)	mate'matika	מָתֵמָטִיקָה (נ)
algèbre (f)	'algebra	אַלְגֶּבְּרָה (נ)
géométrie (f)	ge'o'metriya	גִּיאוֹמֶטְרְיָה (נ)
astronomie (f)	astro'nomya	אַסְטְרוֹנוֹמְיָה (נ)
biologie (f)	bio'logya	בִּיוֹלוֹגְיָה (נ)
géographie (f)	ge'o'grafya	גִּיאוֹגְרַפְיָה (נ)
géologie (f)	ge'o'logya	גִּיאוֹלוֹגְיָה (נ)
histoire (f)	his'torya	הִיסְטוֹרְיָה (נ)
médecine (f)	refu'a	רְפוּאָה (נ)
pédagogie (f)	χinuχ	חִינוּך (ז)
droit (m)	miʃpatim	מִשְׁפָּטִים (ז״ר)
physique (f)	'fizika	פִיזִיקָה (נ)
chimie (f)	'χimya	כִימְיָה (נ)
philosophie (f)	filo'sofya	פִילוֹסוֹפְיָה (נ)
psychologie (f)	psiχo'logya	פְסִיכוֹלוֹגְיָה (נ)

120. Le système d'écriture et l'orthographe

grammaire (f)	dikduk	דִּקְדּוּק (ז)
vocabulaire (m)	oʦar milim	אוֹצַר מִילִים (ז)
phonétique (f)	torat ha'hege	תּוֹרַת הַהֶגֶה (נ)
nom (m)	ʃem 'eʦem	שֵׁם עֶצֶם (ז)
adjectif (m)	ʃem 'to'ar	שֵׁם תּוֹאַר (ז)
verbe (m)	po'el	פּוֹעַל (ז)
adverbe (m)	'to'ar 'po'al	תּוֹאַר פּוֹעַל (ז)
pronom (m)	ʃem guf	שֵׁם גוּף (ז)
interjection (f)	milat kri'a	מִילַת קְרִיאָה (נ)
préposition (f)	milat 'yaχas	מִילַת יַחַס (נ)
racine (f)	'ʃoreʃ	שׁוֹרֶשׁ (ז)
terminaison (f)	si'yomet	סִיוֹמֶת (נ)
préfixe (m)	tχilit	תְּחִילִית (נ)
syllabe (f)	havara	הֲבָרָה (נ)
suffixe (m)	si'yomet	סִיוֹמֶת (נ)
accent (m) tonique	'ta'am	טַעַם (ז)
apostrophe (f)	'gereʃ	גֶּרֶשׁ (ז)
point (m)	nekuda	נְקוּדָה (נ)
virgule (f)	psik	פְסִיק (ז)
point (m) virgule	nekuda ufsik	נְקוּדָה וּפְסִיק (נ)
deux-points (m)	nekudo'tayim	נְקוּדוֹתַיִים (נ״ר)
points (m pl) de suspension	ʃaloʃ nekudot	שְׁלוֹשׁ נְקוּדוֹת (נ״ר)
point (m) d'interrogation	siman ʃe'ela	סִימָן שְׁאֵלָה (ז)
point (m) d'exclamation	siman kri'a	סִימָן קְרִיאָה (ז)

guillemets (m pl)	merxa'ot	מֵרְכָאוֹת (נ״ר)
entre guillemets	bemerxa'ot	בְּמֵרְכָאוֹת
parenthèses (f pl)	sog'rayim	סוֹגְרַיִים (נ״ר)
entre parenthèses	besog'rayim	בְּסוֹגְרַיִים

trait (m) d'union	makaf	מַקָּף (ז)
tiret (m)	kav mafrid	קַו מַפְרִיד (ז)
blanc (m)	'revax	רֶוַוח (ז)

lettre (f)	ot	אוֹת (נ)
majuscule (f)	ot gdola	אוֹת גְדוֹלָה (נ)

voyelle (f)	tnu'a	תְּנוּעָה (נ)
consonne (f)	itsur	עִיצוּר (ז)

proposition (f)	mifpat	מִשְׁפָּט (ז)
sujet (m)	nose	נוֹשֵׂא (ז)
prédicat (m)	nasu	נָשׂוּא (ז)

ligne (f)	fura	שׁוּרָה (נ)
à la ligne	befura xadafa	בְּשׁוּרָה חֲדָשָׁה
paragraphe (m)	piska	פִּסְקָה (נ)

mot (m)	mila	מִילָה (נ)
groupe (m) de mots	tsiruf milim	צֵירוּף מִילִים (ז)
expression (f)	bitui	בִּיטוּי (ז)
synonyme (m)	mila nir'defet	מִילָה נִרְדֶּפֶת (נ)
antonyme (m)	'hefex	הֵפֶךְ (ז)

règle (f)	klal	כְּלָל (ז)
exception (f)	yotse min haklal	יוֹצֵא מִן הַכְּלָל (ז)
correct (adj)	naxon	נָכוֹן

conjugaison (f)	hataya	הַטָּיָיה (נ)
déclinaison (f)	hataya	הַטָּיָיה (נ)
cas (m)	yaxasa	יַחֲסָה (נ)
question (f)	fe'ela	שְׁאֵלָה (נ)
souligner (vt)	lehadgif	לְהַדְגִּיש
pointillé (m)	kav nakud	קַו נָקוּד (ז)

121. Les langues étrangères

langue (f)	safa	שָׂפָה (נ)
étranger (adj)	zar	זָר
langue (f) étrangère	safa zara	שָׂפָה זָרָה (נ)
étudier (vt)	lilmod	לִלְמוֹד
apprendre (~ l'arabe)	lilmod	לִלְמוֹד

lire (vi, vt)	likro	לִקְרוֹא
parler (vi, vt)	ledaber	לְדַבֵּר
comprendre (vt)	lehavin	לְהָבִין
écrire (vt)	lixtov	לִכְתוֹב
vite (adv)	maher	מַהֵר
lentement (adv)	le'at	לְאַט

couramment (adv)	χofʃi	חוֹפְשִׁי
règles (f pl)	klalim	כְּלָלִים (ז״ר)
grammaire (f)	dikduk	דִּקְדּוּק (ז)
vocabulaire (m)	otsar milim	אוֹצַר מִילִים (ז)
phonétique (f)	torat ha'hege	תּוֹרַת הַהֶגֶה (נ)

manuel (m)	'sefer limud	סֵפֶר לִימוּד (ז)
dictionnaire (m)	milon	מִילוֹן (ז)
manuel (m) autodidacte	'sefer lelimud atsmi	סֵפֶר לְלִימוּד עַצְמִי (ז)
guide (m) de conversation	siχon	שִׂיחוֹן (ז)

cassette (f)	ka'letet	קַלֶּטֶת (נ)
cassette (f) vidéo	ka'letet 'vide'o	קַלֶּטֶת וִידֵיאוֹ (נ)
CD (m)	taklitor	תַּקְלִיטוֹר (ז)
DVD (m)	di vi di	דִּי. וִי. דִּי. (ז)

alphabet (m)	alefbeit	אָלֶפְבֵּית (ז)
épeler (vt)	le'ayet	לְאַיֵּת
prononciation (f)	hagiya	הֲגִיָּה (נ)

accent (m)	mivta	מִבְטָא (ז)
avec un accent	im mivta	עִם מִבְטָא
sans accent	bli mivta	בְּלִי מִבְטָא

mot (m)	mila	מִילָה (נ)
sens (m)	maʃma'ut	מַשְׁמָעוּת (נ)

cours (m pl)	kurs	קוּרְס (ז)
s'inscrire (vp)	leheraʃem lekurs	לְהֵירָשֵׁם לְקוּרְס
professeur (m) (~ d'anglais)	more	מוֹרֶה (ז)

traduction (f) (action)	tirgum	תַּרְגּוּם (ז)
traduction (f) (texte)	tirgum	תַּרְגּוּם (ז)
traducteur (m)	metargem	מְתַרְגֵּם (ז)
interprète (m)	meturgeman	מְתוּרְגְּמָן (ז)

polyglotte (m)	poliglot	פּוֹלִיגְלוֹט (ז)
mémoire (f)	zikaron	זִיכָּרוֹן (ז)

122. Les personnages de contes de fées

Père Noël (m)	'santa 'kla'us	סַנְטָה קְלָאוּס (ז)
Cendrillon (f)	sinde'rela	סִינְדֶּרֶלָה
sirène (f)	bat yam, betulat hayam	בַּת יָם, בְּתוּלַת הַיָּם (נ)
Neptune (m)	neptun	נֶפְטוּן (ז)

magicien (m)	kosem	קוֹסֵם (ז)
fée (f)	'feya	פֵיָה (נ)
magique (adj)	kasum	קָסוּם
baguette (f) magique	ʃarvit 'kesem	שַׁרְבִיט קֶסֶם (ז)

conte (m) de fées	agada	אַגָּדָה (נ)
miracle (m)	nes	נֵס (ז)
gnome (m)	gamad	גַּמָּד (ז)

se transformer en ...	lahafoχ le...	...לַהֲפוֹך לְ
esprit (m) (revenant)	'ruaχ refa''im	רוּחַ רְפָאִים (ז)
fantôme (m)	'ruaχ refa''im	רוּחַ רְפָאִים (ז)
monstre (m)	mif'letset	מִפְלֶצֶת (נ)
dragon (m)	drakon	דְרָקוֹן (ז)
géant (m)	anak	עֲנָק (ז)

123. Les signes du zodiaque

Bélier (m)	tale	טָלֶה (ז)
Taureau (m)	ʃor	שׁוֹר (ז)
Gémeaux (m pl)	te'omim	תְאוֹמִים (ז"ר)
Cancer (m)	sartan	סַרְטָן (ז)
Lion (m)	arye	אַרְיֵה (ז)
Vierge (f)	betula	בְּתוּלָה (נ)

Balance (f)	moz'nayim	מֹאזְנַיִים (ז"ר)
Scorpion (m)	akrav	עַקְרָב (ז)
Sagittaire (m)	kaʃat	קַשָׁת (ז)
Capricorne (m)	gdi	גְדִי (ז)
Verseau (m)	dli	דְלִי (ז)
Poissons (m pl)	dagim	דָגִים (ז"ר)

caractère (m)	'ofi	אוֹפִי (ז)
traits (m pl) du caractère	tχunot 'ofi	תְכוּנוֹת אוֹפִי (נ"ר)
conduite (f)	hitnahagut	הִתְנַהֲגוּת (נ)
dire la bonne aventure	lenabe et ha'atid	לְנַבֵּא אֶת הֶעָתִיד
diseuse (f) de bonne aventure	ma'gedet atidot	מַגֶדֶת עֲתִידוֹת (נ)
horoscope (m)	horoskop	הוֹרוֹסְקוֹפּ (ז)

L'art

124. Le théâtre

théâtre (m)	te'atron	תֵּיאַטְרוֹן (ז)
opéra (m)	'opera	אוֹפֶּרָה (נ)
opérette (f)	ope'reta	אוֹפֶּרֶטָה (נ)
ballet (m)	balet	בָּלֶט (ז)
affiche (f)	kraza	כְּרָזָה (נ)
troupe (f) de théâtre	lahaka	לַהֲקָה (נ)
tournée (f)	masa hofa'ot	מַסַּע הוֹפָעוֹת (ז)
être en tournée	latset lemasa hofa'ot	לָצֵאת לְמַסַּע הוֹפָעוֹת
répéter (vt)	la'aroχ χazara	לַעֲרוֹךְ חֲזָרָה
répétition (f)	χazara	חֲזָרָה (נ)
répertoire (m)	repertu'ar	רֶפֶּרְטוּאָר (ז)
représentation (f)	hofa'a	הוֹפָעָה (נ)
spectacle (m)	hatsaga	הַצָּגָה (נ)
pièce (f) de théâtre	maχaze	מַחֲזֶה (ז)
billet (m)	kartis	כַּרְטִיס (ז)
billetterie (f pl)	kupa	קוּפָּה (נ)
hall (m)	'lobi	לוֹבִּי (ז)
vestiaire (m)	meltaχa	מֶלְתָּחָה (נ)
jeton (m) de vestiaire	mispar meltaχa	מִסְפַּר מֶלְתָּחָה (ז)
jumelles (f pl)	miʃ'kefet	מִשְׁקֶפֶת (נ)
placeur (m)	sadran	סַדְרָן (ז)
parterre (m)	parter	פַּרְטֶר (ז)
balcon (m)	mir'peset	מִרְפֶּסֶת (נ)
premier (m) balcon	ya'tsi'a	יָצִיעַ (ז)
loge (f)	ta	תָּא (ז)
rang (m)	ʃura	שׁוּרָה (נ)
place (f)	moʃav	מוֹשָׁב (ז)
public (m)	'kahal	קָהָל (ז)
spectateur (m)	tsofe	צוֹפֶה (ז)
applaudir (vi)	limχo ka'payim	לִמְחוֹא כַּפַּיִם
applaudissements (m pl)	meχi'ot ka'payim	מְחִיאוֹת כַּפַּיִם (נ״ר)
ovation (f)	tʃu'ot	תְּשׁוּאוֹת (נ״ר)
scène (f) (monter sur ~)	bama	בָּמָה (נ)
rideau (m)	masaχ	מָסָךְ (ז)
décor (m)	taf'ura	תַּפְאוּרָה (נ)
coulisses (f pl)	klayim	קְלָעִים
scène (f) (la dernière ~)	'stsena	סְצֵינָה (נ)
acte (m)	ma'araχa	מַעֲרָכָה (נ)
entracte (m)	hafsaka	הַפְסָקָה (נ)

125. Le cinéma

acteur (m)	saχkan	שַׂחֲקָן (ז)
actrice (f)	saχkanit	שַׂחֲקָנִית (נ)
cinéma (m) (industrie)	kol'no'a	קוֹלְנוֹעַ (ז)
film (m)	'seret	סֶרֶט (ז)
épisode (m)	epi'zoda	אֶפִּיזוֹדָה (נ)
film (m) policier	'seret balaʃi	סֶרֶט בַּלָּשִׁי (ז)
film (m) d'action	ma'arvon	מַעֲרבוֹן (ז)
film (m) d'aventures	'seret harpatka'ot	סֶרֶט הַרפַּתקָאוֹת (ז)
film (m) de science-fiction	'seret mada bidyoni	סֶרֶט מַדָע בִּדיוֹנִי (ז)
film (m) d'horreur	'seret eima	סֶרֶט אֵימָה (ז)
comédie (f)	ko'medya	קוֹמֶדיָה (נ)
mélodrame (m)	melo'drama	מֶלוֹדרָמָה (נ)
drame (m)	'drama	דרָמָה (נ)
film (m) de fiction	'seret alilati	סֶרֶט עֲלִילָתִי (ז)
documentaire (m)	'seret ti'udi	סֶרֶט תִּיעוּדִי (ז)
dessin (m) animé	'seret ani'matsya	סֶרֶט אָנִימַציָה (ז)
cinéma (m) muet	sratim ilmim	סֶרטִים אִילמִים (ז"ר)
rôle (m)	tafkid	תַּפקִיד (ז)
rôle (m) principal	tafkid raʃi	תַּפקִיד רָאשִׁי (ז)
jouer (vt)	lesaχek	לְשַׂחֵק
vedette (f)	koχav kol'no'a	כּוֹכָב קוֹלְנוֹעַ (ז)
connu (adj)	mefursam	מְפוּרסָם
célèbre (adj)	mefursam	מְפוּרסָם
populaire (adj)	popu'lari	פּוֹפּוּלָרִי
scénario (m)	tasrit	תַּסרִיט (ז)
scénariste (m)	tasritai	תַּסרִיטַאי (ז)
metteur (m) en scène	bamai	בַּמַאי (ז)
producteur (m)	mefik	מֵפִיק (ז)
assistant (m)	ozer	עוֹזֵר (ז)
opérateur (m)	tsalam	צַלָם (ז)
cascadeur (m)	pa'alulan	פַּעֲלוּלָן (ז)
doublure (f)	saχkan maχlif	שַׂחֲקָן מַחֲלִיף (ז)
tourner un film	letsalem 'seret	לְצַלֵם סֶרֶט
audition (f)	mivdak	מִבדָק (ז)
tournage (m)	hasrata	הַסרָטָה (נ)
équipe (f) de tournage	'tsevet ha'seret	צֶוֶת הַסֶרֶט (ז)
plateau (m) de tournage	atar hatsilum	אֲתַר הַצִילוּם (ז)
caméra (f)	matslema	מַצלֵמָה (נ)
cinéma (m)	beit kol'no'a	בֵּית קוֹלְנוֹעַ (ז)
écran (m)	masaχ	מָסָך (ז)
donner un film	lehar'ot 'seret	לְהַראוֹת סֶרֶט
piste (f) sonore	paskol	פַּסקוֹל (ז)
effets (m pl) spéciaux	e'fektim meyuχadim	אֶפֶקטִים מְיוּחָדִים (ז"ר)

sous-titres (m pl)	ktuviyot	כְּתוּבִיּוֹת (נ״ר)
générique (m)	ktuviyot	כְּתוּבִיּוֹת (נ״ר)
traduction (f)	tirgum	תִּרְגּוּם (ז)

126. La peinture

art (m)	amanut	אָמָנוּת (נ)
beaux-arts (m pl)	omanuyot yafot	אוֹמָנוּיוֹת יָפוֹת (נ״ר)
galerie (f) d'art	ga'lerya le'amanut	גָּלֶרְיָה לְאָמָנוּת (נ)
exposition (f) d'art	ta'aruxat amanut	תַּעֲרוּכַת אָמָנוּת (נ)

peinture (f)	tsiyur	צִיּוּר (ז)
graphique (f)	'grafika	גְרָפִיקָה (נ)
art (m) abstrait	amanut muf'fetet	אָמָנוּת מוּפְשֶׁטֶת (נ)
impressionnisme (m)	impresyonizm	אִימְפְּרֶסְיוֹנִיזְם (ז)

tableau (m)	tmuna	תְּמוּנָה (נ)
dessin (m)	tsiyur	צִיּוּר (ז)
poster (m)	'poster	פּוֹסְטֶר (ז)

illustration (f)	iyur	אִיּוּר (ז)
miniature (f)	minya'tura	מִינִיאָטוּרָה (נ)
copie (f)	he'etek	הֶעְתֵּק (ז)
reproduction (f)	fi'atuk	שִׁיעָתוּק (ז)

mosaïque (f)	psefas	פְּסֵיפָס (ז)
vitrail (m)	vitraʒ	וִיטְרָאז' (ז)
fresque (f)	fresko	פְרֶסְקוֹ (ז)
gravure (f)	taxrit	תַּחְרִיט (ז)

buste (m)	pro'toma	פְּרוֹטוֹמָה (נ)
sculpture (f)	'pesel	פֶּסֶל (ז)
statue (f)	'pesel	פֶּסֶל (ז)
plâtre (m)	'geves	גֶּבֶס (ז)
en plâtre	mi'geves	מִגֶּבֶס

portrait (m)	dyukan	דְּיוֹקָן (ז)
autoportrait (m)	dyukan atsmi	דְּיוֹקָן עַצְמִי (ז)
paysage (m)	tsiyur nof	צִיּוּר נוֹף (ז)
nature (f) morte	'teva domem	טֶבַע דּוֹמֵם (ז)
caricature (f)	karika'tura	קָרִיקָטוּרָה (נ)
croquis (m)	tarfim	תַּרְשִׁים (ז)

peinture (f)	'tseva	צֶבַע (ז)
aquarelle (f)	'tseva 'mayim	צֶבַע מַיִם (ז)
huile (f)	'femen	שֶׁמֶן (ז)
crayon (m)	iparon	עִיפָּרוֹן (ז)
encre (f) de Chine	tuf	טוּשׁ (ז)
fusain (m)	pexam	פֶּחָם (ז)

dessiner (vi, vt)	letsayer	לְצַיֵּר
peindre (vi, vt)	letsayer	לְצַיֵּר
poser (vi)	ledagmen	לְדַגְמֵן
modèle (m)	dugman eirom	דוּגְמָן עֵירוֹם (ז)

modèle (f)	dugmanit erom	דּוּגְמָנִית עֵירוֹם (נ)
peintre (m)	tsayar	צַיָּר (ז)
œuvre (f) d'art	yetsirat amanut	יְצִירַת אָמָנוּת (נ)
chef (m) d'œuvre	yetsirat mofet	יְצִירַת מוֹפֵת (נ)
atelier (m) d'artiste	'studyo	סְטוּדְיוֹ (ז)

toile (f)	bad piʃtan	בַּד פִּשְׁתָּן (ז)
chevalet (m)	kan tsiyur	כַּן צִיּוּר (ז)
palette (f)	'plata	פָּלֶטָּה (נ)

encadrement (m)	mis'geret	מִסְגֶּרֶת (נ)
restauration (f)	ʃiχzur	שִׁחְזוּר (ז)
restaurer (vt)	leʃaχzer	לְשַׁחְזֵר

127. La littérature et la poésie

littérature (f)	sifrut	סִפְרוּת (נ)
auteur (m) (écrivain)	sofer	סוֹפֵר (ז)
pseudonyme (m)	ʃem badui	שֵׁם בָּדוּי (ז)

livre (m)	'sefer	סֵפֶר (ז)
volume (m)	'kereχ	כֶּרֶךְ (ז)
table (f) des matières	'toχen inyanim	תּוֹכֶן עִנְיָנִים (ז)
page (f)	amud	עַמּוּד (ז)
protagoniste (m)	hagibor haraʃi	הַגִּבּוֹר הָרָאשִׁי (ז)
autographe (m)	χatima	חֲתִימָה (נ)

récit (m)	sipur katsar	סִיפּוּר קָצָר (ז)
nouvelle (f)	sipur	סִיפּוּר (ז)
roman (m)	roman	רוֹמָן (ז)
œuvre (f) littéraire	χibur	חִיבּוּר (ז)
fable (f)	maʃal	מָשָׁל (ז)
roman (m) policier	roman balaʃi	רוֹמָן בַּלָּשִׁי (ז)

vers (m)	ʃir	שִׁיר (ז)
poésie (f)	ʃira	שִׁירָה (נ)
poème (m)	po''ema	פּוֹאֵמָה (נ)
poète (m)	meʃorer	מְשׁוֹרֵר (ז)

belles-lettres (f pl)	sifrut yafa	סִפְרוּת יָפָה (נ)
science-fiction (f)	mada bidyoni	מַדָּע בִּדְיוֹנִי (ז)
aventures (f pl)	harpatka'ot	הַרְפַּתְקָאוֹת (נ"ר)
littérature (f) didactique	sifrut limudit	סִפְרוּת לִימּוּדִית (נ)
littérature (f) pour enfants	sifrut yeladim	סִפְרוּת יְלָדִים (נ)

128. Le cirque

cirque (m)	kirkas	קִרְקָס (ז)
chapiteau (m)	kirkas nayad	קִרְקָס נַיָּד (ז)
programme (m)	toχnit	תּוֹכְנִית (נ)
représentation (f)	hofa'a	הוֹפָעָה (נ)
numéro (m)	hofa'a	הוֹפָעָה (נ)

arène (f)	zira	זִירָה (נ)
pantomime (f)	panto'mima	פַּנְטוֹמִימָה (נ)
clown (m)	leitsan	לֵיצָן (ז)

acrobate (m)	akrobat	אַקְרוֹבָּט (ז)
acrobatie (f)	akro'batika	אַקְרוֹבָּטִיקָה (נ)
gymnaste (m)	mit'amel	מִתְעַמֵּל (ז)
gymnastique (f)	hit'amlut	הִתְעַמְּלוּת (נ)
salto (m)	'salta	סַלְטָה (נ)

hercule (m)	atlet	אַתְלֵט (ז)
dompteur (m)	me'alef	מְאַלֵּף (ז)
écuyer (m)	roχev	רוֹכֵב (ז)
assistant (m)	ozer	עוֹזֵר (ז)

truc (m)	pa'alul	פַּעֲלוּל (ז)
tour (m) de passe-passe	'kesem	קֶסֶם (ז)
magicien (m)	kosem	קוֹסֵם (ז)

jongleur (m)	lahatutan	לַהֲטוּטָן (ז)
jongler (vi)	lelahtet	לְלַהֵט
dresseur (m)	me'alef hayot	מְאַלֵּף חַיּוֹת (ז)
dressage (m)	iluf χayot	אִילּוּף חַיּוֹת (ז)
dresser (vt)	le'alef	לְאַלֵּף

129. La musique

musique (f)	'muzika	מוּזִיקָה (נ)
musicien (m)	muzikai	מוּזִיקַאי (ז)
instrument (m) de musique	kli negina	כְּלִי נְגִינָה (ז)
jouer de ...	lenagen be...	לְנַגֵּן בְּ...

guitare (f)	gi'tara	גִּיטָרָה (נ)
violon (m)	kinor	כִּינּוֹר (ז)
violoncelle (m)	'ʧelo	צֶ'לוֹ (ז)
contrebasse (f)	kontrabas	קוֹנְטְרַבָּס (ז)
harpe (f)	'nevel	נֵבֶל (ז)

piano (m)	psanter	פְּסַנְתֵּר (ז)
piano (m) à queue	psanter kanaf	פְּסַנְתֵּר כָּנָף (ז)
orgue (m)	ugav	עוּגָב (ז)

instruments (m pl) à vent	klei neʃifa	כְּלֵי נְשִׁיפָה (ז"ר)
hautbois (m)	abuv	אַבּוּב (ז)
saxophone (m)	saksofon	סַקְסוֹפוֹן (ז)
clarinette (f)	klarinet	קְלַרִינֶט (ז)
flûte (f)	χalil	חָלִיל (ז)
trompette (f)	χatsotsra	חֲצוֹצְרָה (נ)

| accordéon (m) | akordyon | אָקוֹרְדִיוֹן (ז) |
| tambour (m) | tof | תּוֹף (ז) |

| duo (m) | 'du'o | דוּאוֹ (ז) |
| trio (m) | ʃliʃiya | שְׁלִישִׁיָּה (נ) |

quartette (m)	revi'iya	רְבִיעִיָּה (נ)
chœur (m)	makhela	מַקְהֵלָה (נ)
orchestre (m)	tiz'moret	תִּזְמֹרֶת (נ)
musique (f) pop	'muzikat pop	מוּזִיקַת פּוֹפּ (נ)
musique (f) rock	'muzikat rok	מוּזִיקַת רוֹק (נ)
groupe (m) de rock	lehakat rok	לַהֲקַת רוֹק (נ)
jazz (m)	dʒez	גֵ'ז (ז)
idole (f)	koχav	כּוֹכָב (ז)
admirateur (m)	ohed	אוֹהֵד (ז)
concert (m)	kontsert	קוֹנְצֶרְט (ז)
symphonie (f)	si'fonya	סִימְפוֹנְיָה (נ)
œuvre (f) musicale	yetsira	יְצִירָה (נ)
composer (vt)	leχaber	לְחַבֵּר
chant (m) (~ d'oiseau)	ʃira	שִׁירָה (נ)
chanson (f)	ʃir	שִׁיר (ז)
mélodie (f)	mangina	מַנְגִּינָה (נ)
rythme (m)	'ketsev	קֶצֶב (ז)
blues (m)	bluz	בְּלוּז (ז)
notes (f pl)	tavim	תָּוִים (ז"ר)
baguette (f)	ʃarvit ni'tsuaχ	שַׁרְבִיט נִיצּוּחַ (ז)
archet (m)	'keʃet	קֶשֶׁת (נ)
corde (f)	meitar	מֵיתָר (ז)
étui (m)	nartik	נַרְתִּיק (ז)

Les loisirs. Les voyages

130. Les voyages. Les excursions

tourisme (m)	tayarut	תַּיָּירוּת (נ)
touriste (m)	tayar	תַּיָּיר (ז)
voyage (m) (à l'étranger)	tiyul	טִיוּל (ז)
aventure (f)	harpatka	הַרְפַּתְקָה (נ)
voyage (m)	nesi'a	נְסִיעָה (נ)

vacances (f pl)	χuffa	חוּפְשָׁה (נ)
être en vacances	lihyot beχuffa	לִהְיוֹת בְּחוּפְשָׁה
repos (m) (jours de ~)	menuχa	מְנוּחָה (נ)

train (m)	ra'kevet	רַכֶּבֶת (נ)
en train	bera'kevet	בְּרַכֶּבֶת
avion (m)	matos	מָטוֹס (ז)
en avion	bematos	בְּמָטוֹס
en voiture	bemeχonit	בִּמְכוֹנִית
en bateau	be'oniya	בָּאוֹנִייָה

bagage (m)	mit'an	מִטְעָן (ז)
malle (f)	mizvada	מִזְווָדָה (נ)
chariot (m)	eglat mit'an	עֶגְלַת מִטְעָן (נ)

passeport (m)	darkon	דַּרְכּוֹן (ז)
visa (m)	'viza, afra	וִיזָה, אַשְׁרָה (נ)
ticket (m)	kartis	כַּרְטִיס (ז)
billet (m) d'avion	kartis tisa	כַּרְטִיס טִיסָה (ז)

guide (m) (livre)	madriχ	מַדְרִיךְ (ז)
carte (f)	mapa	מַפָּה (נ)
région (f) (~ rurale)	ezor	אֵזוֹר (ז)
endroit (m)	makom	מָקוֹם (ז)

exotisme (m)	ek'zotika	אֶקְזוֹטִיקָה (נ)
exotique (adj)	ek'zoti	אֶקְזוֹטִי
étonnant (adj)	nifla	נִפְלָא

groupe (m)	kvutsa	קְבוּצָה (נ)
excursion (f)	tiyul	טִיוּל (ז)
guide (m) (personne)	madriχ tiyulim	מַדְרִיךְ טִיוּלִים (ז)

131. L'hôtel

hôtel (m), auberge (f)	malon	מָלוֹן (ז)
motel (m)	motel	מוֹטֶל (ז)
3 étoiles	flofa koχavim	שְׁלוֹשָׁה כּוֹכָבִים

5 étoiles	χamiʃa koχavim	חֲמִישָׁה כּוֹכָבִים
descendre (à l'hôtel)	lehit'aχsen	לְהִתְאַכְסֵן

chambre (f)	'χeder	חֶדֶר (ז)
chambre (f) simple	'χeder yaχid	חֶדֶר יָחִיד (ז)
chambre (f) double	'χeder zugi	חֶדֶר זוּגִי (ז)
réserver une chambre	lehazmin 'χeder	לְהַזְמִין חֶדֶר

demi-pension (f)	χatsi pensiyon	חֲצִי פֶּנְסִיוֹן (ז)
pension (f) complète	pensyon male	פֶּנְסִיוֹן מָלֵא (ז)

avec une salle de bain	im am'batya	עִם אַמְבַּטְיָה
avec une douche	im mik'laχat	עִם מִקְלַחַת
télévision (f) par satellite	tele'vizya bekvalim	טֶלֶוִוִיזְיָה בְּכְבָלִים (נ)
climatiseur (m)	mazgan	מַזְגָן (ז)
serviette (f)	ma'gevet	מַגֶּבֶת (נ)
clé (f)	maf'teaχ	מַפְתֵּחַ (ז)

administrateur (m)	amarkal	אֲמַרְכָּל (ז)
femme (f) de chambre	χadranit	חַדְרָנִית (נ)
porteur (m)	sabal	סַבָּל (ז)
portier (m)	pakid kabala	פְּקִיד קַבָּלָה (ז)

restaurant (m)	mis'ada	מִסְעָדָה (נ)
bar (m)	bar	בָּר (ז)
petit déjeuner (m)	aruχat 'boker	אֲרוּחַת בּוֹקֶר (נ)
dîner (m)	aruχat 'erev	אֲרוּחַת עֶרֶב (נ)
buffet (m)	miznon	מִזְנוֹן (ז)

hall (m)	'lobi	לוֹבִּי (ז)
ascenseur (m)	ma'alit	מַעֲלִית (נ)

PRIÈRE DE NE PAS DÉRANGER	lo lehaf'ri'a	לֹא לְהַפְרִיעַ
DÉFENSE DE FUMER	asur le'aʃen!	אָסוּר לְעַשֵׁן!

132. Le livre. La lecture

livre (m)	'sefer	סֵפֶר (ז)
auteur (m)	sofer	סוֹפֵר (ז)
écrivain (m)	sofer	סוֹפֵר (ז)
écrire (~ un livre)	liχtov	לִכְתּוֹב

lecteur (m)	kore	קוֹרֵא (ז)
lire (vi, vt)	likro	לִקְרוֹא
lecture (f)	kri'a	קְרִיאָה (נ)

à part soi	belev, be'ʃeket	בְּלֵב, בְּשֶׁקֶט
à haute voix	bekol ram	בְּקוֹל רָם

éditer (vt)	lehotsi la'or	לְהוֹצִיא לָאוֹר
édition (f) (~ des livres)	hotsa'a la'or	הוֹצָאָה לָאוֹר (נ)
éditeur (m)	motsi le'or	מוֹצִיא לָאוֹר (ז)
maison (f) d'édition	hotsa'a la'or	הוֹצָאָה לָאוֹר (נ)

paraître (livre)	latset le'or	לָצֵאת לְאוֹר
sortie (f) (~ d'un livre)	hafatsa	הַפָּצָה (נ)
tirage (m)	tfutsa	תפוּצָה (נ)

| librairie (f) | χanut sfarim | חֲנוּת סְפָרִים (נ) |
| bibliothèque (f) | sifriya | סִפְרִיָּה (נ) |

nouvelle (f)	sipur	סִיפּוּר (ז)
récit (m)	sipur katsar	סִיפּוּר קָצָר (ז)
roman (m)	roman	רוֹמָן (ז)
roman (m) policier	roman balaʃi	רוֹמָן בַּלָשִׁי (ז)

mémoires (m pl)	ziχronot	זִיכְרוֹנוֹת (ז"ר)
légende (f)	agada	אַגָּדָה (נ)
mythe (m)	'mitos	מִיתוֹס (ז)

vers (m pl)	ʃirim	שִׁירִים (ז"ר)
autobiographie (f)	otobio'grafya	אוֹטוֹבִּיוֹגְרַפְיָה (נ)
les œuvres choisies	mivχar ktavim	מִבְחַר כְּתָבִים (ז)
science-fiction (f)	mada bidyoni	מַדָּע בִּדְיוֹנִי (ז)

titre (m)	kotar	כּוֹתָר (ז)
introduction (f)	mavo	מָבוֹא (ז)
page (f) de titre	amud ha'ʃa'ar	עַמּוּד הַשַּׁעַר (ז)

chapitre (m)	'perek	פֶּרֶק (ז)
extrait (m)	'keta	קֶטַע (ז)
épisode (m)	epi'zoda	אֶפִּיזוֹדָה (נ)

sujet (m)	alila	עֲלִילָה (נ)
sommaire (m)	'toχen	תּוֹכֶן (ז)
table (f) des matières	'toχen inyanim	תּוֹכֶן עִנְיָינִים (ז)
protagoniste (m)	hagibor haraʃi	הַגִּיבּוֹר הָרָאשִׁי (ז)

volume (m)	'kereχ	כֶּרֶך (ז)
couverture (f)	kriχa	כְּרִיכָה (נ)
reliure (f)	kriχa	כְּרִיכָה (נ)
marque-page (m)	simaniya	סִימָנִיָּה (נ)

page (f)	amud	עַמּוּד (ז)
feuilleter (vt)	ledafdef	לְדַפְדֵף
marges (f pl)	ʃu'layim	שׁוּלַיִים (ז"ר)
annotation (f)	he'ara	הֶעָרָה (נ)
note (f) de bas de page	he'arat ʃu'layim	הֶעָרַת שׁוּלַיִים (נ)

texte (m)	tekst	טֶקְסְט (ז)
police (f)	gufan	גוּפָן (ז)
faute (f) d'impression	ta'ut dfus	טָעוּת דְּפוּס (נ)

traduction (f)	tirgum	תַּרְגּוּם (ז)
traduire (vt)	letargem	לְתַרְגֵּם
original (m)	makor	מָקוֹר (ז)

célèbre (adj)	mefursam	מְפוּרְסָם
inconnu (adj)	lo ya'du'a	לֹא יָדוּעַ
intéressant (adj)	me'anyen	מְעַנְיֵין

best-seller (m)	rav 'meχer	כַּב־מֶכֶר (ז)
dictionnaire (m)	milon	מִילוֹן (ז)
manuel (m)	'sefer limud	סֵפֶר לִימוּד (ז)
encyclopédie (f)	entsiklo'pedya	אֶנְצִיקְלוֹפֶּדְיָה (נ)

133. La chasse. La pêche

chasse (f)	'tsayid	צַיִד (ז)
chasser (vi, vt)	latsud	לָצוּד
chasseur (m)	tsayad	צַיָּד (ז)

tirer (vi)	lirot	לִירוֹת
fusil (m)	rove	רוֹבֶה (ז)
cartouche (f)	kadur	כַּדּוּר (ז)
grains (m pl) de plomb	kaduriyot	כַּדּוּרִיּוֹת (נ״ר)

piège (m) à mâchoires	mal'kodet	מַלְכּוֹדֶת (נ)
piège (m)	mal'kodet	מַלְכּוֹדֶת (נ)
être pris dans un piège	lehilaχed bemal'kodet	לְהִילָכֵד בְּמַלְכּוֹדֶת
mettre un piège	leha'niaχ mal'kodet	לְהָנִיחַ מַלְכּוֹדֶת

braconnier (m)	tsayad lelo reʃut	צַיָּד לְלֹא רְשׁוּת (ז)
gibier (m)	χayot bar	חַיּוֹת בָּר (נ״ר)
chien (m) de chasse	'kelev 'tsayid	כֶּלֶב צַיִד (ז)
safari (m)	sa'fari	סָפָארִי (ז)
animal (m) empaillé	puχlats	פּוּחְלָץ (ז)

pêcheur (m)	dayag	דַּיָּג (ז)
pêche (f)	'dayig	דַּיִג (ז)
pêcher (vi)	ladug	לָדוּג

canne (f) à pêche	χaka	חַכָּה (נ)
ligne (f) de pêche	χut haχaka	חוּט הַחַכָּה (ז)
hameçon (m)	'keres	קֶרֶס (ז)
flotteur (m)	matsof	מָצוֹף (ז)
amorce (f)	pitayon	פִּיתָּיוֹן (ז)

| lancer la ligne | lizrok et haχaka | לִזְרוֹק אֶת הַחַכָּה |
| mordre (vt) | liv'lo'a pitayon | לִבְלוֹעַ פִּיתָּיוֹן |

| pêche (f) (poisson capturé) | ʃlal 'dayig | שְׁלַל דַּיִג (ז) |
| trou (m) dans la glace | mivka 'keraχ | מִבְקַע קֶרַח (ז) |

filet (m)	'reʃet dayagim	רֶשֶׁת דַּיָּגִים (נ)
barque (f)	sira	סִירָה (נ)
pêcher au filet	ladug be'reʃet	לָדוּג בְּרֶשֶׁת

jeter un filet	lizrok 'reʃet	לִזְרוֹק רֶשֶׁת
retirer le filet	ligror 'reʃet	לִגְרוֹר רֶשֶׁת
tomber dans le filet	lehilaχed be'reʃet	לְהִילָכֵד בְּרֶשֶׁת

baleinier (m)	tsayad livyatanim	צַיָּד לִוְיָתָנִים (ז)
baleinière (f)	sfinat tseid livyetanim	סְפִינַת צֵיד לִוְיָתָנִית (נ)
harpon (m)	tsiltsal	צִלְצָל (ז)

134. Les jeux. Le billard

billard (m)	bilyard	בִּילְיַארְד (ז)
salle (f) de billard	'xeder bilyard	חֶדֶר בִּילְיַארְד (ז)
bille (f) de billard	kadur bilyard	כַּדוּר בִּילְיַארְד (ז)
empocher une bille	lehaxnis kadur lekis	לְהַכְנִיס כַּדוּר לְכִּיס
queue (f)	makel bilyard	מַקֵּל בִּילְיַארְד (ז)
poche (f)	kis	כִּיס (ז)

135. Les jeux de cartes

carreau (m)	yahalom	יַהֲלוֹם (ז)
pique (m)	ale	עָלֶה (ז)
cœur (m)	lev	לֵב (ז)
trèfle (m)	tiltan	תִּלְתָּן (ז)
as (m)	as	אָס (ז)
roi (m)	'melex	מֶלֶךְ (ז)
dame (f)	malka	מַלְכָּה (נ)
valet (m)	nasix	נָסִיךְ (ז)
carte (f)	klaf	קְלָף (ז)
jeu (m) de cartes	klafim	קְלָפִים (ז"ר)
atout (m)	klaf nitsaxon	קְלָף נִיצָחוֹן (ז)
paquet (m) de cartes	xafisat klafim	חֲפִיסַת קְלָפִים (נ)
point (m)	nekuda	נְקוּדָה (נ)
distribuer (les cartes)	lexalek klafim	לְחַלֵּק קְלָפִים
battre les cartes	litrof	לִטְרוֹף
tour (m) de jouer	tor	תּוֹר (ז)
tricheur (m)	noxel klafim	נוֹכֵל קְלָפִים (ז)

136. Les loisirs. Les jeux

se promener (vp)	letayel ba'regel	לְטַיֵּל בָּרֶגֶל
promenade (f)	tiyul ragli	טִיּוּל רַגְלִי (ז)
promenade (f) (en voiture)	nesi'a bamexonit	נְסִיעָה בָּמְכוֹנִית (נ)
aventure (f)	harpatka	הַרְפַּתְקָה (נ)
pique-nique (m)	'piknik	פִּיקְנִיק (ז)
jeu (m)	misxak	מִשְׂחָק (ז)
joueur (m)	saxkan	שַׂחְקָן (ז)
partie (f) (~ de cartes, etc.)	misxak	מִשְׂחָק (ז)
collectionneur (m)	asfan	אַסְפָן (ז)
collectionner (vt)	le'esof	לֶאֱסוֹף
collection (f)	'osef	אוֹסֶף (ז)
mots (m pl) croisés	taʃbets	תַשְׁבֵּץ (ז)
hippodrome (m)	hipodrom	הִיפּוֹדְרוֹם (ז)

discothèque (f)	diskotek	דִיסְקוֹטֶק (ז)
sauna (m)	'sa'una	סָאוּנָה (נ)
loterie (f)	'loto	לוֹטוֹ (ז)

trekking (m)	tiyul maxana'ut	טִיוּל מַחֲנָאוּת (ז)
camp (m)	maxane	מַחֲנֶה (ז)
tente (f)	'ohel	אוֹהֶל (ז)
boussole (f)	matspen	מַצְפֵּן (ז)
campeur (m)	maxnai	מַחֲנַאי (ז)

regarder (la télé)	lir'ot	לִרְאוֹת
téléspectateur (m)	tsofe	צוֹפֶה (ז)
émission (f) de télé	toxnit tele'vizya	תּוֹכְנִית טֶלֶוִיזְיָה (נ)

137. La photographie

| appareil (m) photo | matslema | מַצְלֵמָה (נ) |
| photo (f) | tmuna | תְּמוּנָה (נ) |

photographe (m)	tsalam	צַלָּם (ז)
studio (m) de photo	'studyo letsilum	סְטוּדִיוֹ לְצִילוּם (ז)
album (m) de photos	albom tmunot	אַלְבּוֹם תְּמוּנוֹת (ז)

objectif (m)	adaʃa	עֲדָשָׁה (נ)
téléobjectif (m)	a'deʃet teleskop	עֲדֶשֶׁת טֶלֶסְקוֹפ (נ)
filtre (m)	masnen	מַסְנֵן (ז)
lentille (f)	adaʃa	עֲדָשָׁה (נ)

optique (f)	'optika	אוֹפְּטִיקָה (נ)
diaphragme (m)	tsamtsam	צַמְצָם (ז)
temps (m) de pose	zman hahe'ara	זְמַן הַהָאָרָה (ז)
viseur (m)	einit	עֵינִית (נ)

appareil (m) photo numérique	matslema digi'talit	מַצְלֵמָה דִיגִיטָלִית (נ)
trépied (m)	xatsuva	חֲצוּבָה (נ)
flash (m)	mavzek	מַבְזֵק (ז)

photographier (vt)	letsalem	לְצַלֵּם
prendre en photo	letsalem	לְצַלֵּם
se faire prendre en photo	lehitstalem	לְהִצְטַלֵּם

mise (f) au point	moked	מוֹקֵד (ז)
mettre au point	lemaked	לְמַקֵּד
net (adj)	xad, memukad	חַד , מְמוּקָד
netteté (f)	xadut	חַדוּת (נ)

| contraste (m) | nigud | נִיגוּד (ז) |
| contrasté (adj) | menugad | מְנוּגָד |

épreuve (f)	tmuna	תְּמוּנָה (נ)
négatif (m)	taʃlil	תַּשְׁלִיל (ז)
pellicule (f)	'seret	סֶרֶט (ז)
image (f)	freim	פְרַיים (ז)
tirer (des photos)	lehadpis	לְהַדְפִּיס

138. La plage. La baignade

plage (f)	χof yam	חוֹף יָם (ז)
sable (m)	χol	חוֹל (ז)
désert (plage ~e)	ʃomem	שׁוֹמֵם
bronzage (m)	ʃizuf	שִׁיזוּף (ז)
se bronzer (vp)	lehiʃtazef	לְהִשְׁתַּזֵּף
bronzé (adj)	ʃazuf	שָׁזוּף
crème (f) solaire	krem hagana	קְרֶם הֲגָנָה (ז)
bikini (m)	bi'kini	בִּיקִינִי (ז)
maillot (m) de bain	'beged yam	בֶּגֶד יָם (ז)
slip (m) de bain	'beged yam	בֶּגֶד יָם (ז)
piscine (f)	breχa	בְּרֵיכָה (נ)
nager (vi)	lisχot	לִשְׂחוֹת
douche (f)	mik'laχat	מִקְלַחַת (נ)
se changer (vp)	lehaχlif bgadim	לְהַחְלִיף בְּגָדִים
serviette (f)	ma'gevet	מַגֶּבֶת (נ)
barque (f)	sira	סִירָה (נ)
canot (m) à moteur	sirat ma'noʻa	סִירַת מָנוֹעַ (נ)
ski (m) nautique	ski 'mayim	סְקִי מַיִם (ז)
pédalo (m)	sirat pe'dalim	סִירַת פְּדָלִים (נ)
surf (m)	gliʃat galim	גְלִישַׁת גַּלִים
surfeur (m)	goleʃ	גוֹלֵשׁ (ז)
scaphandre (m) autonome	'skuba	סְקוּבָּה (נ)
palmes (f pl)	snapirim	סְנַפִּירִים (ז"ר)
masque (m)	maseχa	מַסֵּכָה (נ)
plongeur (m)	tsolelan	צוֹלְלָן (ז)
plonger (vi)	litslol	לִצְלוֹל
sous l'eau (adv)	mi'taχat lifnei ha'mayim	מִתַּחַת לִפְנֵי הַמַּיִם
parasol (m)	ʃimʃiya	שִׁמְשִׁיָּה (נ)
chaise (f) longue	kise 'noaχ	כִּיסֵּא נוֹחַ (ז)
lunettes (f pl) de soleil	miʃkefei 'ʃemeʃ	מִשְׁקְפֵי שֶׁמֶשׁ (ז"ר)
matelas (m) pneumatique	mizron mitna'peaχ	מִזְרוֹן מִתְנַפֵּחַ (ז)
jouer (s'amuser)	lesaχek	לְשַׂחֵק
se baigner (vp)	lehitraχets	לְהִתְרַחֵץ
ballon (m) de plage	kadur yam	כַּדּוּר יָם (ז)
gonfler (vt)	lena'peaχ	לְנַפֵּחַ
gonflable (adj)	menupaχ	מְנוּפָּח
vague (f)	gal	גַּל (ז)
bouée (f)	matsof	מָצוֹף (ז)
se noyer (vp)	lit'boʻa	לִטְבּוֹעַ
sauver (vt)	lehatsil	לְהַצִּיל
gilet (m) de sauvetage	χagorat hatsala	חֲגוֹרַת הַצָּלָה (נ)
observer (vt)	litspot, lehaʃkif	לִצְפּוֹת, לְהַשְׁקִיף
maître nageur (m)	matsil	מַצִּיל (ז)

LE MATÉRIEL TECHNIQUE. LES TRANSPORTS

Le matériel technique

139. L'informatique

ordinateur (m)	maxʃev	מַחְשֵׁב (ז)
PC (m) portable	maxʃev nayad	מַחְשֵׁב נַיָּד (ז)
allumer (vt)	lehadlik	לְהַדְלִיק
éteindre (vt)	lexabot	לְכַבּוֹת
clavier (m)	mik'ledet	מִקְלֶדֶת (נ)
touche (f)	makaʃ	מַקָּשׁ (ז)
souris (f)	axbar	עַכְבָּר (ז)
tapis (m) de souris	ʃa'tiax le'axbar	שָׁטִיחַ לְעַכְבָּר (ז)
bouton (m)	kaftor	כַּפְתּוֹר (ז)
curseur (m)	saman	סַמָּן (ז)
moniteur (m)	masax	מָסָךְ (ז)
écran (m)	tsag	צָג (ז)
disque (m) dur	disk ka'ʃiax	דִּיסְק קָשִׁיחַ (ז)
capacité (f) du disque dur	'nefax disk ka'ʃiax	נֶפַח דִּיסְק קָשִׁיחַ (ז)
mémoire (f)	zikaron	זִיכָּרוֹן (ז)
mémoire (f) vive	zikaron giʃa akra'it	זִיכָּרוֹן גִּישָׁה אַקְרָאִית (ז)
fichier (m)	'kovets	קוֹבֶץ (ז)
dossier (m)	tikiya	תִּיקִייָה (נ)
ouvrir (vt)	lif'toax	לִפְתּוֹחַ
fermer (vt)	lisgor	לִסְגּוֹר
sauvegarder (vt)	liʃmor	לִשְׁמוֹר
supprimer (vt)	limxok	לִמְחוֹק
copier (vt)	leha'atik	לְהַעֲתִיק
trier (vt)	lemayen	לְמַיֵּן
copier (vt)	leha'avir	לְהַעֲבִיר
programme (m)	toxna	תּוֹכְנָה (נ)
logiciel (m)	toxna	תּוֹכְנָה (נ)
programmeur (m)	metaxnet	מְתַכְנֵת (ז)
programmer (vt)	letaxnet	לְתַכְנֵת
hacker (m)	'haker	הָאקֶר (ז)
mot (m) de passe	sisma	סִיסְמָה (נ)
virus (m)	'virus	וִירוּס (ז)
découvrir (détecter)	limtso, le'ater	לִמְצוֹא, לְאַתֵּר
bit (m)	bait	בַּיְט (ז)

mégabit (m)	megabait	מֶגָבַּיְט (ז)
données (f pl)	netunim	נְתוּנִים (ז"ר)
base (f) de données	bsis netunim	בָּסִיס נְתוּנִים (ז)

câble (m)	'kevel	כֶּבֶל (ז)
déconnecter (vt)	lenatek	לְנַתֵּק
connecter (vt)	leχaber	לְחַבֵּר

140. L'Internet. Le courrier électronique

Internet (m)	'internet	אִינְטֶרְנֶט (ז)
navigateur (m)	dafdefan	דַּפְדְּפָן (ז)
moteur (m) de recherche	ma'no'a χipus	מָנוֹעַ חִיפּוּשׂ (ז)
fournisseur (m) d'accès	sapak	סַפָּק (ז)

administrateur (m) de site	menahel ha'atar	מְנַהֵל הָאָתָר (ז)
site (m) web	atar	אָתָר (ז)
page (f) web	daf 'internet	דַּף אִינְטֶרְנֶט (ז)

adresse (f)	'ktovet	כְּתוֹבֶת (נ)
carnet (m) d'adresses	'sefer ktovot	סֵפֶר כְּתוֹבוֹת (ז)

boîte (f) de réception	teivat 'do'ar	תֵּיבַת דּוֹאַר (נ)
courrier (m)	'do'ar, 'do'al	דּוֹאַר (ז), דּוֹאָ"ל (ז)
pleine (adj)	gaduʃ	גָּדוּשׁ

message (m)	hoda'a	הוֹדָעָה (נ)
messages (pl) entrants	hoda'ot niχnasot	הוֹדָעוֹת נִכְנָסוֹת (נ"ר)
messages (pl) sortants	hoda'ot yots'ot	הוֹדָעוֹת יוֹצְאוֹת (נ"ר)
expéditeur (m)	ʃo'leaχ	שׁוֹלֵחַ (ז)
envoyer (vt)	liʃ'loaχ	לִשְׁלוֹחַ
envoi (m)	ʃliχa	שְׁלִיחָה (נ)
destinataire (m)	nim'an	נִמְעָן (ז)
recevoir (vt)	lekabel	לְקַבֵּל

correspondance (f)	hitkatvut	הִתְכַּתְבוּת (נ)
être en correspondance	lehitkatev	לְהִתְכַּתֵּב

fichier (m)	'kovets	קוֹבֶץ (ז)
télécharger (vt)	lehorid	לְהוֹרִיד
créer (vt)	litsor	לִיצוֹר
supprimer (vt)	limχok	לִמְחוֹק
supprimé (adj)	maχuk	מָחוּק

connexion (f) (ADSL, etc.)	χibur	חִיבּוּר (ז)
vitesse (f)	mehirut	מְהִירוּת (נ)
modem (m)	'modem	מוֹדֶם (ז)
accès (m)	giʃa	גִּישָׁה (נ)
port (m)	port	פּוֹרְט (ז)

connexion (f) (établir la ~)	χibur	חִיבּוּר (ז)
se connecter à ...	lehitχaber	לְהִתְחַבֵּר
sélectionner (vt)	livχor	לִבְחוֹר
rechercher (vt)	leχapes	לְחַפֵּשׂ

Les transports

141. L'avion

avion (m)	matos	קָטוֹס (ז)
billet (m) d'avion	kartis tisa	כַּרְטִיס טִיסָה (ז)
compagnie (f) aérienne	xevrat te'ufa	חֶבְרַת תְּעוּפָה (נ)
aéroport (m)	nemal te'ufa	נְמַל תְּעוּפָה (ז)
supersonique (adj)	al koli	עַל קוֹלִי
commandant (m) de bord	kabarnit	קַבַּרְנִיט (ז)
équipage (m)	'tsevet	צֶוֶת (ז)
pilote (m)	tayas	טַיָּס (ז)
hôtesse (f) de l'air	da'yelet	דַּיֶּלֶת (נ)
navigateur (m)	navat	נַוָּט (ז)
ailes (f pl)	kna'fayim	כְּנָפַיִם (נ"ר)
queue (f)	zanav	זָנָב (ז)
cabine (f)	'kokpit	קוֹקְפִּיט (ז)
moteur (m)	ma'no'a	מָנוֹעַ (ז)
train (m) d'atterrissage	kan nesi'a	כַּן נְסִיעָה (ז)
turbine (f)	tur'bina	טוּרְבִּינָה (נ)
hélice (f)	madxef	מַדְחֵף (ז)
boîte (f) noire	kufsa ʃxora	קוּפְסָה שְׁחוֹרָה (נ)
gouvernail (m)	'hege	הֶגֶה (ז)
carburant (m)	'delek	דֶּלֶק (ז)
consigne (f) de sécurité	hora'ot betixut	הוֹרָאוֹת בְּטִיחוּת (נ"ר)
masque (m) à oxygène	masexat xamtsan	מַסֵּכַת חַמְצָן (נ)
uniforme (m)	madim	מַדִּים (ז"ר)
gilet (m) de sauvetage	xagorat hatsala	חֲגוֹרַת הַצָּלָה (נ)
parachute (m)	mitsnax	מִצְנָח (ז)
décollage (m)	hamra'a	הַמְרָאָה (נ)
décoller (vi)	lehamri	לְהַמְרִיא
piste (f) de décollage	maslul hamra'a	מַסְלוּל הַמְרָאָה (ז)
visibilité (f)	re'ut	רְאוּת (נ)
vol (m) (~ d'oiseau)	tisa	טִיסָה (נ)
altitude (f)	'gova	גּוֹבַהּ (ז)
trou (m) d'air	kis avir	כִּיס אֲוִויר (ז)
place (f)	moʃav	מוֹשָׁב (ז)
écouteurs (m pl)	ozniyot	אוֹזְנִיּוֹת (נ"ר)
tablette (f)	magaʃ mitkapel	מַגָּשׁ מִתְקַפֵּל (ז)
hublot (m)	tsohar	צוֹהַר (ז)
couloir (m)	ma'avar	מַעֲבָר (ז)

142. Le train

train (m)	ra'kevet	רַכֶּבֶת (נ)
train (m) de banlieue	ra'kevet parvarim	רַכֶּבֶת פַּרְבָרִים (נ)
TGV (m)	ra'kevet mehira	רַכֶּבֶת מְהִירָה (נ)
locomotive (f) diesel	katar 'dizel	קָטָר דִיזֶל (ז)
locomotive (f) à vapeur	katar	קָטָר (ז)
wagon (m)	karon	קָרוֹן (ז)
wagon-restaurant (m)	kron mis'ada	קָרוֹן מִסְעָדָה (ז)
rails (m pl)	mesilot	מְסִילוֹת (נ"ר)
chemin (m) de fer	mesilat barzel	מְסִילַת בַּרְזֶל (נ)
traverse (f)	'eden	אֶדֶן (ז)
quai (m)	ra'tsif	רָצִיף (ז)
voie (f)	mesila	מְסִילָה (נ)
sémaphore (m)	ramzor	רַמְזוֹר (ז)
station (f)	ta'xana	תַּחֲנָה (נ)
conducteur (m) de train	nahag ra'kevet	נֶהָג רַכֶּבֶת (ז)
porteur (m)	sabal	סַבָּל (ז)
steward (m)	sadran ra'kevet	סַדְרָן רַכֶּבֶת (ז)
passager (m)	no'se'a	נוֹסֵעַ (ז)
contrôleur (m) de billets	bodek	בּוֹדֵק (ז)
couloir (m)	prozdor	פְּרוֹזְדּוֹר (ז)
frein (m) d'urgence	ma'atsar xirum	מַעֲצָר חִירוּם (ז)
compartiment (m)	ta	תָּא (ז)
couchette (f)	dargaʃ	דַּרְגָּשׁ (ז)
couchette (f) d'en haut	dargaʃ elyon	דַּרְגָּשׁ עֶלְיוֹן (ז)
couchette (f) d'en bas	dargaʃ taxton	דַּרְגָּשׁ תַּחְתּוֹן (ז)
linge (m) de lit	matsa'im	מַצָּעִים (ז"ר)
ticket (m)	kartis	כַּרְטִיס (ז)
horaire (m)	'luax zmanim	לוּחַ זְמַנִים (ז)
tableau (m) d'informations	'ʃelet meida	שֶׁלֶט מֵידָע (ז)
partir (vi)	la'tset	לָצֵאת
départ (m) (du train)	yetsi'a	יְצִיאָה (נ)
arriver (le train)	leha'gi'a	לְהַגִּיעַ
arrivée (f)	haga'a	הַגָּעָה (נ)
arriver en train	leha'gi'a bera'kevet	לְהַגִּיעַ בְּרַכֶּבֶת
prendre le train	la'alot lera'kevet	לַעֲלוֹת לְרַכֶּבֶת
descendre du train	la'redet mehara'kevet	לָרֶדֶת מֵהָרַכֶּבֶת
accident (m) ferroviaire	hitraskut	הִתְרַסְקוּת (נ)
dérailler (vi)	la'redet mipasei ra'kevet	לָרֶדֶת מִפַּסֵי רַכֶּבֶת
locomotive (f) à vapeur	katar	קָטָר (ז)
chauffeur (m)	masik	מַסִּיק (ז)
chauffe (f)	kivʃan	כִּבְשָׁן (ז)
charbon (m)	pexam	פֶּחָם (ז)

143. Le bateau

bateau (m)	sfina	סְפִינָה (נ)
navire (m)	sfina	סְפִינָה (נ)
bateau (m) à vapeur	oniyat kitor	אוֹנִיַּת קִיטוֹר (נ)
paquebot (m)	sfinat nahar	סְפִינַת נָהָר (נ)
bateau (m) de croisière	oniyat ta'anugot	אוֹנִיַּת תַעֲנוּגוֹת (נ)
croiseur (m)	sa'yeret	סַיֶּרֶת (נ)
yacht (m)	'yaχta	יַכְטָה (נ)
remorqueur (m)	go'reret	גוֹרֶרֶת (נ)
péniche (f)	arba	אַרְבָּה (נ)
ferry (m)	ma'a'boret	מַעֲבּוֹרֶת (נ)
voilier (m)	sfinat mifras	סְפִינַת מִפְרָשׂ (נ)
brigantin (m)	briganit	בְּרִיגָּנִית (נ)
brise-glace (m)	ʃo'veret 'keraχ	שׁוֹבֶרֶת קֶרַח (נ)
sous-marin (m)	tso'lelet	צוֹלֶלֶת (נ)
canot (m) à rames	sira	סִירָה (נ)
dinghy (m)	sira	סִירָה (נ)
canot (m) de sauvetage	sirat hatsala	סִירַת הַצָּלָה (נ)
canot (m) à moteur	sirat ma'no'a	סִירַת מָנוֹעַ (נ)
capitaine (m)	rav χovel	רַב־חוֹבֵל (ז)
matelot (m)	malaχ	מַלָּח (ז)
marin (m)	yamai	יַמַּאי (ז)
équipage (m)	'tsevet	צֶוֶת (ז)
maître (m) d'équipage	rav malaχim	רַב־מַלָּחִים (ז)
mousse (m)	'na'ar sipun	נַעַר סִיפּוּן (ז)
cuisinier (m) du bord	tabaχ	טַבָּח (ז)
médecin (m) de bord	rofe ha'oniya	רוֹפֵא הָאוֹנִיָּה (ז)
pont (m)	sipun	סִיפּוּן (ז)
mât (m)	'toren	תוֹרֶן (ז)
voile (f)	mifras	מִפְרָשׂ (ז)
cale (f)	'beten oniya	בֶּטֶן אוֹנִיָּה (נ)
proue (f)	χartom	חַרְטוֹם (ז)
poupe (f)	yarketei hasfina	יַרְכְּתֵי הַסְּפִינָה (ז"ר)
rame (f)	maʃot	מָשׁוֹט (ז)
hélice (f)	madχef	מַדְחֵף (ז)
cabine (f)	ta	תָא (ז)
carré (m) des officiers	mo'adon ktsinim	מוֹעֲדוֹן קְצִינִים (ז)
salle (f) des machines	χadar meχonot	חֲדַר מְכוֹנוֹת (ז)
passerelle (f)	'geʃer hapikud	גֶּשֶׁר הַפִּיקּוּד (ז)
cabine (f) de T.S.F.	ta alχutan	תָא אַלְחוּטָן (ז)
onde (f)	'teder	תֶּדֶר (ז)
journal (m) de bord	yoman ha'oniya	יוֹמַן הָאוֹנִיָּה (ז)
longue-vue (f)	miʃ'kefet	מִשְׁקֶפֶת (נ)
cloche (f)	pa'amon	פַּעֲמוֹן (ז)

pavillon (m)	'degel	דֶּגֶל (ז)
grosse corde (f) tressée	avot ha'oniya	עֲבוֹת הָאוֹנִיָּיה (נ)
nœud (m) marin	'keſer	קֶשֶׁר (ז)

| rampe (f) | ma'ake hasipun | מַעֲקֵה הַסִּיפּוּן (ז) |
| passerelle (f) | 'keveſ | כֶּבֶשׁ (ז) |

ancre (f)	'ogen	עוֹגֶן (ז)
lever l'ancre	leharim 'ogen	לְהָרִים עוֹגֶן
jeter l'ancre	la'agon	לַעֲגוֹן
chaîne (f) d'ancrage	ſar'ſeret ha'ogen	שַׁרְשֶׁרֶת הָעוֹגֶן (נ)

port (m)	namal	נָמָל (ז)
embarcadère (m)	'mezaχ	מֶזַח (ז)
accoster (vi)	la'agon	לַעֲגוֹן
larguer les amarres	lehaflig	לְהַפְלִיג

voyage (m) (à l'étranger)	masa, tiyul	מַסָּע (ז), טִיּוּל (ז)
croisière (f)	'ſayit	שַׁיִט (ז)
cap (m) (suivre un ~)	kivun	כִּיווּן (ז)
itinéraire (m)	nativ	נָתִיב (ז)

chenal (m)	nativ 'ſayit	נְתִיב שַׁיִט (ז)
bas-fond (m)	sirton	שִׁרְטוֹן (ז)
échouer sur un bas-fond	la'alot al hasirton	לַעֲלוֹת עַל הַשִּׁרְטוֹן

tempête (f)	sufa	סוּפָה (נ)
signal (m)	ot	אוֹת (ז)
sombrer (vi)	lit'bo'a	לִטְבּוֹעַ
Un homme à la mer!	adam ba'mayim!	אָדָם בַּמַּיִם!
SOS (m)	kri'at haţsala	קְרִיאַת הַצָּלָה
bouée (f) de sauvetage	galgal haţsala	גַּלְגַּל הַצָּלָה (ז)

144. L'aéroport

aéroport (m)	nemal te'ufa	נְמַל תְּעוּפָה (ז)
avion (m)	matos	מָטוֹס (ז)
compagnie (f) aérienne	χevrat te'ufa	חֶבְרַת תְּעוּפָה (נ)
contrôleur (m) aérien	bakar tisa	בַּקָּר טִיסָה (ז)

départ (m)	hamra'a	הַמְרָאָה (נ)
arrivée (f)	neχita	נְחִיתָה (נ)
arriver (par avion)	leha'gi'a betisa	לְהַגִּיעַ בְּטִיסָה

| temps (m) de départ | zman hamra'a | זְמַן הַמְרָאָה (ז) |
| temps (m) d'arrivée | zman neχita | זְמַן נְחִיתָה (ז) |

| être retardé | lehit'akev | לְהִתְעַכֵּב |
| retard (m) de l'avion | ikuv hatisa | עִיכּוּב הַטִּיסָה (ז) |

tableau (m) d'informations	'luaχ meida	לוּחַ מֵידַע (ז)
information (f)	meida	מֵידַע (ז)
annoncer (vt)	leho'dia	לְהוֹדִיעַ
vol (m)	tisa	טִיסָה (נ)

| douane (f) | 'meχes | מֶכֶס (ז) |
| douanier (m) | pakid 'meχes | פְּקִיד מֶכֶס (ז) |

déclaration (f) de douane	hatsharat meχes	הַצְהָרַת מֶכֶס (נ)
remplir (vt)	lemale	לְמַלֵּא
remplir la déclaration	lemale 'tofes hatshara	לְמַלֵּא טוֹפֶס הַצהָרָה
contrôle (m) de passeport	bdikat darkonim	בְּדִיקַת דַּרְכּוֹנִים (נ)

bagage (m)	kvuda	כְּבוּדָה (נ)
bagage (m) à main	kvudat yad	כְּבוּדַת יָד (נ)
chariot (m)	eglat kvuda	עֶגְלַת כְּבוּדָה (נ)

atterrissage (m)	neχita	נְחִיתָה (נ)
piste (f) d'atterrissage	maslul neχita	מַסְלוּל נְחִיתָה (ז)
atterrir (vi)	linχot	לִנְחוֹת
escalier (m) d'avion	'keveʃ	כֶּבֶשׁ (ז)

enregistrement (m)	tʃek in	צ'ק אִין (ז)
comptoir (m) d'enregistrement	dalpak tʃek in	דַּלְפַּק צ'ק אִין (ז)
s'enregistrer (vp)	leva'tse'a tʃek in	לְבַצֵעַ צ'ק אִין
carte (f) d'embarquement	kartis aliya lematos	כַּרְטִיס עֲלִיָה לְמָטוֹס (ז)
porte (f) d'embarquement	'ʃa'ar yetsi'a	שַׁעַר יְצִיאָה (ז)

transit (m)	ma'avar	מַעֲבָר (ז)
attendre (vt)	lehamtin	לְהַמְתִּין
salle (f) d'attente	traklin tisa	טְרַקְלִין טִיסָה (ז)
raccompagner (à l'aéroport, etc.)	lelavot	לְלַווֹת
dire au revoir	lomar lehitra'ot	לוֹמַר לְהִתְרָאוֹת

145. Le vélo. La moto

vélo (m)	ofa'nayim	אוֹפַנַּיִים (ז"ר)
scooter (m)	kat'no'a	קַטְנוֹעַ (ז)
moto (f)	of'no'a	אוֹפְנוֹעַ (ז)

faire du vélo	lirkov al ofa'nayim	לִרְכּוֹב עַל אוֹפַנַּיִים
guidon (m)	kidon	כִּידוֹן (ז)
pédale (f)	davʃa	דַּווְשָׁה (נ)
freins (m pl)	blamim	בְּלָמִים (ז"ר)
selle (f)	ukaf	אוּכָּף (ז)

pompe (f)	maʃeva	מַשְׁאֵבָה (נ)
porte-bagages (m)	sabal	סַבָּל (ז)
phare (m)	panas kidmi	פָּנָס קִדְמִי (ז)
casque (m)	kasda	קַסְדָּה (נ)

roue (f)	galgal	גַּלְגַּל (ז)
garde-boue (m)	kanaf	כָּנָף (נ)
jante (f)	χiʃuk	חִישׁוּק (ז)
rayon (m)	χiʃur	חִישׁוּר (ז)

La voiture

146. Les différents types de voiture

automobile (f)	meχonit	מְכוֹנִית (נ)
voiture (f) de sport	meχonit sport	מְכוֹנִית סְפּוֹרְט (נ)
limousine (f)	limu'zina	לִימוּזִינָה (נ)
tout-terrain (m)	'reχev 'ʃetaχ	רֶכֶב שֶׁטַח (ז)
cabriolet (m)	meχonit gag niftaχ	מְכוֹנִית גַג נִפְתָּח (נ)
minibus (m)	'minibus	מִינִיבּוּס (ז)
ambulance (f)	'ambulans	אַמְבּוּלַנְס (ז)
chasse-neige (m)	maf'leset 'ʃeleg	מַפְלֶסֶת שֶׁלֶג (נ)
camion (m)	masa'it	מַשָּׂאִית (נ)
camion-citerne (m)	meχalit 'delek	מֵיכָלִית דֶּלֶק (נ)
fourgon (m)	masa'it kala	מַשָּׂאִית קַלָּה (נ)
tracteur (m) routier	gorer	גוֹרֵר (ז)
remorque (f)	garur	גָרוּר (ז)
confortable (adj)	'noaχ	נוֹחַ
d'occasion (adj)	meʃumaʃ	מְשׁוּמָשׁ

147. La voiture. La carrosserie

capot (m)	miχse hama'no'a	מִכְסֶה הַמָּנוֹעַ (ז)
aile (f)	kanaf	כָּנָף (נ)
toit (m)	gag	גַג (ז)
pare-brise (m)	ʃimʃa kidmit	שִׁמְשָׁה קִדְמִית (נ)
rétroviseur (m)	mar'a aχorit	מַרְאָה אֲחוֹרִית (נ)
lave-glace (m)	mataz	מַתָז (ז)
essuie-glace (m)	magev	מַגֵּב (ז)
fenêtre (f) latéral	ʃimʃat tsad	שִׁמְשַׁת צַד (נ)
lève-glace (m)	χalon χaʃmali	חַלוֹן חַשְׁמַלִי (ז)
antenne (f)	an'tena	אַנְטֶנָה (נ)
toit (m) ouvrant	χalon gag	חַלוֹן גַג (ז)
pare-chocs (m)	pagoʃ	פָּגוֹשׁ (ז)
coffre (m)	ta mit'an	תָּא מִטְעָן (ז)
galerie (f) de toit	gagon	גַגוֹן (ז)
portière (f)	'delet	דֶּלֶת (נ)
poignée (f)	yadit	יָדִית (נ)
serrure (f)	man'ul	מַנְעוּל (ז)
plaque (f) d'immatriculation	luχit riʃui	לוּחִית רִישׁוּי (נ)
silencieux (m)	am'am	עַמְעָם (ז)

réservoir (m) d'essence	meiχal 'delek	מֵיכָל דֶּלֶק (ז)
pot (m) d'échappement	maflet	מַפְלֵט (ז)
accélérateur (m)	gaz	גָז (ז)
pédale (f)	davʃa	דַּווְשָׁה (נ)
pédale (f) d'accélérateur	davʃat gaz	דַּווְשַׁת גָז (נ)
frein (m)	'belem	בֶּלֶם (ז)
pédale (f) de frein	davʃat hablamim	דַּווְשַׁת הַבְּלָמִים (נ)
freiner (vi)	livlom	לִבְלוֹם
frein (m) à main	'belem χaniya	בֶּלֶם חֲנָיָיה (ז)
embrayage (m)	matsmed	מַצְמֵד (ז)
pédale (f) d'embrayage	davʃat hamatsmed	דַּווְשַׁת הַמַּצְמֵד (נ)
disque (m) d'embrayage	luχit hamatsmed	לוּחִית הַמַּצְמֵד (נ)
amortisseur (m)	bolem za'a'zu'a	בּוֹלֵם זַעֲזוּעִים (ז)
roue (f)	galgal	גַּלְגַּל (ז)
roue (f) de rechange	galgal χilufi	גַּלְגַּל חִילוּפִי (ז)
pneu (m)	tsmig	צְמִיג (ז)
enjoliveur (m)	tsa'laχat galgal	צַלַּחַת גַּלְגַּל (נ)
roues (f pl) motrices	galgalim meni'im	גַּלְגַּלִים מֵנִיעִים (ז"ר)
à traction avant	shel hana'a kidmit	שֶׁל הֲנָעָה קִדְמִית
à traction arrière	shel hana'a aχorit	שֶׁל הֲנָעָה אֲחוֹרִית
à traction intégrale	shel hana'a male'a	שֶׁל הֲנָעָה מָלֵאָה
boîte (f) de vitesses	teivat hiluχim	תֵּיבַת הִילוּכִים (נ)
automatique (adj)	oto'mati	אוֹטוֹמָטִי
mécanique (adj)	me'χani	מֵכָנִי
levier (m) de vitesse	yadit hiluχim	יָדִית הִילוּכִים (נ)
phare (m)	panas kidmi	פָּנָס קִדְמִי (ז)
feux (m pl)	panasim	פָּנָסִים (ז"ר)
feux (m pl) de croisement	or namuχ	אוֹר נָמוּךְ (ז)
feux (m pl) de route	or ga'voha	אוֹר גָּבוֹהַּ (ז)
feux (m pl) stop	or 'belem	אוֹר בֶּלֶם (ז)
feux (m pl) de position	orot χanaya	אוֹרוֹת חֲנָיָיה (ז"ר)
feux (m pl) de détresse	orot χerum	אוֹרוֹת חֵירוּם (ז"ר)
feux (m pl) de brouillard	orot arafel	אוֹרוֹת עֲרָפֶל (ז"ר)
clignotant (m)	panas itut	פָּנָס אִיתּוּת (ז)
feux (m pl) de recul	orot revers	אוֹרוֹת רֶבֶרְס (ז"ר)

148. La voiture. L'habitacle

habitacle (m)	ta hanos'im	תָּא הַנּוֹסְעִים (ז)
en cuir (adj)	asui me'or	עָשׂוּי מֵעוֹר
en velours (adj)	ktifati	קְטִיפָתִי
revêtement (m)	ripud	רִיפּוּד (ז)
instrument (m)	maχven	מַכְוֵון (ז)
tableau (m) de bord	'luaχ maχvenim	לוּחַ מַכְוֵונִים (ז)

| indicateur (m) de vitesse | mad mehirut | מַד מְהִירוּת (ז) |
| aiguille (f) | 'maχat | מַחַט (נ) |

compteur (m) de kilomètres	mad merχak	מַד מֶרְחָק (ז)
indicateur (m)	χaiʃan	חַיְישָׁן (ז)
niveau (m)	ramat mi'lui	רָמַת מִילוּי (נ)
témoin (m)	nurat azhara	נוּרַת אַזְהָרָה (נ)

volant (m)	'hege	הֶגֶה (ז)
klaxon (m)	tsofar	צוֹפָר (ז)
bouton (m)	kaftor	כַּפְתּוֹר (ז)
interrupteur (m)	'meteg	מֶתֶג (ז)

siège (m)	moʃav	מוֹשָׁב (ז)
dossier (m)	miʃ'enet	מִשְׁעֶנֶת (נ)
appui-tête (m)	miʃ'enet roʃ	מִשְׁעֶנֶת רֹאשׁ (נ)
ceinture (f) de sécurité	χagorat betiχut	חֲגוֹרַת בְּטִיחוּת (נ)
mettre la ceinture	lehadek χagora	לְהַדֵּק חֲגוֹרָה
réglage (m)	kivnun	כִּיווּנוּן (ז)

| airbag (m) | karit avir | כָּרִית אֲווִיר (נ) |
| climatiseur (m) | mazgan | מַזְגָן (ז) |

radio (f)	'radyo	רַדְיוֹ (ז)
lecteur (m) de CD	'diskmen	דִיסְקְמֶן (ז)
allumer (vt)	lehadlik	לְהַדְלִיק
antenne (f)	an'tena	אַנְטֶנָה (נ)
boîte (f) à gants	ta kfafot	תָּא כְּפָפוֹת (ז)
cendrier (m)	ma'afera	מַאֲפֵרָה (נ)

149. La voiture. Le moteur

moteur (m)	ma'no'a	מָנוֹעַ (ז)
diesel (adj)	shel 'dizel	שֶׁל דִיזֶל
à essence (adj)	'delek	דֶלֶק

capacité (f) du moteur	'nefaχ ma'no'a	נֶפַח מָנוֹעַ (ז)
puissance (f)	otsma	עוֹצְמָה (נ)
cheval-vapeur (m)	'koaχ sus	כּוֹח סוּס (ז)
piston (m)	buχna	בּוּכְנָה (נ)
cylindre (m)	tsi'linder	צִילִינְדֶר (ז)
soupape (f)	ʃastom	שַׁסְתּוֹם (ז)

injecteur (m)	mazrek	מַזְרֵק (ז)
générateur (m)	meχolel	מְחוֹלֵל (ז)
carburateur (m)	me'ayed	מְאַייֵד (ז)
huile (f) moteur	'ʃemen mano'im	שֶׁמֶן מָנוֹעִים (ז)

radiateur (m)	matsnen	מַצְנֵן (ז)
liquide (m) de refroidissement	nozel kirur	נוֹזֵל קִירוּר (ז)
ventilateur (m)	me'avrer	מְאַווְרֵר (ז)

| batterie (f) | matsber | מַצְבֵּר (ז) |
| starter (m) | mat'ne'a | מַתְנֵעַ (ז) |

allumage (m)	hatsata	הַצָּתָה (נ)
bougie (f) d'allumage	matset	מַצֵּת (ז)
borne (f)	'hedek	הֶדֵק (ז)
borne (f) positive	'hedek xiyuvi	הֶדֵק חִיוּבִי (ז)
borne (f) négative	'hedek ʃlili	הֶדֵק שְׁלִילִי (ז)
fusible (m)	natix	נָתִיךְ (ז)
filtre (m) à air	masnen avir	מַסְנֵן אֲוִיר (ז)
filtre (m) à huile	masnen 'ʃemen	מַסְנֵן שֶׁמֶן (ז)
filtre (m) à essence	masnen 'delek	מַסְנֵן דֶּלֶק (ז)

150. La voiture. La réparation

accident (m) de voiture	te'una	תְּאוּנָה (נ)
accident (m) de route	te'unat draxim	תְּאוּנַת דְּרָכִים (נ)
percuter contre ...	lehitnageʃ	לְהִתְנַגֵּשׁ
s'écraser (vp)	lehima'ex	לְהִימָּעֵךְ
dégât (m)	'nezek	נֶזֶק (ז)
intact (adj)	ʃalem	שָׁלֵם
panne (f)	takala	תַּקָּלָה (נ)
tomber en panne	lehitkalkel	לְהִתְקַלְקֵל
corde (f) de remorquage	'xevel grar	חֶבֶל גְּרָר (ז)
crevaison (f)	'teker	תֶּקֶר (ז)
crever (vi) (pneu)	lehitpantʃer	לְהִתְפַּנְצֵ'ר
gonfler (vt)	lena'peax	לְנַפֵּחַ
pression (f)	'laxats	לַחַץ (ז)
vérifier (vt)	livdok	לִבְדּוֹק
réparation (f)	ʃiputs	שִׁיפּוּץ (ז)
garage (m) (atelier)	musax	מוּסָךְ (ז)
pièce (f) détachée	'xelek xiluf	חֵלֶק חִילּוּף (ז)
pièce (f)	'xelek	חֵלֶק (ז)
boulon (m)	'boreg	בּוֹרֶג (ז)
vis (f)	'boreg	בּוֹרֶג (ז)
écrou (m)	om	אוֹם (ז)
rondelle (f)	diskit	דִּיסְקִית (נ)
palier (m)	mesav	מֵסַב (ז)
tuyau (m)	tsinorit	צִינּוֹרִית (נ)
joint (m)	'etem	אֶטֶם (ז)
fil (m)	xut	חוּט (ז)
cric (m)	dʒek	גֵ'ק (ז)
clé (f) de serrage	maf'teax bragim	מַפְתֵּחַ בְּרָגִים (ז)
marteau (m)	patiʃ	פַּטִּישׁ (ז)
pompe (f)	maʃ'eva	מַשְׁאֵבָה (נ)
tournevis (m)	mavreg	מַבְרֵג (ז)
extincteur (m)	mataf	מַטָּף (ז)
triangle (m) de signalisation	meʃulaʃ xirum	מְשׁוּלָשׁ חֵירוּם (ז)

caler (vi)	ledomem	לְדוֹמֵם
calage (m)	hadmama	הַדְמָמָה (נ)
être en panne	lihyot ʃavur	לִהְיוֹת שָׁבוּר

surchauffer (vi)	lehitχamem yoter midai	לְהִתְחַמֵם יוֹתֵר מִדַי
se boucher (vp)	lehisatem	לְהִיסָתֵם
geler (vi)	likpo	לִקְפּוֹא
éclater (tuyau, etc.)	lehitpa'ke'a	לְהִתְפַּקֵעַ

pression (f)	'laχats	לַחַץ (ז)
niveau (m)	ramat mi'lui	רָמַת מִילוּי (נ)
lâche (courroie ~)	rafe	רָפֶה

fosse (f)	dfika	דְפִיקָה (נ)
bruit (m) anormal	'ra'aʃ	רַעַשׁ (ז)
fissure (f)	'sedek	סֶדֶק (ז)
égratignure (f)	srita	שְׂרִיטָה (נ)

151. La voiture. La route

route (f)	'dereχ	דֶרֶךְ (נ)
grande route (autoroute)	kviʃ mahir	כְּבִישׁ מָהִיר (ז)
autoroute (f)	kviʃ mahir	כְּבִישׁ מָהִיר (ז)
direction (f)	kivun	כִּיווּן (ז)
distance (f)	merχak	מֶרְחָק (ז)

pont (m)	'geʃer	גֶשֶׁר (ז)
parking (m)	χanaya	חֲנָיָה (נ)
place (f)	kikar	כִּיכָּר (נ)
échangeur (m)	meχlaf	מַחְלָף (ז)
tunnel (m)	minhara	מִנהָרָה (נ)

station-service (f)	taχanat 'delek	תַחֲנַת דֶלֶק (נ)
parking (m)	migraʃ χanaya	מִגְרַשׁ חֲנָיָה (ז)
poste (m) d'essence	maʃevat 'delek	מַשְׁאֵבַת דֶלֶק (נ)
garage (m) (atelier)	musaχ	מוּסָךְ (ז)
se ravitailler (vp)	letadlek	לְתַדְלֵק
carburant (m)	'delek	דֶלֶק (ז)
jerrycan (m)	'dʒerikan	גְ'רִיקָן (ז)

asphalte (m)	asfalt	אַסְפַלְט (ז)
marquage (m)	simun	סִימוּן (ז)
bordure (f)	sfat midraχa	שְׂפַת מִדרָכָה (נ)
barrière (f) de sécurité	ma'ake betiχut	מַעֲקֵה בְּטִיחוּת (ז)
fossé (m)	te'ala	תְעָלָה (נ)
bas-côté (m)	ʃulei ha'dereχ	שׁוּלֵי הַדֶרֶךְ (ז"ר)
réverbère (m)	amud te'ura	עַמוּד תְאוּרָה (ז)

conduire (une voiture)	linhog	לִנהוֹג
tourner (~ à gauche)	lifnot	לִפְנוֹת
faire un demi-tour	leva'tse'a pniyat parsa	לְבַצֵעַ פְּנִיַת פַּרְסָה
marche (f) arrière	hiluχ aχori	הִילוּךְ אֲחוֹרִי (ז)
klaxonner (vi)	litspor	לִצְפּוֹר
coup (m) de klaxon	tsfira	צְפִירָה (נ)

s'embourber (vp)	lehitaka	לְהִיתָקַע
déraper (vi)	lesovev et hagalgal al rek	לְסוֹבֵב אֶת הַגַּלְגַּלִים עַל רֵיק
couper (le moteur)	ledomem	לְדוֹמֵם
vitesse (f)	mehirut	מְהִירוּת (נ)
dépasser la vitesse	linhog bemehirut muf'rezet	לִנְהוֹג בִּמְהִירוּת מוּפְרֶזֶת
mettre une amende	liknos	לִקְנוֹס
feux (m pl) de circulation	ramzor	רַמְזוֹר (ז)
permis (m) de conduire	riſyon nehiga	רִשְׁיוֹן נְהִיגָה (ז)
passage (m) à niveau	ma'avar pasei ra'kevet	מַעֲבָר פַּסֵי רַכֶּבֶת (ז)
carrefour (m)	'tsomet	צוֹמֶת (ז)
passage (m) piéton	ma'avar xaſsaya	מַעֲבָר חֲצָיָה (ז)
virage (m)	pniya	פְּנִיָּה (נ)
zone (f) piétonne	midrexov	מִדְרְחוֹב (ז)

LES GENS. LES ÉVÉNEMENTS

Les grands événements de la vie

152. Les fêtes et les événements

fête (f)	χagiga	חֲגִיגָה (נ)
fête (f) nationale	χag le'umi	חַג לְאוּמִי (ז)
jour (m) férié	yom χag	יוֹם חַג (ז)
fêter (vt)	laχgog	לַחְגוֹג
événement (m) (~ du jour)	hitraχaʃut	הִתְרַחֲשׁוּת (נ)
événement (m) (soirée, etc.)	ei'ru'a	אֵירוּעַ (ז)
banquet (m)	se'uda χagigit	סְעוּדָה חֲגִיגִית (נ)
réception (f)	ei'ruaχ	אֵירוּחַ (ז)
festin (m)	miʃte	מִשְׁתָּה (ז)
anniversaire (m)	yom haʃana	יוֹם הַשָׁנָה (ז)
jubilé (m)	χag hayovel	חַג הַיוֹבֵל (ז)
célébrer (vt)	laχgog	לַחְגוֹג
Nouvel An (m)	ʃana χadaʃa	שָׁנָה חֲדָשָׁה (נ)
Bonne année!	ʃana tova!	שָׁנָה טוֹבָה!
Père Noël (m)	'santa 'kla'us	סַנְטָה קְלָאוּס
Noël (m)	χag hamolad	חַג הַמוֹלָד (ז)
Joyeux Noël!	χag hamolad sa'meaχ!	חַג הַמוֹלָד שָׂמֵחַ!
arbre (m) de Noël	ets χag hamolad	עֵץ חַג הַמוֹלָד (ז)
feux (m pl) d'artifice	zikukim	זִיקוּקִים (ז"ר)
mariage (m)	χatuna	חֲתוּנָה (נ)
fiancé (m)	χatan	חָתָן (ז)
fiancée (f)	kala	כַּלָה (נ)
inviter (vt)	lehazmin	לְהַזְמִין
lettre (f) d'invitation	hazmana	הַזְמָנָה (נ)
invité (m)	o'reaχ	אוֹרֵחַ (ז)
visiter (~ les amis)	levaker	לְבַקֵר
accueillir les invités	lekabel orχim	לְקַבֵּל אוֹרְחִים
cadeau (m)	matana	מַתָּנָה (נ)
offrir (un cadeau)	latet matana	לָתֵת מַתָּנָה
recevoir des cadeaux	lekabel matanot	לְקַבֵּל מַתָּנוֹת
bouquet (m)	zer	זֵר (ז)
félicitations (f pl)	braχa	בְּרָכָה (נ)
féliciter (vt)	levareχ	לְבָרֵךְ
carte (f) de veux	kartis braχa	כַּרְטִיס בְּרָכָה (ז)

envoyer une carte	lifloax gluya	לִשְׁלוֹחַ גְּלוּיָה
recevoir une carte	lekabel gluya	לְקַבֵּל גְּלוּיָה
toast (m)	leharim kosit	לְהָרִים כּוֹסִית
offrir (un verre, etc.)	lexabed	לְכַבֵּד
champagne (m)	ʃam'panya	שַׁמְפַּנְיָה (נ)
s'amuser (vp)	lehanot	לֵיהָנוֹת
gaieté (f)	alitsut	עֲלִיצוּת (נ)
joie (f) (émotion)	simxa	שִׂמְחָה (נ)
danse (f)	rikud	רִיקוּד (ז)
danser (vi, vt)	lirkod	לִרְקוֹד
valse (f)	vals	וָלְס (ז)
tango (m)	'tango	טַנְגּוֹ (ז)

153. L'enterrement. Le deuil

cimetière (m)	beit kvarot	בֵּית קְבָרוֹת (ז)
tombe (f)	'kever	קֶבֶר (ז)
croix (f)	tslav	צְלָב (ז)
pierre (f) tombale	matseva	מַצֵּבָה (נ)
clôture (f)	gader	גָּדֵר (נ)
chapelle (f)	beit tfila	בֵּית תְּפִילָה (ז)
mort (f)	'mavet	מָוֶת (ז)
mourir (vi)	lamut	לָמוּת
défunt (m)	niftar	נִפְטָר (ז)
deuil (m)	'evel	אֵבֶל (ז)
enterrer (vt)	likbor	לִקְבּוֹר
maison (f) funéraire	beit levayot	בֵּית לְוָיוֹת (ז)
enterrement (m)	levaya	לְוָיָה (נ)
couronne (f)	zer	זֵר (ז)
cercueil (m)	aron metim	אָרוֹן מֵתִים (ז)
corbillard (m)	kron hamet	קְרוֹן הַמֵּת (ז)
linceul (m)	taxrixim	תַּכְרִיכִים (ז"ר)
cortège (m) funèbre	tahaluxat 'evel	תַּהֲלוּכַת אֵבֶל (נ)
urne (f) funéraire	kad 'efer	כַּד אֵפֶר (ז)
crématoire (m)	misrafa	מִשְׂרָפָה (נ)
nécrologue (m)	moda'at 'evel	מוֹדָעַת אֵבֶל (נ)
pleurer (vi)	livkot	לִבְכּוֹת
sangloter (vi)	lehitya'peax	לְהִתְיַיפֵּחַ

154. La guerre. Les soldats

section (f)	maxlaka	מַחְלָקָה (נ)
compagnie (f)	pluga	פְּלוּגָה (נ)

régiment (m)	χativa	חֲטִיבָה (נ)
armée (f)	tsava	צָבָא (ז)
division (f)	ugda	אוּגְדָה (נ)

| détachement (m) | kita | פִּיתָה (נ) |
| armée (f) (Moyen Âge) | 'χayil | חַיִל (ז) |

| soldat (m) (un militaire) | χayal | חַיָיל (ז) |
| officier (m) | katsin | קָצִין (ז) |

soldat (m) (grade)	turai	טוּרַאי (ז)
sergent (m)	samal	סַמָּל (ז)
lieutenant (m)	'segen	סֶגֶן (ז)
capitaine (m)	'seren	סֶרֶן (ז)
commandant (m)	rav 'seren	רַב־סֶרֶן (ז)
colonel (m)	aluf miʃne	אַלוּף מִשְׁנֶה (ז)
général (m)	aluf	אַלוּף (ז)

marin (m)	yamai	יַמַאי (ז)
capitaine (m)	rav χovel	רַב־חוֹבֵל (ז)
maître (m) d'équipage	rav malaχim	רַב־מַלָחִים (ז)

artilleur (m)	totχan	תוֹתחָן (ז)
parachutiste (m)	tsanχan	צַנְחָן (ז)
pilote (m)	tayas	טַיָיס (ז)
navigateur (m)	navat	נַוָוט (ז)
mécanicien (m)	meχonai	מְכוֹנַאי (ז)

démineur (m)	χablan	חַבְּלָן (ז)
parachutiste (m)	tsanχan	צַנְחָן (ז)
éclaireur (m)	iʃ modi'in kravi	אִישׁ מוֹדִיעִין קְרָבִי (ז)
tireur (m) d'élite	tsalaf	צַלָף (ז)

patrouille (f)	siyur	סִיוּר (ז)
patrouiller (vi)	lefatrel	לְפַטְרֵל
sentinelle (f)	zakif	זָקִיף (ז)

| guerrier (m) | loχem | לוֹחֵם (ז) |
| patriote (m) | patriyot | פַּטְרִיוֹט (ז) |

| héros (m) | gibor | גִיבּוֹר (ז) |
| héroïne (f) | gibora | גִיבּוֹרָה (נ) |

| traître (m) | boged | בּוֹגֵד (ז) |
| trahir (vt) | livgod | לִבְגוֹד |

| déserteur (m) | arik | עָרִיק (ז) |
| déserter (vt) | la'arok | לַעֲרוֹק |

mercenaire (m)	sχir 'χerev	שְׂכִיר חֶרֶב (ז)
recrue (f)	tiron	טִירוֹן (ז)
volontaire (m)	mitnadev	מִתְנַדֵב (ז)

mort (m)	harug	הָרוּג (ז)
blessé (m)	pa'tsu'a	פָּצוּעַ (ז)
prisonnier (m) de guerre	ʃavui	שָׁבוּי (ז)

155. La guerre. Partie 1

guerre (f)	milχama	מִלְחָמָה (נ)
faire la guerre	lehilaχem	לְהִילָחֵם
guerre (f) civile	mil'χemet ezraχim	מִלְחֶמֶת אֶזְרָחִים (נ)
perfidement (adv)	bogdani	בּוֹגְדָנִי
déclaration (f) de guerre	haχrazat milχama	הַכְרָזַת מִלְחָמָה (נ)
déclarer (la guerre)	lehaχriz	לְהַכְרִיז
agression (f)	tokfanut	תּוֹקְפָנוּת (נ)
attaquer (~ un pays)	litkof	לִתְקוֹף
envahir (vt)	liχboʃ	לִכְבּוֹש
envahisseur (m)	koveʃ	כּוֹבֵש (ז)
conquérant (m)	koveʃ	כּוֹבֵש (ז)
défense (f)	hagana	הֲגָנָה (נ)
défendre (vt)	lehagen al	לְהָגֵן עַל
se défendre (vp)	lehitgonen	לְהִתְגּוֹנֵן
ennemi (m)	oyev	אוֹיֵב (ז)
adversaire (m)	yariv	יָרִיב (ז)
ennemi (adj) (territoire ~)	ʃel oyev	שֶׁל אוֹיֵב
stratégie (f)	astra'tegya	אַסְטְרָטֶגְיָה (נ)
tactique (f)	'taktika	טַקְטִיקָה (נ)
ordre (m)	pkuda	פְּקוּדָה (נ)
commande (f)	pkuda	פְּקוּדָה (נ)
ordonner (vt)	lifkod	לִפְקוֹד
mission (f)	mesima	מְשִׂימָה (נ)
secret (adj)	sodi	סוֹדִי
bataille (f)	ma'araχa	מַעֲרָכָה (נ)
combat (m)	krav	קְרָב (ז)
attaque (f)	hatkafa	הַתְקָפָה (נ)
assaut (m)	hista'arut	הִסְתַּעֲרוּת (נ)
prendre d'assaut	lehista'er	לְהִסְתַּעֵר
siège (m)	matsor	מָצוֹר (ז)
offensive (f)	mitkafa	מִתְקָפָה (נ)
passer à l'offensive	latset lemitkafa	לָצֵאת לְמִתְקָפָה
retraite (f)	nesiga	נְסִיגָה (נ)
faire retraite	la'seget	לָסֶגֶת
encerclement (m)	kitur	כִּיתּוּר (ז)
encercler (vt)	leχater	לְכַתֵּר
bombardement (m)	haftsatsa	הַפְצָצָה (נ)
lancer une bombe	lehatil ptsatsa	לְהָטִיל פְּצָצָה
bombarder (vt)	lehaftsits	לְהַפְצִיץ
explosion (f)	pitsuts	פִּיצוּץ (ז)
coup (m) de feu	yeriya	יְרִיָּה (נ)

tirer un coup de feu	lirot	לִירוֹת
fusillade (f)	'yeri	יְרִי (ז)

viser ... (cible)	leχaven 'neʃek	לְכַוֵּון נֶשֶׁק
pointer (sur ...)	leχaven	לְכַוֵּון
atteindre (cible)	lik'loʿa	לִקְלוֹעַ

faire sombrer	lehat'biʿa	לְהַטְבִּיעַ
trou (m) (dans un bateau)	pirtsa	פִּרְצָה (נ)
sombrer (navire)	lit'boʿa	לִטְבּוֹעַ

front (m)	χazit	חָזִית (נ)
évacuation (f)	pinui	פִּינוּי (ז)
évacuer (vt)	lefanot	לְפַנּוֹת

tranchée (f)	te'ala	תְּעָלָה (נ)
barbelés (m pl)	'tayil dokrani	תַּיִל דּוֹקְרָנִי (ז)
barrage (m) (~ antichar)	maχsom	מַחְסוֹם (ז)
tour (f) de guet	migdal ʃmira	מִגְדַּל שְׁמִירָה (ז)

hôpital (m)	beit χolim tsva'i	בֵּית חוֹלִים צְבָאִי (ז)
blesser (vt)	lif'tsoʿa	לִפְצוֹעַ
blessure (f)	'petsa	פֶּצַע (ז)
blessé (m)	pa'tsuʿa	פָּצוּעַ (ז)
être blessé	lehipatsa	לְהִיפָּצַע
grave (blessure)	kaʃe	קָשֶׁה

156. Les armes

arme (f)	'neʃek	נֶשֶׁק (ז)
armes (f pl) à feu	'neʃek χam	נֶשֶׁק חַם (ז)
armes (f pl) blanches	'neʃek kar	נֶשֶׁק קַר (ז)

arme (f) chimique	'neʃek 'χimi	נֶשֶׁק כִּימִי (ז)
nucléaire (adj)	gar'ini	גַּרְעִינִי
arme (f) nucléaire	'neʃek gar'ini	נֶשֶׁק גַּרְעִינִי (ז)

bombe (f)	ptsatsa	פְּצָצָה (נ)
bombe (f) atomique	ptsatsa a'tomit	פְּצָצָה אָטוֹמִית (נ)

pistolet (m)	ekdaχ	אֶקְדָּח (ז)
fusil (m)	rove	רוֹבֶה (ז)
mitraillette (f)	tat mak'leʿa	תַּת-מַקְלֵעַ (ז)
mitrailleuse (f)	mak'leʿa	מַקְלֵעַ (ז)

bouche (f)	kane	קָנֶה (ז)
canon (m)	kane	קָנֶה (ז)
calibre (m)	ka'liber	קָלִיבֶּר (ז)

gâchette (f)	'hedek	הֶדֶק (ז)
mire (f)	ka'venet	כַּוֶּנֶת (נ)
magasin (m)	maχsanit	מַחְסָנִית (נ)
crosse (f)	kat	קַת (נ)
grenade (f) à main	rimon	רִימוֹן (ז)

explosif (m)	'χomer 'nefets	חוֹמֶר נֶפֶץ (ז)
balle (f)	ka'li'a	קְלִיעַ (ז)
cartouche (f)	kadur	כַּדּוּר (ז)
charge (f)	te'ina	טְעִינָה (נ)
munitions (f pl)	taχ'mojet	תַּחְמוֹשֶׁת (נ)

bombardier (m)	maftsits	מַפְצִיץ (ז)
avion (m) de chasse	metos krav	מְטוֹס קְרָב (ז)
hélicoptère (m)	masok	מַסוֹק (ז)

pièce (f) de D.C.A.	totaχ 'neged metosim	תּוֹתָח נֶגֶד מְטוֹסִים (ז)
char (m)	tank	טַנְק (ז)
canon (m) d'un char	totaχ	תּוֹתָח (ז)

artillerie (f)	arti'lerya	אַרְטִילֶרְיָה (נ)
canon (m)	totaχ	תּוֹתָח (ז)
pointer (~ l'arme)	leχaven	לְכַוֵּון

obus (m)	pagaz	פָּגָז (ז)
obus (m) de mortier	ptsatsat margema	פְּצָצַת מַרְגֵּמָה (נ)
mortier (m)	margema	מַרְגֵּמָה (נ)
éclat (m) d'obus	resis	רְסִיס (ז)

sous-marin (m)	tso'lelet	צוֹלֶלֶת (נ)
torpille (f)	tor'pedo	טוֹרְפֶּדוֹ (ז)
missile (m)	til	טִיל (ז)

charger (arme)	lit'on	לִטְעוֹן
tirer (vi)	lirot	לִירוֹת
viser ... (cible)	leχaven	לְכַוֵּון
baïonnette (f)	kidon	כִּידוֹן (ז)

épée (f)	'χerev	חֶרֶב (נ)
sabre (m)	'χerev parajim	חֶרֶב פָּרָשִׁים (ז)
lance (f)	χanit	חֲנִית (נ)
arc (m)	'kejet	קֶשֶׁת (נ)
flèche (f)	χets	חֵץ (ז)
mousquet (m)	musket	מוֹסְקֶט (ז)
arbalète (f)	'kejet metsu'levet	קֶשֶׁת מְצוּלֶבֶת (נ)

157. Les hommes préhistoriques

primitif (adj)	kadmon	קַדְמוֹן
préhistorique (adj)	prehis'tori	פְּרֶהִיסְטוֹרִי
ancien (adj)	atik	עַתִּיק

Âge (m) de pierre	idan ha''even	עִידָן הָאֶבֶן (ז)
Âge (m) de bronze	idan ha'arad	עִידָן הָאָרָד (ז)
période (f) glaciaire	idan ha'keraχ	עִידָן הַקֶּרַח (ז)

tribu (f)	'jevet	שֵׁבֶט (ז)
cannibale (m)	oχel adam	אוֹכֵל אָדָם (ז)
chasseur (m)	tsayad	צַיָּד (ז)
chasser (vi, vt)	latsud	לָצוּד

mammouth (m)	ma'muta	מָמוּטָה (נ)
caverne (f)	me'ara	מְעָרָה (נ)
feu (m)	eʃ	אֵשׁ (נ)
feu (m) de bois	medura	מְדוּרָה (נ)
dessin (m) rupestre	pet'roglif	פֶּטְרוֹגְלִיף (ז)

outil (m)	kli	כְּלִי (ז)
lance (f)	χanit	חֲנִית (נ)
hache (f) en pierre	garzen ha'even	גַּרְזֶן הָאֶבֶן (ז)
faire la guerre	lehilaχem	לְהִילָחֵם
domestiquer (vt)	levayet	לְבַיֵּת

idole (f)	'pesel	פֶּסֶל (ז)
adorer, vénérer (vt)	la'avod et	לַעֲבוֹד אֶת
superstition (f)	emuna tfela	אֱמוּנָה תְּפֵלָה (נ)
rite (m)	'tekes	טֶקֶס (ז)

évolution (f)	evo'lutsya	אֵבוֹלוּצִיָה (נ)
développement (m)	hitpatχut	הִתְפַּתְּחוּת (נ)
disparition (f)	he'almut	הֵיעָלְמוּת (נ)
s'adapter (vp)	lehistagel	לְהִסְתַּגֵּל

archéologie (f)	arχeʼo'logya	אַרְכֵיאוֹלוֹגִיָה (נ)
archéologue (m)	arχeʼolog	אַרְכֵיאוֹלוֹג (ז)
archéologique (adj)	arχeʼo'logi	אַרְכֵיאוֹלוֹגִי

site (m) d'excavation	atar χafirot	אֲתַר חֲפִירוֹת (ז)
fouilles (f pl)	χafirot	חֲפִירוֹת (נ״ר)
trouvaille (f)	mimtsa	מִמְצָא (ז)
fragment (m)	resis	רְסִיס (ז)

158. Le Moyen Âge

peuple (m)	am	עַם (ז)
peuples (m pl)	amim	עַמִּים (ז״ר)
tribu (f)	'ʃevet	שֵׁבֶט (ז)
tribus (f pl)	ʃvatim	שְׁבָטִים (ז״ר)

Barbares (m pl)	bar'barim	בַּרְבָּרִים (ז״ר)
Gaulois (m pl)	'galim	גָאלִים (ז״ר)
Goths (m pl)	'gotim	גוֹתִים (ז״ר)
Slaves (m pl)	'slavim	סְלָאבִים (ז״ר)
Vikings (m pl)	'vikingim	וִיקִינְגִים (ז״ר)

Romains (m pl)	romaʼim	רוֹמָאִים (ז״ר)
romain (adj)	'romi	רוֹמִי

byzantins (m pl)	bi'zantim	בִּיזַנְטִים (ז״ר)
Byzance (f)	bizantion, bizants	בִּיזַנְטִיוֹן, בִּיזַנְץ (נ)
byzantin (adj)	bi'zanti	בִּיזַנְטִי

empereur (m)	keisar	קֵיסָר (ז)
chef (m)	manhig	מַנְהִיג (ז)
puissant (adj)	rav 'koaχ	רַב-כּוֹחַ

roi (m)	'meleχ	מֶלֶךְ (ז)
gouverneur (m)	ʃalit	שַׁלִּיט (ז)
chevalier (m)	abir	אַבִּיר (ז)
féodal (m)	fe'odal	פֵיאוֹדָל (ז)
féodal (adj)	fe'o'dali	פֵיאוֹדָלִי
vassal (m)	vasal	וַסָל (ז)
duc (m)	dukas	דוּכָּס (ז)
comte (m)	rozen	רוֹזֵן (ז)
baron (m)	baron	בָּרוֹן (ז)
évêque (m)	'biʃof	בִּישׁוֹף (ז)
armure (f)	ʃiryon	שִׁרְיוֹן (ז)
bouclier (m)	magen	מָגֵן (ז)
glaive (m)	'χerev	חֶרֶב (נ)
visière (f)	magen panim	מָגֵן פָּנִים (ז)
cotte (f) de mailles	ʃiryon kaskasim	שִׁרְיוֹן קַשְׂקַשִׂים (ז)
croisade (f)	masa tslav	מַסַע צְלָב (ז)
croisé (m)	tsalban	צַלְבָּן (ז)
territoire (m)	'ʃetaχ	שֶׁטַח (ז)
attaquer (~ un pays)	litkof	לִתְקוֹף
conquérir (vt)	liχboʃ	לִכְבּוֹשׁ
occuper (envahir)	lehiʃtalet	לְהִשְׁתַּלֵּט
siège (m)	matsor	מָצוֹר (ז)
assiégé (adj)	natsur	נָצוּר
assiéger (vt)	latsur	לָצוּר
inquisition (f)	inkvi'zitsya	אִינְקְוִויזִיצְיָה (נ)
inquisiteur (m)	inkvi'zitor	אִינְקְוִויזִיטוֹר (ז)
torture (f)	inui	עִינוּי (ז)
cruel (adj)	aχzari	אַכְזָרִי
hérétique (m)	kofer	כּוֹפֵר (ז)
hérésie (f)	kfira	כְּפִירָה (נ)
navigation (f) en mer	haflaga bayam	הַפְלָגָה בַּיָּם (נ)
pirate (m)	ʃoded yam	שׁוֹדֵד יָם (ז)
piraterie (f)	pi'ratiyut	פִּירָטִיוּת (נ)
abordage (m)	la'alot al	לַעֲלוֹת עַל
butin (m)	ʃalal	שָׁלָל (ז)
trésor (m)	otsarot	אוֹצָרוֹת (ז״ר)
découverte (f)	taglit	תַּגְלִית (נ)
découvrir (vt)	legalot	לְגַלּוֹת
expédition (f)	miʃ'laχat	מִשְׁלַחַת (נ)
mousquetaire (m)	musketer	מוּסְקֶטֵר (ז)
cardinal (m)	χaʃman	חַשְׁמָן (ז)
héraldique (f)	he'raldika	הֶרַלְדִּיקָה (נ)
héraldique (adj)	he'raldi	הֶרַלְדִּי

159. Les dirigeants. Les responsables. Les autorités

roi (m)	'meleχ	מֶלֶךְ (ז)
reine (f)	malka	מַלְכָּה (נ)
royal (adj)	malχuti	מַלְכוּתִי
royaume (m)	mamlaχa	מַמְלָכָה (נ)

| prince (m) | nasiχ | נָסִיךְ (ז) |
| princesse (f) | nesiχa | נְסִיכָה (נ) |

président (m)	nasi	נָשִׂיא (ז)
vice-président (m)	sgan nasi	סְגַן נָשִׂיא (ז)
sénateur (m)	se'nator	סֶנָאטוֹר (ז)

monarque (m)	'meleχ	מֶלֶךְ (ז)
gouverneur (m)	ʃalit	שַׁלִּיט (ז)
dictateur (m)	rodan	רוֹדָן (ז)
tyran (m)	aruts	עָרוּץ (ז)
magnat (m)	eil hon	אֵיל הוֹן (ז)

directeur (m)	menahel	מְנַהֵל (ז)
chef (m)	menahel, roʃ	מְנַהֵל (ז), רֹאשׁ (ז)
gérant (m)	menahel	מְנַהֵל (ז)
boss (m)	bos	בּוֹס (ז)
patron (m)	'ba'al	בַּעַל (ז)

leader (m)	manhig	מַנְהִיג (ז)
chef (m) (~ d'une délégation)	roʃ	רֹאשׁ (ז)
autorités (f pl)	ʃiltonot	שִׁלְטוֹנוֹת (ז"ר)
supérieurs (m pl)	memunim	מְמוּנִים (ז"ר)

gouverneur (m)	moʃel	מוֹשֵׁל (ז)
consul (m)	'konsul	קוֹנְסוּל (ז)
diplomate (m)	diplomat	דִּיפְּלוֹמָט (ז)
maire (m)	roʃ ha'ir	רֹאשׁ הָעִיר (ז)
shérif (m)	ʃerif	שֶׁרִיף (ז)

empereur (m)	keisar	קֵיסָר (ז)
tsar (m)	tsar	צָאר (ז)
pharaon (m)	par'o	פַּרְעֹה (ז)
khan (m)	χan	חָאן (ז)

160. Les crimes. Les criminels. Partie 1

bandit (m)	ʃoded	שׁוֹדֵד (ז)
crime (m)	'peʃa	פֶּשַׁע (ז)
criminel (m)	po'ʃe'a	פּוֹשֵׁעַ (ז)

voleur (m)	ganav	גַּנָּב (ז)
voler (qch à qn)	lignov	לִגְנוֹב
vol (m) (activité)	gneva	גְּנֵיבָה (נ)
vol (m) (~ à la tire)	gneva	גְּנֵיבָה (נ)
kidnapper (vt)	laχatof	לַחֲטוֹף

kidnapping (m)	χatifa	חֲטִיפָה (נ)
kidnappeur (m)	χotef	חוֹטֵף (ז)
rançon (f)	'kofer	כּוֹפֶר (ז)
exiger une rançon	lidroʃ 'kofer	לִדרוֹש כּוֹפֶר
cambrioler (vt)	liʃdod	לִשדוֹד
cambriolage (m)	ʃod	שוֹד (ז)
cambrioleur (m)	ʃoded	שוֹדֵד (ז)
extorquer (vt)	lisχot	לַסחוֹט
extorqueur (m)	saχtan	סַחטָן (ז)
extorsion (f)	saχtanut	סַחטָנוּת (נ)
tuer (vt)	lir'tsoaχ	לִרצוֹחַ
meurtre (m)	'retsaχ	רֶצַח (ז)
meurtrier (m)	ro'tseaχ	רוֹצֵחַ (ז)
coup (m) de feu	yeriya	יְרִיָּה (נ)
tirer un coup de feu	lirot	לִירוֹת
abattre (par balle)	lirot la'mavet	לִירוֹת לַמָּוֶת
tirer (vi)	lirot	לִירוֹת
coups (m pl) de feu	'yeri	יְרִי (ז)
incident (m)	takrit	תַקרִית (נ)
bagarre (f)	ktata	קְטָטָה (נ)
Au secours!	ha'tsilu!	הַצִּילוּ!
victime (f)	nifga	נִפגָּע (ז)
endommager (vt)	lekalkel	לְקַלקֵל
dommage (m)	'nezek	נֶזֶק (ז)
cadavre (m)	gufa	גוּפָה (נ)
grave (~ crime)	χamur	חָמוּר
attaquer (vt)	litkof	לִתקוֹף
battre (frapper)	lehakot	לְהַכּוֹת
passer à tabac	lehakot	לְהַכּוֹת
prendre (voler)	la'kaχat be'koaχ	לָקַחַת בְּכוֹחַ
poignarder (vt)	lidkor le'mavet	לִדקוֹר לַמָּוֶת
mutiler (vt)	lehatil mum	לְהָטִיל מוּם
blesser (vt)	lif'tso'a	לִפצוֹעַ
chantage (m)	saχtanut	סַחטָנוּת (נ)
faire chanter	lisχot	לַסחוֹט
maître (m) chanteur	saχtan	סַחטָן (ז)
racket (m) de protection	dmei χasut	דְמֵי חָסוּת (נ"ר)
racketteur (m)	gove χasut	גּוֹבֶה חָסוּת (ז)
gangster (m)	'gangster	גַּנגּסטֶר (ז)
mafia (f)	'mafya	מָאפִיָה (נ)
pickpocket (m)	kayas	כַּיָּיס (ז)
cambrioleur (m)	porets	פּוֹרֵץ (ז)
contrebande (f) (trafic)	havraχa	הַברָחָה (נ)
contrebandier (m)	mav'riaχ	מַבִרִיחַ (ז)
contrefaçon (f)	ziyuf	זִיוּף (ז)

| falsifier (vt) | lezayef | לְזַיֵּף |
| faux (falsifié) | mezuyaf | מְזוּיָף |

161. Les crimes. Les criminels. Partie 2

viol (m)	'ones	אוֹנֶס (ז)
violer (vt)	le'enos	לֶאֱנוֹס
violeur (m)	anas	אַנָס (ז)
maniaque (m)	'manyak	מַנְיָאק (ז)

prostituée (f)	zona	זוֹנָה (נ)
prostitution (f)	znut	זְנוּת (נ)
souteneur (m)	sarsur	סַרְסוּר (ז)

| drogué (m) | narkoman | נַרְקוֹמָן (ז) |
| trafiquant (m) de drogue | soχer samim | סוֹחֵר סַמִּים (ז) |

faire exploser	lefotsets	לְפוֹצֵץ
explosion (f)	pitsuts	פִּיצוּץ (ז)
mettre feu	lehatsit	לְהַצִּית
incendiaire (m)	matsit	מַצִּית (ז)

terrorisme (m)	terorizm	טֶרוֹרִיזְם (ז)
terroriste (m)	meχabel	מְחַבֵּל (ז)
otage (m)	ben aruba	בֶּן עֲרוּבָּה (ז)

escroquer (vt)	lehonot	לְהוֹנוֹת
escroquerie (f)	hona'a	הוֹנָאָה (נ)
escroc (m)	ramai	רַמַאי (ז)

soudoyer (vt)	leʃaχed	לְשַׁחֵד
corruption (f)	'ʃoχad	שׁוֹחַד (ז)
pot-de-vin (m)	'ʃoχad	שׁוֹחַד (ז)

poison (m)	'ra'al	רַעַל (ז)
empoisonner (vt)	lehar'il	לְהַרְעִיל
s'empoisonner (vp)	lehar'il et atsmo	לְהַרְעִיל אֶת עַצְמוֹ

| suicide (m) | hit'abdut | הִתְאַבְּדוּת (נ) |
| suicidé (m) | mit'abed | מִתְאַבֵּד (ז) |

menacer (vt)	le'ayem	לְאַיֵּם
menace (f)	iyum	אִיּוּם (ז)
attenter (vt)	lehitnakeʃ	לְהִתְנַקֵּשׁ
attentat (m)	nisayon hitnakʃut	נִיסָיוֹן הִתְנַקְּשׁוּת (ז)

| voler (un auto) | lignov | לִגְנוֹב |
| détourner (un avion) | laχatof matos | לַחֲטוֹף מָטוֹס |

| vengeance (f) | nekama | נְקָמָה (נ) |
| se venger (vp) | linkom | לִנְקוֹם |

| torturer (vt) | la'anot | לְעַנּוֹת |
| torture (f) | inui | עִינּוּי (ז) |

tourmenter (vt)	leyaser	לְיַסֵר
pirate (m)	ʃoded yam	שׁוֹדֵד יָם (ז)
voyou (m)	χuligan	חוּלִיגָאן (ז)
armé (adj)	mezuyan	מְזוּיָן
violence (f)	alimut	אֲלִימוּת (נ)
illégal (adj)	'bilti le'gali	בִּלְתִי לֶגָלִי

espionnage (m)	rigul	רִיגוּל (ז)
espionner (vt)	leragel	לְרַגֵל

162. La police. La justice. Partie 1

justice (f)	'tsedek	צֶדֶק (ז)
tribunal (m)	beit miʃpat	בֵּית מִשְׁפָּט (ז)

juge (m)	ʃofet	שׁוֹפֵט (ז)
jury (m)	muʃba'im	מוּשְׁבָּעִים (ז"ר)
cour (f) d'assises	χaver muʃba'im	חֶבֶר מוּשְׁבָּעִים (ז)
juger (vt)	liʃpot	לִשְׁפּוֹט

avocat (m)	oreχ din	עוֹרֵךְ דִין (ז)
accusé (m)	omed lemiʃpat	עוֹמֵד לְמִשְׁפָּט (ז)
banc (m) des accusés	safsal ne'eʃamim	סַפְסַל נֶאֱשָׁמִים (ז)

inculpation (f)	ha'aʃama	הַאֲשָׁמָה (נ)
inculpé (m)	ne'eʃam	נֶאֱשָׁם (ז)

condamnation (f)	gzar din	גְזַר דִין (ז)
condamner (vt)	lifsok	לִפְסוֹק

coupable (m)	aʃem	אָשֵׁם (ז)
punir (vt)	leha'aniʃ	לְהַעֲנִישׁ
punition (f)	'oneʃ	עוֹנֶשׁ (ז)

amende (f)	knas	קְנָס (ז)
détention (f) à vie	ma'asar olam	מַאֲסַר עוֹלָם (ז)
peine (f) de mort	'oneʃ 'mavet	עוֹנֶשׁ מָוֶת (ז)
chaise (f) électrique	kise χaʃmali	כִּיסֵא חַשְׁמַלִי (ז)
potence (f)	gardom	גַרְדוֹם (ז)

exécuter (vt)	lehotsi la'horeg	לְהוֹצִיא לַהוֹרֵג
exécution (f)	hatsa'a le'horeg	הוֹצָאָה לְהוֹרֵג (נ)

prison (f)	beit 'sohar	בֵּית סוֹהַר (ז)
cellule (f)	ta	תָא (ז)

escorte (f)	miʃmar livui	מִשְׁמַר לִיוּוי (ז)
gardien (m) de prison	soher	סוֹהֵר (ז)
prisonnier (m)	asir	אָסִיר (ז)

menottes (f pl)	azikim	אֲזִיקִים (ז"ר)
mettre les menottes	liχbol be'azikim	לִכְבּוֹל בְּאֲזִיקִים
évasion (f)	briχa	בְּרִיחָה (נ)
s'évader (vp)	liv'roaχ	לִבְרוֹחַ

disparaître (vi)	lehe'alem	לְהֵיעָלֵם
libérer (vt)	leʃaxrer	לְשַׁחְרֵר
amnistie (f)	xanina	חֲנִינָה (נ)

police (f)	miʃtara	מִשְׁטָרָה (נ)
policier (m)	ʃoter	שׁוֹטֵר (ז)
commissariat (m) de police	taxanat miʃtara	תַּחֲנַת מִשְׁטָרָה (נ)
matraque (f)	ala	אַלָה (נ)
haut parleur (m)	megafon	מֶגָפוֹן (ז)

voiture (f) de patrouille	na'yedet	נַייֶדֶת (נ)
sirène (f)	tsofar	צוֹפָר (ז)
enclencher la sirène	lehaf'il tsofar	לְהַפְעִיל צוֹפָר
hurlement (m) de la sirène	tsfira	צְפִירָה (נ)

lieu (m) du crime	zirat 'peʃa	זִירַת פֶּשַׁע (נ)
témoin (m)	ed	עֵד (ז)
liberté (f)	'xofeʃ	חוֹפֶשׁ (ז)
complice (m)	ʃutaf	שׁוּתָף (ז)
s'enfuir (vp)	lehixave	לְהֵיחָבֵא
trace (f)	akev	עָקֵב (ז)

163. La police. La justice. Partie 2

recherche (f)	xipus	חִיפּוּשׂ (ז)
rechercher (vt)	lexapes	לְחַפֵּשׂ
suspicion (f)	xaʃad	חָשָׁד (ז)
suspect (adj)	xaʃud	חָשׁוּד
arrêter (dans la rue)	la'atsor	לַעֲצוֹר
détenir (vt)	la'atsor	לַעֲצוֹר

affaire (f) (~ pénale)	tik	תִּיק (ז)
enquête (f)	xakira	חֲקִירָה (נ)
détective (m)	balaʃ	בַּלָשׁ (ז)
enquêteur (m)	xoker	חוֹקֵר (ז)
hypothèse (f)	haʃara	הַשְׁעָרָה (נ)

motif (m)	me'ni'a	מֵנִיעַ (ז)
interrogatoire (m)	xakira	חֲקִירָה (נ)
interroger (vt)	laxkor	לַחְקוֹר
interroger (~ les voisins)	letaʃel	לְתַשְׁאֵל
inspection (f)	bdika	בְּדִיקָה (נ)

rafle (f)	matsod	מָצוֹד (ז)
perquisition (f)	xipus	חִיפּוּשׂ (ז)
poursuite (f)	mirdaf	מִרְדָף (ז)
poursuivre (vt)	lirdof axarei	לִרְדוֹף אַחֲרֵי
dépister (vt)	la'akov axarei	לַעֲקוֹב אַחֲרֵי

arrestation (f)	ma'asar	מַאֲסָר (ז)
arrêter (vt)	le'esor	לֶאֱסוֹר
attraper (~ un criminel)	lilkod	לִלְכּוֹד
capture (f)	lexida	לְכִידָה (נ)
document (m)	mismax	מִסְמָךְ (ז)

preuve (f)	hoxaxa	הוֹכָחָה (נ)
prouver (vt)	leho'xiax	לְהוֹכִיחַ
empreinte (f) de pied	akev	עָקֵב (ז)
empreintes (f pl) digitales	tvi'ot etsba'ot	טְבִיעוֹת אֶצְבָּעוֹת (נ״ר)
élément (m) de preuve	re'aya	רְאָיָה (נ)

alibi (m)	'alibi	אָלִיבִּי (ז)
innocent (non coupable)	xaf mi'pefa	חַף מִפֶּשַׁע
injustice (f)	i 'tsedek	אִי צֶדֶק (ז)
injuste (adj)	lo tsodek	לֹא צוֹדֵק

criminel (adj)	plili	פְּלִילִי
confisquer (vt)	lehaxrim	לְהַחְרִים
drogue (f)	sam	סַם (ז)
arme (f)	'nefek	נֶשֶׁק (ז)
désarmer (vt)	lifrok mi'nefek	לְפָרֹק מִנֶּשֶׁק
ordonner (vt)	lifkod	לִפְקֹד
disparaître (vi)	lehe'alem	לְהֵיעָלֵם

loi (f)	xok	חוֹק (ז)
légal (adj)	xuki	חוּקִי
illégal (adj)	'bilti xuki	בִּלְתִּי חוּקִי

| responsabilité (f) | axrayut | אַחְרָיוּת (נ) |
| responsable (adj) | axrai | אַחְרַאי |

LA NATURE

La Terre. Partie 1

164. L'espace cosmique

cosmos (m)	χalal	חָלָל (ז)
cosmique (adj)	ʃel χalal	שֶׁל חָלָל
espace (m) cosmique	χalal χitson	חָלָל חִיצוֹן (ז)
monde (m)	olam	עוֹלָם (ז)
univers (m)	yekum	יְקוּם (ז)
galaxie (f)	ga'laksya	גָּלַקְסִיָה (נ)
étoile (f)	koχav	כּוֹכָב (ז)
constellation (f)	tsvir koχavim	צְבִיר כּוֹכָבִים (ז)
planète (f)	koχav 'leχet	כּוֹכַב לֶכֶת (ז)
satellite (m)	lavyan	לַוְיָן (ז)
météorite (m)	mete'orit	מֶטְאוֹרִיט (ז)
comète (f)	koχav ʃavit	כּוֹכַב שָׁבִיט (ז)
astéroïde (m)	aste'ro'id	אַסְטְרוֹאִיד (ז)
orbite (f)	maslul	מַסְלוּל (ז)
tourner (vi)	lesovev	לְסוֹבֵב
atmosphère (f)	atmos'fera	אַטמוֹספֵרָה (נ)
Soleil (m)	'ʃemeʃ	שֶׁמֶשׁ (נ)
système (m) solaire	ma'a'reχet ha'ʃemeʃ	מַעֲרֶכֶת הַשֶׁמֶשׁ (נ)
éclipse (f) de soleil	likui χama	לִיקוּי חַמָה (ז)
Terre (f)	kadur ha''arets	כַּדוּר הָאָרֶץ (ז)
Lune (f)	ya'reaχ	יָרֵחַ (ז)
Mars (m)	ma'adim	מַאְדִים (ז)
Vénus (f)	'noga	נוֹגָה (ז)
Jupiter (m)	'tsedek	צֶדֶק (ז)
Saturne (m)	ʃabtai	שַׁבְתַאי (ז)
Mercure (m)	koχav χama	כּוֹכַב חַמָה (ז)
Uranus (m)	u'ranus	אוּרָנוּס (ז)
Neptune	neptun	נֶפְטוּן (ז)
Pluton (m)	'pluto	פְּלוּטוֹ (ז)
la Voie Lactée	ʃvil haχalav	שְׁבִיל הֶחָלָב (ז)
la Grande Ours	duba gdola	דוּבָּה גְדוֹלָה (נ)
la Polaire	koχav hatsafon	כּוֹכַב הַצָפוֹן (ז)
martien (m)	toʃav ma'adim	תוֹשַׁב מַאְדִים (ז)
extraterrestre (m)	χutsan	חוּצָן (ז)

alien (m)	χaizar	חַיְזָר (ז)
soucoupe (f) volante	tsa'laχat me'o'fefet	צַלַחַת מְעוֹפֶפֶת (נ)

vaisseau (m) spatial	χalalit	חֲלָלִית (נ)
station (f) orbitale	taχanat χalal	תַּחֲנַת חָלָל (נ)
lancement (m)	hamra'a	הַמְרָאָה (נ)

moteur (m)	ma'no'a	מָנוֹעַ (ז)
tuyère (f)	neχir	נְחִיר (ז)
carburant (m)	'delek	דֶּלֶק (ז)

cabine (f)	'kokpit	קוֹקְפִּיט (ז)
antenne (f)	an'tena	אַנְטֶנָה (נ)
hublot (m)	eʃnav	אֶשְׁנָב (ז)
batterie (f) solaire	'luaχ so'lari	לוּחַ סוֹלָרִי (ז)
scaphandre (m)	χalifat χalal	חֲלִיפַת חָלָל (נ)

apesanteur (f)	'χoser miʃkal	חוֹסֶר מִשְׁקָל (ז)
oxygène (m)	χamtsan	חַמְצָן (ז)

arrimage (m)	agina	עֲגִינָה (נ)
s'arrimer à ...	la'agon	לַעֲגוֹן

observatoire (m)	mitspe koχavim	מִצְפֵּה כּוֹכָבִים (ז)
télescope (m)	teleskop	טֶלֶסְקוֹפּ (ז)
observer (vt)	litspot, lehaʃkif	לִצְפּוֹת, לְהַשְׁקִיף
explorer (un cosmos)	laχkor	לַחְקוֹר

165. La Terre

Terre (f)	kadur ha''arets	כַּדּוּר הָאָרֶץ (ז)
globe (m) terrestre	kadur ha''arets	כַּדּוּר הָאָרֶץ (ז)
planète (f)	koχav 'leχet	כּוֹכַב לֶכֶת (ז)

atmosphère (f)	atmos'fera	אַטְמוֹסְפֵרָה (נ)
géographie (f)	ge'o'grafya	גֵּיאוֹגְרַפְיָה (נ)
nature (f)	'teva	טֶבַע (ז)

globe (m) de table	'globus	גְּלוֹבּוּס (ז)
carte (f)	mapa	מַפָּה (נ)
atlas (m)	'atlas	אַטְלָס (ז)

Europe (f)	ei'ropa	אֵירוֹפָּה (נ)
Asie (f)	'asya	אַסְיָה (נ)

Afrique (f)	'afrika	אַפְרִיקָה (נ)
Australie (f)	ost'ralya	אוֹסְטְרַלְיָה (נ)

Amérique (f)	a'merika	אָמֶרִיקָה (נ)
Amérique (f) du Nord	a'merika hatsfonit	אָמֶרִיקָה הַצְּפוֹנִית (נ)
Amérique (f) du Sud	a'merika hadromit	אָמֶרִיקָה הַדְּרוֹמִית (נ)

l'Antarctique (m)	ya'beʃet an'tarktika	יַבֶּשֶׁת אַנְטָארְקְטִיקָה (נ)
l'Arctique (m)	'arktika	אַרְקְטִיקָה (נ)

166. Les quatre parties du monde

nord (m)	tsafon	צָפוֹן (ז)
vers le nord	tsa'fona	צָפוֹנָה
au nord	batsafon	בַּצָפוֹן
du nord (adj)	tsfoni	צְפוֹנִי
sud (m)	darom	דָּרוֹם (ז)
vers le sud	da'roma	דָּרוֹמָה
au sud	badarom	בַּדָּרוֹם
du sud (adj)	dromi	דְרוֹמִי
ouest (m)	maʿarav	מַעֲרָב (ז)
vers l'occident	maʿa'rava	מַעֲרָבָה
à l'occident	bamaʿarav	בַּמַעֲרָב
occidental (adj)	maʿaravi	מַעֲרָבִי
est (m)	mizraχ	מִזְרָח (ז)
vers l'orient	miz'raχa	מִזְרָחָה
à l'orient	bamizraχ	בַּמִזְרָח
oriental (adj)	mizraχi	מִזְרָחִי

167. Les océans et les mers

mer (f)	yam	יָם (ז)
océan (m)	ok'yanos	אוֹקְיָאנוֹס (ז)
golfe (m)	mifrats	מִפְרָץ (ז)
détroit (m)	meitsar	מֵיצָר (ז)
terre (f) ferme	yabaʃa	יַבָּשָׁה (נ)
continent (m)	ya'beʃet	יַבֶּשֶׁת (נ)
île (f)	i	אִי (ז)
presqu'île (f)	χatsi i	חֲצִי אִי (ז)
archipel (m)	arχipelag	אַרְכִיפֶּלָג (ז)
baie (f)	mifrats	מִפְרָץ (ז)
port (m)	namal	נָמָל (ז)
lagune (f)	la'guna	לָגוּנָה (נ)
cap (m)	kef	כֵּף (ז)
atoll (m)	atol	אָטוֹל (ז)
récif (m)	ʃunit	שׁוּנִית (נ)
corail (m)	almog	אַלְמוֹג (ז)
récif (m) de corail	ʃunit almogim	שׁוּנִית אַלְמוֹגִים (נ)
profond (adj)	amok	עָמוֹק
profondeur (f)	'omek	עוֹמֶק (ז)
abîme (m)	tehom	תְהוֹם (נ)
fosse (f) océanique	maχteʃ	מַכְתֵּשׁ (ז)
courant (m)	'zerem	זֶרֶם (ז)
baigner (vt) (mer)	lehakif	לְהַקִיף
littoral (m)	χof	חוֹף (ז)

côte (f)	χof yam	חוֹף יָם (ז)
marée (f) haute	ge'ut	גְּאוּת (נ)
marée (f) basse	'ʃefel	שֵׁפֶל (ז)
banc (m) de sable	sirton	שִׂרְטוֹן (ז)
fond (m)	karka'it	קַרְקָעִית (נ)
vague (f)	gal	גַּל (ז)
crête (f) de la vague	pisgat hagal	פִּסְגַּת הַגַּל (נ)
mousse (f)	'ketsef	קֶצֶף (ז)
tempête (f) en mer	sufa	סוּפָה (נ)
ouragan (m)	hurikan	הוֹרִיקָן (ז)
tsunami (m)	tsu'nami	צוּנָאמִי (ז)
calme (m)	'roga	רֹגַע (ז)
calme (tranquille)	ʃalev	שָׁלֵו
pôle (m)	'kotev	קוֹטֶב (ז)
polaire (adj)	kotbi	קוֹטְבִּי
latitude (f)	kav 'roχav	קַו רוֹחַב (ז)
longitude (f)	kav 'oreχ	קַו אוֹרֶךְ (ז)
parallèle (f)	kav 'roχav	קַו רוֹחַב (ז)
équateur (m)	kav hamaʃve	קַו הַמַּשְׁוֶה (ז)
ciel (m)	ʃa'mayim	שָׁמַיִם (ז"ר)
horizon (m)	'ofek	אוֹפֶק (ז)
air (m)	avir	אֲוִיר (ז)
phare (m)	migdalor	מִגְדַּלּוֹר (ז)
plonger (vi)	litslol	לִצְלֹל
sombrer (vi)	lit'bo'a	לִטְבֹּעַ
trésor (m)	otsarot	אוֹצָרוֹת (ז"ר)

168. Les montagnes

montagne (f)	har	הַר (ז)
chaîne (f) de montagnes	'reχes harim	רֶכֶס הָרִים (ז)
crête (f)	'reχes har	רֶכֶס הַר (ז)
sommet (m)	pisga	פִּסְגָּה (נ)
pic (m)	pisga	פִּסְגָּה (נ)
pied (m)	margelot	מַרְגְּלוֹת (נ"ר)
pente (f)	midron	מִדְרוֹן (ז)
volcan (m)	har 'ga'aʃ	הַר גַּעַשׁ (ז)
volcan (m) actif	har 'ga'aʃ pa'il	הַר גַּעַשׁ פָּעִיל (ז)
volcan (m) éteint	har 'ga'aʃ radum	הַר גַּעַשׁ רָדוּם (ז)
éruption (f)	hitpartsut	הִתְפָּרְצוּת (נ)
cratère (m)	lo'a	לֹעַ (ז)
magma (m)	megama	מָגְמָה (נ)
lave (f)	'lava	לָאבָה (נ)
en fusion (lave ~)	lohet	לוֹהֵט
canyon (m)	kanyon	קַנְיוֹן (ז)

défilé (m) (gorge)	gai	גַּיְא (ז)
crevasse (f)	'beka	בֶּקַע (ז)
précipice (m)	tehom	תְּהוֹם (נ)

col (m) de montagne	ma'avar harim	מַעֲבַר הָרִים (ז)
plateau (m)	rama	רָמָה (נ)
rocher (m)	tsuk	צוּק (ז)
colline (f)	giv'a	גִּבְעָה (נ)

glacier (m)	karxon	קַרְחוֹן (ז)
chute (f) d'eau	mapal 'mayim	מַפַּל מַיִם (ז)
geyser (m)	'geizer	גֵּייְזָר (ז)
lac (m)	agam	אֲגַם (ז)

plaine (f)	miʃor	מִישׁוֹר (ז)
paysage (m)	nof	נוֹף (ז)
écho (m)	hed	הֵד (ז)

alpiniste (m)	metapes harim	מְטַפֵּס הָרִים (ז)
varappeur (m)	metapes sla'im	מְטַפֵּס סְלָעִים (ז)
conquérir (vt)	lixboʃ	לִכְבּוֹשׁ
ascension (f)	tipus	טִיפּוּס (ז)

169. Les fleuves

rivière (f), fleuve (m)	nahar	נָהָר (ז)
source (f)	ma'ayan	מַעְיָן (ז)
lit (m) (d'une rivière)	afik	אָפִיק (ז)
bassin (m)	agan nahar	אֲגַן נָהָר (ז)
se jeter dans ...	lehiʃapex	לְהִישָׁפֵך

| affluent (m) | yuval | יוּבַל (ז) |
| rive (f) | xof | חוֹף (ז) |

courant (m)	'zerem	זֶרֶם (ז)
en aval	bemorad hanahar	בְּמוֹרַד הַנָּהָר
en amont	bema'ale hanahar	בְּמַעֲלֵה הַנָּהָר

inondation (f)	hatsafa	הַצָּפָה (נ)
les grandes crues	ʃitafon	שִׁיטָפוֹן (ז)
déborder (vt)	la'alot al gdotav	לַעֲלוֹת עַל גְּדוֹתָיו
inonder (vt)	lehatsif	לְהָצִיף

| bas-fond (m) | sirton | שִׂרְטוֹן (ז) |
| rapide (m) | 'eʃed | אֶשֶׁד (ז) |

barrage (m)	'sexer	סֶכֶר (ז)
canal (m)	te'ala	תְּעָלָה (נ)
lac (m) de barrage	ma'agar 'mayim	מַאֲגַר מַיִם (ז)
écluse (f)	ta 'ʃayit	תָּא שַׁיִט (ז)

plan (m) d'eau	ma'agar 'mayim	מַאֲגַר מַיִם (ז)
marais (m)	bitsa	בִּיצָה (נ)
fondrière (f)	bitsa	בִּיצָה (נ)

tourbillon (m)	me'ar'bolet	מְעַרבּוֹלֶת (נ)
ruisseau (m)	'naχal	נַחַל (ז)
potable (adj)	ʃel ʃtiya	שֶׁל שְׁתִיָּה
douce (l'eau ~)	metukim	מְתוּקִים

| glace (f) | 'keraχ | קֶרַח (ז) |
| être gelé | likpo | לִקְפּוֹא |

170. La forét

| forêt (f) | 'ya'ar | יַעַר (ז) |
| forestier (adj) | ʃel 'ya'ar | שֶׁל יַעַר |

fourré (m)	avi ha'ya'ar	עֲבִי הַיַּעַר (ז)
bosquet (m)	χurʃa	חוּרְשָׁה (נ)
clairière (f)	ka'raχat 'ya'ar	קָכַחַת יַעַר (נ)

| broussailles (f pl) | svaχ | סְבַך (ז) |
| taillis (m) | 'siaχ | שִׂיחַ (ז) |

| sentier (m) | ʃvil | שְׁבִיל (ז) |
| ravin (m) | 'emek tsar | עֵמֶק צַר (ז) |

arbre (m)	ets	עֵץ (ז)
feuille (f)	ale	עָלֶה (ז)
feuillage (m)	alva	עַלְוָה (נ)

chute (f) de feuilles	ʃa'leχet	שַׁלֶּכֶת (נ)
tomber (feuilles)	linʃor	לִנְשׁוֹר
sommet (m)	tsa'meret	צַמֶּרֶת (נ)

rameau (m)	anaf	עָנָף (ז)
branche (f)	anaf ave	עָנָף עָבֶה (ז)
bourgeon (m)	nitsan	נִיצָן (ז)
aiguille (f)	'maχat	מַחַט (נ)
pomme (f) de pin	itstrubal	אִצְטְרוּבָּל (ז)

creux (m)	χor ba'ets	חוֹר בָּעֵץ (ז)
nid (m)	ken	קַן (ז)
terrier (m) (~ d'un renard)	meχila	מְחִילָה (נ)

tronc (m)	'geza	גֶּזַע (ז)
racine (f)	'ʃoreʃ	שׁוֹרֶשׁ (ז)
écorce (f)	klipa	קְלִיפָּה (נ)
mousse (f)	taχav	טַחַב (ז)

déraciner (vt)	la'akor	לַעֲקוֹר
abattre (un arbre)	liχrot	לִכְרוֹת
déboiser (vt)	levare	לְבָרֵא
souche (f)	'gedem	גֶּדֶם (ז)

feu (m) de bois	medura	מְדוּרָה (נ)
incendie (m)	srefa	שְׂרֵיפָה (נ)
éteindre (feu)	leχabot	לְכַבּוֹת

garde (m) forestier	ʃomer 'ya'ar	שׁוֹמֵר יַעַר (ז)
protection (f)	ʃmira	שְׁמִירָה (נ)
protéger (vt)	liʃmor	לִשְׁמוֹר
braconnier (m)	tsayad lelo reʃut	צַיָּד לְלֹא רְשׁוּת (ז)
piège (m) à mâchoires	mal'kodet	מַלְכּוֹדֶת (נ)

| cueillir (vt) | lelaket | לְלַקֵּט |
| s'égarer (vp) | lit'ot | לִתְעוֹת |

171. Les ressources naturelles

ressources (f pl) naturelles	otsarot 'teva	אוֹצָרוֹת טֶבַע (ז״ר)
minéraux (m pl)	mine'ralim	מִינֵרָלִים (ז״ר)
gisement (m)	mirbats	מִרְבָּץ (ז)
champ (m) (~ pétrolifère)	mirbats	מִרְבָּץ (ז)

extraire (vt)	lixrot	לִכְרוֹת
extraction (f)	kriya	כְּרִיָּה (נ)
minerai (m)	afra	עַפְרָה (נ)
mine (f) (site)	mixre	מִכְרֶה (ז)
puits (m) de mine	pir	פִּיר (ז)
mineur (m)	kore	כּוֹרֶה (ז)

| gaz (m) | gaz | גָּז (ז) |
| gazoduc (m) | tsinor gaz | צִינוֹר גָּז (ז) |

pétrole (m)	neft	נֵפְט (ז)
pipeline (m)	tsinor neft	צִינוֹר נֵפְט (ז)
tour (f) de forage	be'er neft	בְּאֵר נֵפְט (נ)
derrick (m)	migdal ki'duax	מִגְדַּל קִידּוּחַ (ז)
pétrolier (m)	mexalit	מֵיכָלִית (נ)

sable (m)	xol	חוֹל (ז)
calcaire (m)	'even gir	אֶבֶן גִּיר (נ)
gravier (m)	xatsats	חָצָץ (ז)
tourbe (f)	kavul	כָּבוּל (ז)
argile (f)	tit	טִיט (ז)
charbon (m)	pexam	פֶּחָם (ז)

fer (m)	barzel	בַּרְזֶל (ז)
or (m)	zahav	זָהָב (ז)
argent (m)	'kesef	כֶּסֶף (ז)
nickel (m)	'nikel	נִיקֶל (ז)
cuivre (m)	ne'xoʃet	נְחוֹשֶׁת (נ)

zinc (m)	avats	אָבָץ (ז)
manganèse (m)	mangan	מַנְגָּן (ז)
mercure (m)	kaspit	כַּסְפִּית (נ)
plomb (m)	o'feret	עוֹפֶרֶת (נ)

minéral (m)	mineral	מִינְרָל (ז)
cristal (m)	gaviʃ	גָּבִישׁ (ז)
marbre (m)	'ʃayiʃ	שַׁיִשׁ (ז)
uranium (m)	u'ranyum	אוּרָנְיוּם (ז)

La Terre. Partie 2

172. Le temps

temps (m)	'mezeg avir	מֶזֶג אֲוִויר (ז)
météo (f)	taχazit 'mezeg ha'avir	תַּחֲזִית מֶזֶג הָאֲוִויר (נ)
température (f)	tempera'tura	טֶמְפֶּרָטוּרָה (נ)
thermomètre (m)	madχom	מַדְחוֹם (ז)
baromètre (m)	ba'rometer	בָּרוֹמֶטֶר (ז)
humide (adj)	laχ	לַח
humidité (f)	laχut	לַחוּת (נ)
chaleur (f) (canicule)	χom	חוֹם (ז)
torride (adj)	χam	חַם
il fait très chaud	χam	חַם
il fait chaud	χamim	חָמִים
chaud (modérément)	χamim	חָמִים
il fait froid	kar	קַר
froid (adj)	kar	קַר
soleil (m)	'ʃemeʃ	שֶׁמֶשׁ (נ)
briller (soleil)	lizhor	לִזְהוֹר
ensoleillé (jour ~)	ʃimʃi	שִׁמְשִׁי
se lever (vp)	liz'roaχ	לִזְרוֹחַ
se coucher (vp)	liʃ'ko'a	לִשְׁקוֹעַ
nuage (m)	anan	עָנָן (ז)
nuageux (adj)	me'unan	מְעוּנָן
nuée (f)	av	עָב (ז)
sombre (adj)	sagriri	סַגְרִירִי
pluie (f)	'geʃem	גֶּשֶׁם (ז)
il pleut	yored 'geʃem	יוֹרֵד גֶּשֶׁם
pluvieux (adj)	gaʃum	גָּשׁוּם
bruiner (v imp)	letaftef	לְטַפְטֵף
pluie (f) torrentielle	matar	מָטָר (ז)
averse (f)	mabul	מַבּוּל (ז)
forte (la pluie ~)	χazak	חָזָק
flaque (f)	ʃlulit	שְׁלוּלִית (נ)
se faire mouiller	lehitratev	לְהִתְרַטֵּב
brouillard (m)	arapel	עֲרָפֶל (ז)
brumeux (adj)	me'urpal	מְעוּרְפָּל
neige (f)	'ʃeleg	שֶׁלֶג (ז)
il neige	yored 'ʃeleg	יוֹרֵד שֶׁלֶג

173. Les intempéries. Les catastrophes naturelles

orage (m)	sufat re'amim	סוּפַת רְעָמִים (נ)
éclair (m)	barak	בָּרָק (ז)
éclater (foudre)	livhok	לִבְהוֹק
tonnerre (m)	'ra'am	רַעַם (ז)
gronder (tonnerre)	lir'om	לִרְעוֹם
le tonnerre gronde	lir'om	לִרְעוֹם
grêle (f)	barad	בָּרָד (ז)
il grêle	yored barad	יוֹרֵד בָּרָד
inonder (vt)	lehatsif	לְהָצִיף
inondation (f)	ʃitafon	שִׁיטָפוֹן (ז)
tremblement (m) de terre	re'idat adama	רְעִידַת אֲדָמָה (נ)
secousse (f)	re'ida	רְעִידָה (נ)
épicentre (m)	moked	מוֹקֵד (ז)
éruption (f)	hitpartsut	הִתְפָּרְצוּת (נ)
lave (f)	'lava	לָאבָה (נ)
tourbillon (m)	hurikan	הוֹרִיקָן (ז)
tornade (f)	tor'nado	טוֹרְנָדוֹ (ז)
typhon (m)	taifun	טַייפוּן (ז)
ouragan (m)	hurikan	הוֹרִיקָן (ז)
tempête (f)	sufa	סוּפָה (נ)
tsunami (m)	tsu'nami	צוּנָאמִי (ז)
cyclone (m)	tsiklon	צִיקְלוֹן (ז)
intempéries (f pl)	sagrir	סַגְרִיר (ז)
incendie (m)	srefa	שְׂרֵיפָה (נ)
catastrophe (f)	ason	אָסוֹן (ז)
météorite (m)	mete'orit	מֶטֶאוֹרִיט (ז)
avalanche (f)	ma'polet ʃlagim	מַפּוֹלֶת שְׁלָגִים (נ)
éboulement (m)	ma'polet ʃlagim	מַפּוֹלֶת שְׁלָגִים (נ)
blizzard (m)	sufat ʃlagim	סוּפַת שְׁלָגִים (נ)
tempête (f) de neige	sufat ʃlagim	סוּפַת שְׁלָגִים (נ)

La faune

174. Les mammifères. Les prédateurs

prédateur (m)	χayat 'teref	חַיַּת טֶרֶף (נ)
tigre (m)	'tigris	טִיגְרִיס (ז)
lion (m)	arye	אַרְיֵה (ז)
loup (m)	ze'ev	זְאֵב (ז)
renard (m)	ʃu'al	שׁוּעָל (ז)
jaguar (m)	yagu'ar	יָגוּאָר (ז)
léopard (m)	namer	נָמֵר (ז)
guépard (m)	bardelas	בַּרְדְּלָס (ז)
panthère (f)	panter	פַּנְתֵּר (ז)
puma (m)	'puma	פּוּמָה (נ)
léopard (m) de neiges	namer 'ʃeleg	נָמֵר שֶׁלֶג (ז)
lynx (m)	ʃunar	שׁוּנָר (ז)
coyote (m)	ze'ev ha'aravot	זְאֵב הָעֲרָבוֹת (ז)
chacal (m)	tan	תַּן (ז)
hyène (f)	tsa'vo'a	צָבוֹעַ (ז)

175. Les animaux sauvages

animal (m)	'ba'al χayim	בַּעַל חַיִּים (ז)
bête (f)	χaya	חַיָּה (נ)
écureuil (m)	sna'i	סְנָאִי (ז)
hérisson (m)	kipod	קִיפּוֹד (ז)
lièvre (m)	arnav	אַרְנָב (ז)
lapin (m)	ʃafan	שָׁפָן (ז)
blaireau (m)	girit	גִּירִית (נ)
raton (m)	dvivon	דְּבִיבוֹן (ז)
hamster (m)	oger	אוֹגֵר (ז)
marmotte (f)	mar'mita	מַרְמִיטָה (נ)
taupe (f)	χafar'peret	חֲפַרְפֶּרֶת (נ)
souris (f)	aχbar	עַכְבָּר (ז)
rat (m)	χulda	חוּלְדָּה (נ)
chauve-souris (f)	atalef	עֲטַלֵּף (ז)
hermine (f)	hermin	הֶרְמִין (ז)
zibeline (f)	tsobel	צוֹבֶּל (ז)
martre (f)	dalak	דָּלָק (ז)
belette (f)	χamus	חָמוּס (ז)
vison (m)	χorfan	חוֹרְפָּן (ז)

castor (m)	bone	בּוֹנֶה (ז)
loutre (f)	lutra	לוּטְרָה (נ)
cheval (m)	sus	סוּס (ז)
élan (m)	ayal hakore	אַיָּל הַקּוֹרֵא (ז)
cerf (m)	ayal	אַיָּל (ז)
chameau (m)	gamal	גָּמָל (ז)
bison (m)	bizon	בִּיזוֹן (ז)
aurochs (m)	bizon ei'ropi	בִּיזוֹן אֵירוֹפִּי (ז)
buffle (m)	te'o	תְּאוֹ (ז)
zèbre (m)	'zebra	זֶבְּרָה (נ)
antilope (f)	anti'lopa	אַנְטִילוֹפָּה (ז)
chevreuil (m)	ayal hakarmel	אַיָּל הַכַּרְמֶל (ז)
biche (f)	yaχmur	יַחְמוּר (ז)
chamois (m)	ya'el	יָעֵל (ז)
sanglier (m)	χazir bar	חֲזִיר בָּר (ז)
baleine (f)	livyatan	לִוְיָתָן (ז)
phoque (m)	'kelev yam	כֶּלֶב יָם (ז)
morse (m)	sus yam	סוּס יָם (ז)
ours (m) de mer	dov yam	דּוֹב יָם (ז)
dauphin (m)	dolfin	דּוֹלְפִין (ז)
ours (m)	dov	דּוֹב (ז)
ours (m) blanc	dov 'kotev	דּוֹב קוֹטֶב (ז)
panda (m)	'panda	פַּנְדָּה (נ)
singe (m)	kof	קוֹף (ז)
chimpanzé (m)	ʃimpanze	שִׁימְפַּנְזֶה (נ)
orang-outang (m)	orang utan	אוֹרַנְג־אוּטָן (ז)
gorille (m)	go'rila	גּוֹרִילָה (נ)
macaque (m)	makak	מָקָק (ז)
gibbon (m)	gibon	גִּיבּוֹן (ז)
éléphant (m)	pil	פִּיל (ז)
rhinocéros (m)	karnaf	קַרְנַף (ז)
girafe (f)	dʒi'rafa	גִּ'ירָפָּה (נ)
hippopotame (m)	hipopotam	הִיפּוֹפּוֹטָם (ז)
kangourou (m)	'kenguru	קֶנְגּוּרוּ (ז)
koala (m)	ko''ala	קוֹאָלָה (ז)
mangouste (f)	nemiya	נְמִיָּה (נ)
chinchilla (m)	tʃin'tʃila	צִ'ינְצִ'ילָה (נ)
mouffette (f)	bo'eʃ	בּוֹאֵשׁ (ז)
porc-épic (m)	darban	דַּרְבָּן (ז)

176. Les animaux domestiques

chat (m) (femelle)	χatula	חֲתוּלָה (נ)
chat (m) (mâle)	χatul	חָתוּל (ז)
chien (m)	'kelev	כֶּלֶב (ז)

cheval (m)	sus	סוּס (ז)
étalon (m)	sus harba'a	סוּס הַרְבָּעָה (ז)
jument (f)	susa	סוּסָה (נ)
vache (f)	para	פָּרָה (נ)
taureau (m)	ʃor	שׁוֹר (ז)
bœuf (m)	ʃor	שׁוֹר (ז)
brebis (f)	kivsa	כִּבְשָׂה (נ)
mouton (m)	'ayil	אַיִל (ז)
chèvre (f)	ez	עֵז (נ)
bouc (m)	'tayiʃ	תַּיִשׁ (ז)
âne (m)	χamor	חֲמוֹר (ז)
mulet (m)	'pered	פֶּרֶד (ז)
cochon (m)	χazir	חֲזִיר (ז)
pourceau (m)	χazarzir	חֲזַרְזִיר (ז)
lapin (m)	arnav	אַרְנָב (ז)
poule (f)	tarne'golet	תַּרְנְגֹלֶת (נ)
coq (m)	tarnegol	תַּרְנְגוֹל (ז)
canard (m)	barvaz	בַּרְוָז (ז)
canard (m) mâle	barvaz	בַּרְוָז (ז)
oie (f)	avaz	אַוָּז (ז)
dindon (m)	tarnegol 'hodu	תַּרְנְגוֹל הוֹדוּ (ז)
dinde (f)	tarne'golet 'hodu	תַּרְנְגֹלֶת הוֹדוּ (נ)
animaux (m pl) domestiques	χayot 'bayit	חַיּוֹת בַּיִת (נ״ר)
apprivoisé (adj)	mevuyat	מְבוּיָּת
apprivoiser (vt)	levayet	לְבַיֵּת
élever (vt)	lehar'bi'a	לְהַרְבִּיעַ
ferme (f)	χava	חַוָּה (נ)
volaille (f)	ofot 'bayit	עוֹפוֹת בַּיִת (נ״ר)
bétail (m)	bakar	בָּקָר (ז)
troupeau (m)	'eder	עֵדֶר (ז)
écurie (f)	urva	אוּרְוָה (נ)
porcherie (f)	dir χazirim	דִּיר חֲזִירִים (ז)
vacherie (f)	'refet	רֶפֶת (נ)
cabane (f) à lapins	arnaviya	אַרְנָבִיָּה (נ)
poulailler (m)	lul	לוּל (ז)

177. Le chien. Les races

chien (m)	'kelev	כֶּלֶב (ז)
berger (m)	'kelev ro'e	כֶּלֶב רוֹעֶה (ז)
berger (m) allemand	ro'e germani	רוֹעֶה גֶּרְמָנִי (ז)
caniche (f)	'pudel	פּוּדֶל (ז)
teckel (m)	'taχaʃ	תַּחַשׁ (ז)
bouledogue (m)	buldog	בּוּלְדּוֹג (ז)

boxer (m)	'bokser	בּוֹקְסֶר (ז)
mastiff (m)	mastif	מַסְטִיף (ז)
rottweiler (m)	rot'vailer	רוֹטְוַוייְלֶר (ז)
doberman (m)	'doberman	דּוֹבֶּרְמָן (ז)

basset (m)	'baset 'ha'und	בָּאסֶט־הָאוּנד (ז)
bobtail (m)	bobteil	בּוֹבְּטֵייל (ז)
dalmatien (m)	dal'mati	דַלְמָטִי (ז)
cocker (m)	'koker 'spani'el	קוֹקֶר סְפָּנְיֶאל (ז)

| terre-neuve (m) | nyu'fa'undlend | נְיוּפָאוּנְדְלֶנד (ז) |
| saint-bernard (m) | sen bernard | סֶן בֶּרְנָרד (ז) |

husky (m)	'haski	הָאסְקִי (ז)
chow-chow (m)	'tʃa'u 'tʃa'u	צ'אוּ צ'אוּ (ז)
spitz (m)	ʃpits	שְׁפִּיץ (ז)
carlin (m)	pag	פָּאג (ז)

178. Les cris des animaux

aboiement (m)	neviχa	נְבִיחָה (נ)
aboyer (vi)	lin'boaχ	לִנְבּוֹחַ
miauler (vi)	leyalel	לְיַילֵל
ronronner (vi)	legarger	לְגַרְגֵר

meugler (vi)	lig'ot	לִגְעוֹת
beugler (taureau)	lig'ot	לִגְעוֹת
rugir (chien)	linhom	לִנְהוֹם

hurlement (m)	yelala	יְלָלָה (נ)
hurler (loup)	leyalel	לְיַילֵל
geindre (vi)	leyabev	לְיַיבֵּב

bêler (vi)	lif'ot	לִפְעוֹת
grogner (cochon)	leχarχer	לְחַרְחֵר
glapir (cochon)	lits'voaχ	לְצְווֹחַ

coasser (vi)	lekarker	לְקַרְקֵר
bourdonner (vi)	lezamzem	לְזַמְזֵם
striduler (vi)	letsartser	לְצַרְצֵר

179. Les oiseaux

oiseau (m)	tsipor	צִיפּוֹר (נ)
pigeon (m)	yona	יוֹנָה (נ)
moineau (m)	dror	דְרוֹר (ז)
mésange (f)	yargazi	יַרְגָזִי (ז)
pie (f)	orev neχalim	עוֹרֵב נְחָלִים (ז)

corbeau (m)	orev ʃaχor	עוֹרֵב שָׁחוֹר (ז)
corneille (f)	orev afor	עוֹרֵב אָפוֹר (ז)
choucas (m)	ka'ak	קָאק (ז)

freux (m)	orev hamizra	עוֹרֵב הַמִזרָע (ז)
canard (m)	barvaz	בַּרוָז (ז)
oie (f)	avaz	אַווָז (ז)
faisan (m)	pasyon	פַּסיוֹן (ז)
aigle (m)	'ayit	עַיִט (ז)
épervier (m)	nets	נֵץ (ז)
faucon (m)	baz	בַּז (ז)
vautour (m)	ozniya	עוֹזנִייָה (ז)
condor (m)	kondor	קוֹנדוֹר (ז)
cygne (m)	barbur	בַּרבּוּר (ז)
grue (f)	agur	עָגוּר (ז)
cigogne (f)	χasida	חֲסִידָה (נ)
perroquet (m)	'tuki	תוּכִּי (ז)
colibri (m)	ko'libri	קוֹלִיבּרִי (ז)
paon (m)	tavas	טַווָס (ז)
autruche (f)	bat ya'ana	בַּת יַעֲנָה (נ)
héron (m)	anafa	אֲנָפָה (נ)
flamant (m)	fla'mingo	פּלָמִינגוֹ (ז)
pélican (m)	saknai	שַׁקנַאי (ז)
rossignol (m)	zamir	זָמִיר (ז)
hirondelle (f)	snunit	סנוּנִית (נ)
merle (m)	kiχli	קִיבלִי (ז)
grive (f)	kiχli mezamer	קִיבלִי מְזַמֵר (ז)
merle (m) noir	kiχli ʃaχor	קִיבלִי שָׁחוֹר (ז)
martinet (m)	sis	סִיס (ז)
alouette (f) des champs	efroni	עֶפרוֹנִי (ז)
caille (f)	slav	שְׂלָיו (ז)
pivert (m)	'neker	נָקָר (ז)
coucou (m)	kukiya	קוּקִייָה (נ)
chouette (f)	yanʃuf	יַנשׁוּף (ז)
hibou (m)	'oaχ	אוֹחַ (ז)
tétras (m)	seχvi 'ya'ar	שְׂכווִי יַעַר (ז)
tétras-lyre (m)	seχvi	שְׂכווִי (ז)
perdrix (f)	χogla	חוֹגלָה (נ)
étourneau (m)	zarzir	זַרזִיר (ז)
canari (m)	ka'narit	קַנָרִית (נ)
gélinotte (f) des bois	seχvi haya'arot	שְׂכווִי הַיְעָרוֹת (ז)
pinson (m)	paroʃ	פָּרוֹשׁ (ז)
bouvreuil (m)	admonit	אַדמוֹנִית (נ)
mouette (f)	'ʃaχaf	שַׁחַף (ז)
albatros (m)	albatros	אַלבָּטרוֹס (ז)
pingouin (m)	pingvin	פִּינגווִין (ז)

180. Les oiseaux. Le chant, les cris

chanter (vi)	laʃir	לָשִׁיר
crier (vi)	litsʾok	לִצְעוֹק
chanter (le coq)	lekarker	לְקַרְקֵר
cocorico (m)	kukuʾriku	קוּקוּרִיקוּ
glousser (vi)	lekarker	לְקַרְקֵר
croasser (vi)	litsʾroaχ	לִצְרוֹחַ
cancaner (vi)	legaʿaʾgeʿa	לְגַעְגֵּעַ
piauler (vi)	letsayets	לְצַיֵּץ
pépier (vi)	letsaftsef, letsayets	לְצַפְצֵף, לְצַיֵּץ

181. Les poissons. Les animaux marins

brème (f)	avroma	אַבְרוֹמָה (נ)
carpe (f)	karpiyon	קַרְפְּיוֹן (ז)
perche (f)	ʾokunus	אוֹקוּנוּס (ז)
silure (m)	sfamnun	שְׂפַמְנוּן (ז)
brochet (m)	zeʾev ʾmayim	זְאֵב מַיִם (ז)
saumon (m)	ʾsalmon	סַלְמוֹן (ז)
esturgeon (m)	χidkan	חִדְקָן (ז)
hareng (m)	maʾliaχ	מָלִיחַ (ז)
saumon (m) atlantique	iltit	אִילְתִּית (נ)
maquereau (m)	makarel	מָקָרֵל (ז)
flet (m)	dag moʃe raʾbenu	דַּג מֹשֶׁה רַבֵּנוּ (ז)
sandre (f)	amnun	אַמְנוּן (ז)
morue (f)	ʃibut	שִׁיבּוּט (ז)
thon (m)	ʾtuna	טוּנָה (נ)
truite (f)	forel	פּוֹרֵל (ז)
anguille (f)	tslofaχ	צְלוֹפָח (ז)
torpille (f)	trisanit	תְּרִיסָנִית (נ)
murène (f)	moʾrena	מוֹרֶנָה (נ)
piranha (m)	piʾranya	פִּירַנְיָה (נ)
requin (m)	kariʃ	כָּרִישׁ (ז)
dauphin (m)	dolfin	דּוֹלְפִין (ז)
baleine (f)	livyatan	לִוְיָתָן (ז)
crabe (m)	sartan	סַרְטָן (ז)
méduse (f)	meʾduza	מֶדוּזָה (נ)
pieuvre (f), poulpe (m)	tamnun	תַּמְנוּן (ז)
étoile (f) de mer	koχav yam	כּוֹכַב יָם (ז)
oursin (m)	kipod yam	קִיפּוֹד יָם (ז)
hippocampe (m)	suson yam	סוּסוֹן יָם (ז)
huître (f)	tsidpa	צִדְפָּה (נ)
crevette (f)	χasilon	חֲסִילוֹן (ז)

| homard (m) | 'lobster | לוֹבּסטֶר (ז) |
| langoustine (f) | 'lobster koˈtsani | לוֹבּסטֶר קוֹצָנִי (ז) |

182. Les amphibiens. Les reptiles

| serpent (m) | naχaʃ | נָחָשׁ (ז) |
| venimeux (adj) | arsi | אַרסִי |

vipère (f)	'tsefa	צֶפַע (ז)
cobra (m)	'peten	פֶּתֶן (ז)
python (m)	piton	פִּיתוֹן (ז)
boa (m)	χanak	חָנָק (ז)

couleuvre (f)	naχaʃ 'mayim	נָחָשׁ מַיִם (ז)
serpent (m) à sonnettes	ʃfifon	שׁפִיפוֹן (ז)
anaconda (m)	ana'konda	אָנָקוֹנדָה (נ)

lézard (m)	letaˈa	לְטָאָה (נ)
iguane (m)	iguˈˈana	אִיגוּאָנָה (נ)
varan (m)	'koaχ	כֹּוחַ (ז)
salamandre (f)	sala'mandra	סָלָמַנדרָה (נ)
caméléon (m)	zikit	זִיקִית (נ)
scorpion (m)	akrav	עַקרָב (ז)

tortue (f)	tsav	צָב (ז)
grenouille (f)	tsfar'deˈa	צְפַרדֵעַ (נ)
crapaud (m)	karpada	קַרפָּדָה (נ)
crocodile (m)	tanin	תַנִין (ז)

183. Les insectes

insecte (m)	χarak	חָרָק (ז)
papillon (m)	parpar	פַּרפַּר (ז)
fourmi (f)	nemala	נְמָלָה (נ)
mouche (f)	zvuv	זבוּב (ז)
moustique (m)	yatuʃ	יַתוּשׁ (ז)
scarabée (m)	χipuʃit	חִיפּוּשִׁית (נ)

guêpe (f)	tsir'a	צִרעָה (נ)
abeille (f)	dvora	דבוֹרָה (נ)
bourdon (m)	dabur	דַבּוּר (ז)
œstre (m)	zvuv hasus	זבוּב הַסוּס (ז)

| araignée (f) | akaviʃ | עַכָּבִישׁ (ז) |
| toile (f) d'araignée | kurei akaviʃ | קוּרֵי עַכָּבִישׁ (ז״ר) |

libellule (f)	ʃapirit	שַׁפִּירִית (נ)
sauterelle (f)	χagav	חָגָב (ז)
papillon (m)	aʃ	עָשׁ (ז)

| cafard (m) | makak | מָקָק (ז) |
| tique (f) | kartsiya | קַרצִיָיה (נ) |

| puce (f) | par'oʃ | פַּרְעוֹשׁ (ז) |
| moucheron (m) | yavχuʃ | יַבְּחוּשׁ (ז) |

criquet (m)	arbe	אַרְבֶּה (ז)
escargot (m)	χilazon	חִילָזוֹן (ז)
grillon (m)	tsartsar	צְרָצַר (ז)
luciole (f)	gaχlilit	גַחְלִילִית (נ)
coccinelle (f)	parat moʃe ra'benu	פָּרַת מֹשֶׁה רַבֵּנוּ (נ)
hanneton (m)	χipuʃit aviv	חִיפּוּשִׁית אָבִיב (נ)

sangsue (f)	aluka	עֲלוּקָה (נ)
chenille (f)	zaχal	זַחַל (ז)
ver (m)	to'la'at	תוֹלַעַת (נ)
larve (f)	'deren	דֶּרֶן (ז)

184. Les parties du corps des animaux

bec (m)	makor	מָקוֹר (ז)
ailes (f pl)	kna'fayim	כְּנָפַיִם (נ״ר)
patte (f)	'regel	רֶגֶל (נ)
plumage (m)	pluma	פְלוּמָה (נ)
plume (f)	notsa	נוֹצָה (נ)
houppe (f)	tsitsa	צִיצָה (נ)

ouïes (f pl)	zimim	זִימִים (ז״ר)
œufs (m pl)	beitsei dagim	בֵּיצֵי דָגִים (נ״ר)
larve (f)	'deren	דֶּרֶן (ז)
nageoire (f)	snapir	סְנַפִּיר (ז)
écaille (f)	kaskasim	קַשְׂקַשִׂים (ז״ר)

croc (m)	niv	נִיב (ז)
patte (f)	'regel	רֶגֶל (נ)
museau (m)	partsuf	פַּרְצוּף (ז)
gueule (f)	lo'a	לוֹעַ (ז)
queue (f)	zanav	זָנָב (ז)
moustaches (f pl)	safam	שָׂפָם (ז)

| sabot (m) | parsa | פַּרְסָה (נ) |
| corne (f) | 'keren | קֶרֶן (נ) |

carapace (f)	ʃiryon	שִׁרְיוֹן (ז)
coquillage (m)	konχiya	קוֹנְכִיָה (נ)
coquille (f) d'œuf	klipa	קְלִיפָּה (נ)

| poil (m) | parva | פַּרְוָה (נ) |
| peau (f) | or | עוֹר (ז) |

185. Les habitats des animaux

habitat (m) naturel	beit gidul	בֵּית גִידוּל (ז)
migration (f)	hagira	הֲגִירָה (נ)
montagne (f)	har	הַר (ז)

récif (m)	ʃunit	שׁוּנִית (נ)
rocher (m)	'sela	סֶלַע (ז)
forêt (f)	'ya'ar	יַעַר (ז)
jungle (f)	'dʒungel	ג׳וּנְגֶל (ז)
savane (f)	sa'vana	סָוָונָה (נ)
toundra (f)	'tundra	טוּנְדְּרָה (נ)
steppe (f)	arava	עֲרָבָה (נ)
désert (m)	midbar	מִדְבָּר (ז)
oasis (f)	neve midbar	נְוֵה מִדְבָּר (ז)
mer (f)	yam	יָם (ז)
lac (m)	agam	אֲגַם (ז)
océan (m)	ok'yanos	אוֹקְיָאנוֹס (ז)
marais (m)	bitsa	בִּיצָה (נ)
d'eau douce (adj)	ʃel 'mayim metukim	שֶׁל מַיִם מְתוּקִים
étang (m)	breχa	בְּרֵיכָה (נ)
rivière (f), fleuve (m)	nahar	נָהָר (ז)
tanière (f)	me'ura	מְאוּרָה (נ)
nid (m)	ken	קֵן (ז)
creux (m)	χor ba'ets	חוֹר בָּעֵץ (ז)
terrier (m) (~ d'un renard)	meχila	מְחִילָה (נ)
fourmilière (f)	kan nemalim	קַן נְמָלִים (ז)

La flore

186. Les arbres

arbre (m)	ets	עֵץ (ז)
à feuilles caduques	naʃir	נָשִׁיר
conifère (adj)	maχtani	מַחְטָנִי
à feuilles persistantes	yarok ad	יָרוֹק עַד
pommier (m)	ta'puaχ	תַּפּוּחַ (ז)
poirier (m)	agas	אַגָּס (ז)
merisier (m)	gudgedan	גּוּדְגְּדָן (ז)
cerisier (m)	duvdevan	דּוּבְדְּבָן (ז)
prunier (m)	ʃezif	שְׁזִיף (ז)
bouleau (m)	ʃadar	שֶׁדָר (ז)
chêne (m)	alon	אַלּוֹן (ז)
tilleul (m)	'tilya	טִילְיָה (נ)
tremble (m)	aspa	אַסְפָּה (נ)
érable (m)	'eder	אֶדֶר (ז)
épicéa (m)	a'ʃuaχ	אַשּׁוּחַ (ז)
pin (m)	'oren	אֹרֶן (ז)
mélèze (m)	arzit	אַרְזִית (נ)
sapin (m)	a'ʃuaχ	אַשּׁוּחַ (ז)
cèdre (m)	'erez	אֶרֶז (ז)
peuplier (m)	tsaftsefa	צַפְצָפָה (נ)
sorbier (m)	ben χuzrar	בֶּן־חֻזְרָר (ז)
saule (m)	arava	עֲרָבָה (נ)
aune (m)	alnus	אַלְנוּס (ז)
hêtre (m)	aʃur	אָשׁוּר (ז)
orme (m)	bu'kitsa	בּוּקִיצָה (נ)
frêne (m)	mela	מֵילָה (נ)
marronnier (m)	armon	עַרְמוֹן (ז)
magnolia (m)	mag'nolya	מַגְנוֹלְיָה (נ)
palmier (m)	'dekel	דֶּקֶל (ז)
cyprès (m)	broʃ	בְּרוֹשׁ (ז)
palétuvier (m)	mangrov	מַנְגְרוֹב (ז)
baobab (m)	ba'obab	בָּאוֹבָּב (ז)
eucalyptus (m)	eika'liptus	אֵיקָלִיפְּטוּס (ז)
séquoia (m)	sek'voya	סֶקְווֹיָה (נ)

187. Les arbustes

buisson (m)	'siaχ	שִׂיחַ (ז)
arbrisseau (m)	'siaχ	שִׂיחַ (ז)

| vigne (f) | 'gefen | גֶּפֶן (ז) |
| vigne (f) (vignoble) | 'kerem | כֶּרֶם (ז) |

framboise (f)	'petel	פֶּטֶל (ז)
cassis (m)	'siaχ dumdemaniyot ʃχorot	שִׂיחַ דוּמְדְּמָנִיּוֹת שְׁחוֹרוֹת (ז)
groseille (f) rouge	'siaχ dumdemaniyot adumot	שִׂיחַ דוּמְדְּמָנִיּוֹת אֲדוּמוֹת (ז)
groseille (f) verte	χazarzar	חֲזַרְזַר (ז)

acacia (m)	ʃita	שִׁיטָה (נ)
berbéris (m)	berberis	בֶּרְבֶּרִיס (ז)
jasmin (m)	yasmin	יַסְמִין (ז)

genévrier (m)	ar'ar	עַרְעָר (ז)
rosier (m)	'siaχ vradim	שִׂיחַ וְרָדִים (ז)
églantier (m)	'vered bar	וֶרֶד בַּר (ז)

188. Les champignons

champignon (m)	pitriya	פִּטְרִיָּה (נ)
champignon (m) comestible	pitriya ra'uya lema'aχal	פִּטְרִיָּה רְאוּיָה לְמַאֲכָל
champignon (m) vénéneux	pitriya ra'ila	פִּטְרִיָּה רְעִילָה (נ)
chapeau (m)	kipat pitriya	כִּיפַּת פִּטְרִיָּה (נ)
pied (m)	'regel	רֶגֶל (נ)

cèpe (m)	por'tʃini	פּוֹרְצִ׳ינִי (ז)
bolet (m) orangé	pitriyat 'kova aduma	פִּטְרִיַּת כּוֹבַע אֲדוּמָה (נ)
bolet (m) bai	pitriyat 'ya'ar	פִּטְרִיַּת יַעַר (נ)
girolle (f)	gvi'onit ne'e'χelet	גְּבִיעוֹנִית נֶאֱכֶלֶת (נ)
russule (f)	χarifit	חֲרִיפִית (נ)

morille (f)	gamtsuts	גַּמְצוּץ (ז)
amanite (f) tue-mouches	zvuvanit	זְבוּבָנִית (נ)
oronge (f) verte	pitriya ra'ila	פִּטְרִיָּה רְעִילָה (נ)

189. Les fruits. Les baies

fruit (m)	pri	פְּרִי (ז)
fruits (m pl)	perot	פֵּירוֹת (ז״ר)
pomme (f)	ta'puaχ	תַּפּוּחַ (ז)
poire (f)	agas	אַגָּס (ז)
prune (f)	ʃezif	שְׁזִיף (ז)

fraise (f)	tut sade	תּוּת שָׂדֶה (ז)
cerise (f)	duvdevan	דֻּבְדְּבָן (ז)
merise (f)	gudgedan	גּוּדְגְּדָן (ז)
raisin (m)	anavim	עֲנָבִים (ז״ר)

framboise (f)	'petel	פֶּטֶל (ז)
cassis (m)	dumdemanit ʃχora	דּוּמְדְּמָנִית שְׁחוֹרָה (נ)
groseille (f) rouge	dumdemanit aduma	דּוּמְדְּמָנִית אֲדוּמָה (נ)
groseille (f) verte	χazarzar	חֲזַרְזַר (ז)
canneberge (f)	χamutsit	חֲמוּצִית (נ)

orange (f)	tapuz	תַּפּוּז (ז)
mandarine (f)	klemen'tina	קְלֶמֶנְטִינָה (נ)
ananas (m)	'ananas	אֲנָנָס (ז)
banane (f)	ba'nana	בַּנָנָה (נ)
datte (f)	tamar	תָּמָר (ז)

citron (m)	limon	לִימוֹן (ז)
abricot (m)	'miʃmeʃ	מִשְׁמֵשׁ (ז)
pêche (f)	afarsek	אֲפַרְסֵק (ז)
kiwi (m)	'kivi	קִיוִוי (ז)
pamplemousse (m)	eʃkolit	אֶשְׁכּוֹלִית (נ)

baie (f)	garger	גַּרְגֵּר (ז)
baies (f pl)	gargerim	גַּרְגְּרִים (ז"ר)
airelle (f) rouge	uχmanit aduma	אוּכְמָנִית אֲדוּמָה (נ)
fraise (f) des bois	tut 'ya'ar	תּוּת יַעַר (ז)
myrtille (f)	uχmanit	אוּכְמָנִית (נ)

190. Les fleurs. Les plantes

fleur (f)	'peraχ	פֶּרַח (ז)
bouquet (m)	zer	זֵר (ז)

rose (f)	'vered	וֶרֶד (ז)
tulipe (f)	tsiv'oni	צִבְעוֹנִי (ז)
oeillet (m)	tsi'poren	צִיפּוֹרֶן (ז)
glaïeul (m)	glad'yola	גְּלַדְיוֹלָה (נ)

bleuet (m)	dganit	דְּגָנִיָּה (נ)
campanule (f)	pa'amonit	פַּעֲמוֹנִית (נ)
dent-de-lion (f)	ʃinan	שִׁינָן (ז)
marguerite (f)	kamomil	קָמוֹמִיל (ז)

aloès (m)	alvai	אַלְוַוי (ז)
cactus (m)	'kaktus	קַקְטוּס (ז)
ficus (m)	'fikus	פִיקוּס (ז)

lis (m)	ʃoʃana	שׁוֹשַׁנָּה (נ)
géranium (m)	ge'ranyum	גֶּרַנְיוּם (ז)
jacinthe (f)	yakinton	יָקִינְטוֹן (ז)

mimosa (m)	mi'moza	מִימוֹזָה (נ)
jonquille (f)	narkis	נַרְקִיס (ז)
capucine (f)	'kova hanazir	כּוֹבַע הַנָּזִיר (ז)

orchidée (f)	saχlav	סַחְלָב (ז)
pivoine (f)	admonit	אַדְמוֹנִית (נ)
violette (f)	sigalit	סִיגָלִית (נ)

pensée (f)	amnon vetamar	אַמְנוֹן וְתָמָר (ז)
myosotis (m)	ziχ'rini	זִכְרִינִי (ז)
pâquerette (f)	marganit	מַרְגָּנִית (נ)
coquelicot (m)	'pereg	פֶּרֶג (ז)
chanvre (m)	ka'nabis	קָנָאבִּיס (ז)

menthe (f)	'menta	מֶנְתָה (נ)
muguet (m)	zivanit	זִיוָנִית (נ)
perce-neige (f)	ga'lantus	גָּלַנְטוּס (ז)

ortie (f)	sirpad	סִרְפָּד (ז)
oseille (f)	χum'a	חוּמְעָה (נ)
nénuphar (m)	nufar	נוּפָר (ז)
fougère (f)	ʃaraχ	שֶׁרֶךְ (ז)
lichen (m)	χazazit	חֲזָזִית (נ)

serre (f) tropicale	χamama	חֲמָמָה (נ)
gazon (m)	midʃa'a	מִדְשָׁאָה (נ)
parterre (m) de fleurs	arugat praχim	עֲרוּגַת פְּרָחִים (נ)

plante (f)	'tsemaχ	צֶמַח (ז)
herbe (f)	'deʃe	דֶּשֶׁא (ז)
brin (m) d'herbe	giv'ol 'esev	גִּבְעוֹל עֵשֶׂב (ז)

feuille (f)	ale	עָלֶה (ז)
pétale (m)	ale ko'teret	עָלֶה כּוֹתֶרֶת (ז)
tige (f)	giv'ol	גִּבְעוֹל (ז)
tubercule (m)	'pka'at	פְּקַעַת (נ)

| pousse (f) | 'nevet | נֶבֶט (ז) |
| épine (f) | kots | קוֹץ (ז) |

fleurir (vi)	lif'roaχ	לִפְרוֹחַ
se faner (vp)	linbol	לִנְבּוֹל
odeur (f)	'reaχ	רֵיחַ (ז)
couper (vt)	ligzom	לִגְזוֹם
cueillir (fleurs)	liktof	לִקְטוֹף

191. Les céréales

grains (m pl)	tvu'a	תְּבוּאָה (נ)
céréales (f pl) (plantes)	dganim	דְּגָנִים (ז״ר)
épi (m)	ʃi'bolet	שִׁיבּוֹלֶת (נ)

blé (m)	χita	חִיטָה (נ)
seigle (m)	ʃifon	שִׁיפוֹן (ז)
avoine (f)	ʃi'bolet ʃu'al	שִׁיבּוֹלֶת שׁוּעָל (נ)

| millet (m) | 'doχan | דּוֹחַן (ז) |
| orge (f) | se'ora | שְׂעוֹרָה (נ) |

maïs (m)	'tiras	תִּירָס (ז)
riz (m)	'orez	אוֹרֶז (ז)
sarrasin (m)	ku'semet	כּוּסֶמֶת (נ)

pois (m)	afuna	אֲפוּנָה (נ)
haricot (m)	ʃu'it	שְׁעוּעִית (נ)
soja (m)	'soya	סוֹיָה (נ)
lentille (f)	adaʃim	עֲדָשִׁים (נ״ר)
fèves (f pl)	pol	פּוֹל (ז)

LA GÉOGRAPHIE RÉGIONALE

Les pays du monde. Les nationalités

192. La politique. Le gouvernement. Partie 1

politique (f)	po'litika	פּוֹלִיטִיקָה (נ)
politique (adj)	po'liti	פּוֹלִיטִי
homme (m) politique	politikai	פּוֹלִיטִיקָאי (ז)
état (m)	medina	מְדִינָה (נ)
citoyen (m)	ezraχ	אֶזְרָח (ז)
citoyenneté (f)	ezraχut	אֶזְרָחוּת (נ)
armoiries (f pl) nationales	'semel le'umi	סֶמֶל לְאוּמִי (ז)
hymne (m) national	himnon le'umi	הַמְנוֹן לְאוּמִי (ז)
gouvernement (m)	memʃala	מֶמְשָׁלָה (נ)
chef (m) d'état	roʃ medina	רֹאשׁ מְדִינָה (ז)
parlement (m)	parlament	פַּרְלָמֶנט (ז)
parti (m)	miflaga	מִפְלָגָה (נ)
capitalisme (m)	kapitalizm	קָפִּיטָלִיזם (ז)
capitaliste (adj)	kapita'listi	קָפִּיטָלִיסְטִי
socialisme (m)	sotsyalizm	סוֹצְיָאלִיזם (ז)
socialiste (adj)	sotsya'listi	סוֹצְיָאלִיסְטִי
communisme (m)	komunizm	קוֹמוּנִיזם (ז)
communiste (adj)	komu'nisti	קוֹמוּנִיסְטִי
communiste (m)	komunist	קוֹמוּנִיסט (ז)
démocratie (f)	demo'kratya	דֶמוֹקְרַטְיָה (נ)
démocrate (m)	demokrat	דֶמוֹקְרָט (ז)
démocratique (adj)	demo'krati	דֶמוֹקְרָטִי
parti (m) démocratique	miflaga demo'kratit	מִפְלָגָה דֶמוֹקְרָטִית (נ)
libéral (m)	libe'rali	לִיבֶּרָלִי (ז)
libéral (adj)	libe'rali	לִיבֶּרָלִי
conservateur (m)	ʃamran	שַׁמְרָן (ז)
conservateur (adj)	ʃamrani	שַׁמְרָנִי
république (f)	re'publika	רֶפּוּבְּלִיקָה (נ)
républicain (m)	republi'kani	רֶפּוּבְּלִיקָנִי (ז)
parti (m) républicain	miflaga republi'kanit	מִפְלָגָה רֶפּוּבְּלִיקָנִית (נ)
élections (f pl)	bχirot	בְּחִירוֹת (נ"ר)
élire (vt)	livχor	לִבְחוֹר
électeur (m)	mats'bi'a	מַצְבִּיעַ (ז)

campagne (f) électorale	masa bχirot	מַסָע בְּחִירוֹת (ז)
vote (m)	hatsba'a	הַצְבָּעָה (נ)
voter (vi)	lehats'bi'a	לְהַצְבִּיעַ
droit (m) de vote	zχut hatsba'a	זְכוּת הַצְבָּעָה (נ)

candidat (m)	mu'amad	מוּעֲמָד (ז)
poser sa candidature	lehatsig mu'amadut	לְהַצִּיג מוּעֲמָדוּת
campagne (f)	masa	מַסָע (ז)

| d'opposition (adj) | opozitsyoni | אוֹפּוֹזִיצִיוֹנִי |
| opposition (f) | opo'zitsya | אוֹפּוֹזִיצְיָה (נ) |

visite (f)	bikur	בִּיקוּר (ז)
visite (f) officielle	bikur rifmi	בִּיקוּר רִשְׁמִי (ז)
international (adj)	benle'umi	בֵּינְלְאוּמִי

| négociations (f pl) | masa umatan | מַשָׂא וּמַתָּן (ז) |
| négocier (vi) | laset velatet | לָשֵׂאת וְלָתֵת |

193. La politique. Le gouvernement. Partie 2

société (f)	χevra	חֶבְרָה (נ)
constitution (f)	χuka	חוּקָה (נ)
pouvoir (m)	filton	שִׁלְטוֹן (ז)
corruption (f)	fχitut	שְׁחִיתוּת (נ)

| loi (f) | χok | חוֹק (ז) |
| légal (adj) | χuki | חוּקִי |

| justice (f) | 'tsedek | צֶדֶק (ז) |
| juste (adj) | tsodek | צוֹדֵק |

comité (m)	'va'ad	וַעַד (ז)
projet (m) de loi	hatsa'at χok	הַצָּעַת חוֹק (נ)
budget (m)	taktsiv	תַּקְצִיב (ז)
politique (f)	mediniyut	מְדִינִיּוּת (נ)
réforme (f)	re'forma	רֵפוֹרְמָה (נ)
radical (adj)	radi'kali	רָדִיקָלִי

puissance (f)	otsma	עוֹצְמָה (נ)
puissant (adj)	rav 'koaχ	רַב־כּוֹחַ
partisan (m)	tomeχ	תּוֹמֵךְ (ז)
influence (f)	hafpa'a	הַשְׁפָּעָה (נ)

régime (m)	miftar	מִשְׁטָר (ז)
conflit (m)	siχsuχ	סִכְסוּךְ (ז)
complot (m)	'kefer	קֶשֶׁר (ז)
provocation (f)	provo'katsya, hitgarut	פְּרוֹבוֹקַצְיָה, הִתְגָּרוּת (נ)

renverser (le régime)	leha'diaχ	לְהַדִּיחַ
renversement (m)	hadaχa mikes malχut	הֲדָחָה מִכֵּס מַלְכוּת (נ)
révolution (f)	mahapeχa	מַהְפֵּכָה (נ)
coup (m) d'État	hafiχa	הֲפִיכָה (ז)
coup (m) d'État militaire	mahapaχ tsva'i	מַהְפָּךְ צְבָאִי (ז)

crise (f)	maʃber	מַשְׁבֵּר (ז)
baisse (f) économique	mitun kalkali	מִיתוּן כַּלְכָּלִי (ז)
manifestant (m)	mafgin	מַפְגִּין (ז)
manifestation (f)	hafgana	הַפְגָּנָה (נ)
loi (f) martiale	miʃtar tsva'i	מִשְׁטָר צְבָאִי (ז)
base (f) militaire	basis tsva'i	בָּסִיס צְבָאִי (ז)

stabilité (f)	yatsivut	יַצִּיבוּת (נ)
stable (adj)	yatsiv	יַצִּיב

exploitation (f)	nitsul	נִיצּוּל (ז)
exploiter (vt)	lenatsel	לְנַצֵּל

racisme (m)	giz'anut	גִּזְעָנוּת (נ)
raciste (m)	giz'ani	גִּזְעָנִי (ז)
fascisme (m)	faʃizm	פָשִׁיזם (ז)
fasciste (m)	faʃist	פָשִׁיסְט (ז)

194. Les différents pays du monde. Divers

étranger (m)	zar	זָר (ז)
étranger (adj)	zar	זָר
à l'étranger (adv)	beχul	בְּחוּ"ל

émigré (m)	mehager	מְהַגֵּר (ז)
émigration (f)	hagira	הֲגִירָה (נ)
émigrer (vi)	lehager	לְהַגֵּר

Ouest (m)	ma'arav	מַעֲרָב (ז)
Est (m)	mizraχ	מִזְרָח (ז)
Extrême Orient (m)	hamizraχ haraχok	הַמִזְרָח הָרָחוֹק (ז)

civilisation (f)	tsivili'zatsya	צִיבִילִיזַצְיָה (ז)
humanité (f)	enoʃut	אֱנוֹשׁוּת (נ)
monde (m)	olam	עוֹלָם (ז)
paix (f)	ʃalom	שָׁלוֹם (ז)
mondial (adj)	olami	עוֹלָמִי

patrie (f)	mo'ledet	מוֹלֶדֶת (נ)
peuple (m)	am	עַם (ז)
population (f)	oχlusiya	אוֹכְלוּסִיָה (נ)
gens (m pl)	anaʃim	אֲנָשִׁים (ז"ר)
nation (f)	uma	אוּמָה (נ)
génération (f)	dor	דוֹר (ז)

territoire (m)	'ʃetaχ	שֶׁטַח (ז)
région (f)	ezor	אֵזוֹר (ז)
état (m) (partie du pays)	medina	מְדִינָה (נ)

tradition (f)	ma'soret	מָסוֹרֶת (נ)
coutume (f)	minhag	מִנְהָג (ז)
écologie (f)	eko'logya	אֶקוֹלוֹגְיָה (נ)
indien (m)	ind'yani	אִינְדְיָאָנִי (ז)
bohémien (m)	tso'ani	צוֹעֲנִי (ז)

bohémienne (f)	tso'aniya	צוֹעֲנִיָה (נ)
bohémien (adj)	tso'ani	צוֹעֲנִי

empire (m)	im'perya	אִימְפֶּרְיָה (נ)
colonie (f)	ko'lonya	קוֹלוֹנְיָה (נ)
esclavage (m)	avdut	עַבְדוּת (נ)
invasion (f)	plifa	פְּלִישָׁה (נ)
famine (f)	'ra'av	רָעָב (ז)

195. Les groupes religieux. Les confessions

religion (f)	dat	דָת (נ)
religieux (adj)	dati	דָתִי

foi (f)	emuna	אֱמוּנָה (נ)
croire (en Dieu)	leha'amin	לְהַאֲמִין
croyant (m)	ma'amin	מַאֲמִין

athéisme (m)	ate'izm	אָתֵאִיזם (ז)
athée (m)	ate'ist	אָתֵאִיסְט (ז)

christianisme (m)	natsrut	נַצְרוּת (נ)
chrétien (m)	notsri	נוֹצְרִי (ז)
chrétien (adj)	notsri	נוֹצְרִי

catholicisme (m)	ka'toliyut	קָתוֹלִיוּת (נ)
catholique (m)	ka'toli	קָתוֹלִי (ז)
catholique (adj)	ka'toli	קָתוֹלִי

protestantisme (m)	protes'tantiyut	פְּרוֹטֶסְטַנְטִיוּת (נ)
Église (f) protestante	knesiya protes'tantit	כְּנֵסִיָה פְּרוֹטֶסְטַנְטִית (נ)
protestant (m)	protestant	פְּרוֹטֶסְטַנְט (ז)

Orthodoxie (f)	natsrut orto'doksit	נַצְרוּת אוֹרְתוֹדוֹקְסִית (נ)
Église (f) orthodoxe	knesiya orto'doksit	כְּנֵסִיָה אוֹרְתוֹדוֹקְסִית (נ)
orthodoxe (m)	orto'doksi	אוֹרְתוֹדוֹקְסִי

Presbytérianisme (m)	presbiteryanizm	פְּרֶסְבִּיטֶרְיָאנִיזם (ז)
Église (f) presbytérienne	knesiya presviteri''anit	כְּנֵסִיָה פְּרֶסְבִּיטֶרְיָאנִית (נ)
presbytérien (m)	presbiter'yani	פְּרֶסְבִּיטֶרְיָאנִי (ז)

Église (f) luthérienne	knesiya lute'ranit	כְּנֵסִיָה לוּתֶרָנִית (נ)
luthérien (m)	lute'rani	לוּתֶרָנִי (ז)

Baptisme (m)	knesiya bap'tistit	כְּנֵסִיָה בַּפְּטִיסְטִית (נ)
baptiste (m)	baptist	בַּפְּטִיסְט (ז)

Église (f) anglicane	knesiya angli'kanit	כְּנֵסִיָה אַנְגְלִיקָנִית (נ)
anglican (m)	angli'kani	אַנְגְלִיקָנִי (ז)
Mormonisme (m)	mor'monim	מוֹרְמוֹנִים (ז)
mormon (m)	mormon	מוֹרְמוֹן (ז)

judaïsme (m)	yahadut	יַהֲדוּת (נ)
juif (m)	yehudi, yehudiya	יְהוּדִי (ז), יְהוּדִיָה (נ)

| Bouddhisme (m) | budhizm | בּוּדְהִיזֹם (ז) |
| bouddhiste (m) | budhist | בּוּדְהִיסְט (ז) |

| hindouisme (m) | hindu'izm | הִינְדוּאָיזֹם (ז) |
| hindouiste (m) | 'hindi | הִינְדִּי (ז) |

islam (m)	islam	אִיסְלָאם (ז)
musulman (m)	'muslemi	מוּסְלְמִי (ז)
musulman (adj)	'muslemi	מוּסְלְמִי

Chiisme (m)	islam 'ʃi'i	אָסְלָאם שִׁיעִי (ז)
chiite (m)	'ʃi'i	שִׁיעִי (ז)
Sunnisme (m)	islam 'suni	אָסְלָאם סוּנִּי (ז)
sunnite (m)	'suni	סוּנִּי (ז)

196. Les principales religions. Le clergé

| prêtre (m) | 'komer | כֹּמֶר (ז) |
| Pape (m) | apifyor | אַפִּיפְיֹור (ז) |

moine (m)	nazir	נָזִיר (ז)
bonne sœur (f)	nazira	נָזִירָה (נ)
pasteur (m)	'komer	כֹּמֶר (ז)

abbé (m)	roʃ minzar	רֹאשׁ מִנְזָר (ז)
vicaire (m)	'komer hakehila	כֹּמֶר הַקְּהִילָה (ז)
évêque (m)	'biʃof	בִּישׁוֹף (ז)
cardinal (m)	χaʃman	חַשְׁמָן (ז)

prédicateur (m)	matif	מַטִּיף (ז)
sermon (m)	hatafa, draʃa	הַטָּפָה, דְּרָשָׁה (נ)
paroissiens (m pl)	χaver kehila	חָבֵר קְהִילָה (ז)

| croyant (m) | ma'amin | מַאֲמִין (ז) |
| athée (m) | ate'ist | אָתֵאִיסְט (ז) |

197. La foi. Le Christianisme. L'Islam

| Adam | adam | אָדָם |
| Ève | χava | חַוָּה |

Dieu (m)	elohim	אֱלוֹהִים
le Seigneur	adonai	אֲדוֹנָי
le Tout-Puissant	kol yaχol	כָּל יָכוֹל

péché (m)	χet	חֵטְא (ז)
pécher (vi)	laχato	לַחֲטוֹא
pécheur (m)	χote	חוֹטֵא (ז)
pécheresse (f)	χo'ta'at	חוֹטָאֵת (נ)

| enfer (m) | gehinom | גֵּיהִינוֹם (ז) |
| paradis (m) | gan 'eden | גַּן עֵדֶן (ז) |

Jésus	'yeʃu	יֵשׁוּ
Jésus Christ	'yeʃu hanotsri	יֵשׁוּ הַנּוֹצְרִי
le Saint-Esprit	'ruax ha'kodeʃ	רוּחַ הַקּוֹדֶשׁ (נ)
le Sauveur	mo'ʃi'a	מוֹשִׁיעַ (ז)
la Sainte Vierge	'miryam hakdoʃa	מִרְיָם הַקְּדוֹשָׁה
le Diable	satan	שָׂטָן (ז)
diabolique (adj)	stani	שְׂטָנִי
Satan	satan	שָׂטָן (ז)
satanique (adj)	stani	שְׂטָנִי
ange (m)	mal'ax	מַלְאָךְ (ז)
ange (m) gardien	mal'ax ʃomer	מַלְאָךְ שׁוֹמֵר (ז)
angélique (adj)	mal'axi	מַלְאָכִי
apôtre (m)	ʃa'liax	שָׁלִיחַ (ז)
archange (m)	arximalax	אַרְכִימַלְאָךְ (ז)
antéchrist (m)	an'tikrist	אַנְטִיכְרִיסְט (ז)
Église (f)	knesiya	כְּנֵסִיָּה (נ)
Bible (f)	tanax	תַּנַ"ךְ (ז)
biblique (adj)	tanaxi	תַּנַ"כִי
Ancien Testament (m)	habrit hayeʃana	הַבְּרִית הַיְשָׁנָה (נ)
Nouveau Testament (m)	habrit haxadaʃa	הַבְּרִית הַחֲדָשָׁה (נ)
Évangile (m)	evangelyon	אֱוַונְגֶּלְיוֹן (ז)
Sainte Écriture (f)	kitvei ha'kodeʃ	כִּתְבֵי הַקּוֹדֶשׁ (ז"ר)
Cieux (m pl)	malxut ʃa'mayim, gan 'eden	מַלְכוּת שָׁמַיִם (נ), גַּן עֵדֶן (ז)
commandement (m)	mitsva	מִצְוָה (נ)
prophète (m)	navi	נָבִיא (ז)
prophétie (f)	nevu'a	נְבוּאָה (נ)
Allah	'alla	אַלְלָה
Mahomet	mu'xamad	מוּחַמַד
le Coran	kur'an	קוּרְאָן (ז)
mosquée (f)	misgad	מִסְגָּד (ז)
mulla (m)	'mula	מוּלָא (ז)
prière (f)	tfila	תְּפִילָּה (נ)
prier (~ Dieu)	lehitpalel	לְהִתְפַּלֵּל
pèlerinage (m)	aliya le'regel	עֲלִיָּה לְרֶגֶל (נ)
pèlerin (m)	tsalyan	צַלְיָן (ז)
La Mecque	'meka	מֶכָּה (נ)
église (f)	knesiya	כְּנֵסִיָּה (נ)
temple (m)	mikdaʃ	מִקְדָּשׁ (ז)
cathédrale (f)	kated'rala	קָתֶדְרָלָה (נ)
gothique (adj)	'goti	גּוֹתִי
synagogue (f)	beit 'kneset	בֵּית כְּנֶסֶת (ז)
mosquée (f)	misgad	מִסְגָּד (ז)
chapelle (f)	beit tfila	בֵּית תְּפִילָּה (ז)
abbaye (f)	minzar	מִנְזָר (ז)

| couvent (m) | minzar | מִנְזָר (ז) |
| monastère (m) | minzar | מִנְזָר (ז) |

cloche (f)	pa'amon	פַּעֲמוֹן (ז)
clocher (m)	migdal pa'amonim	מִגְדַל פַּעֲמוֹנִים (ז)
sonner (vi)	letsaltsel	לְצַלְצֵל

croix (f)	tslav	צְלָב (ז)
coupole (f)	kipa	כִּיפָּה (נ)
icône (f)	ikonin	אִיקוֹנִין (ז)

âme (f)	neʃama	נְשָׁמָה (נ)
sort (m) (destin)	goral	גוֹרָל (ז)
mal (m)	'ro'a	רוֹעַ (ז)
bien (m)	tuv	טוּב (ז)

vampire (m)	arpad	עַרְפָּד (ז)
sorcière (f)	maxʃefa	מְכַשֵׁפָה (נ)
démon (m)	ʃed	שֵׁד (ז)
esprit (m)	'ruax	רוּחַ (נ)

| rachat (m) | kapara | כַּפָּרָה (נ) |
| racheter (pécheur) | lexaper al | לְכַפֵּר עַל |

office (m), messe (f)	'misa	מִיסָה (נ)
dire la messe	la'arox 'misa	לַעֲרוֹךְ מִיסָה
confession (f)	vidui	וִידוּי (ז)
se confesser (vp)	lehitvadot	לְהִתְוַדוֹת

saint (m)	kadoʃ	קָדוֹשׁ (ז)
sacré (adj)	mekudaʃ	מְקוּדָשׁ
l'eau bénite	'mayim kdoʃim	מַיִם קְדוֹשִׁים (ז"ר)

rite (m)	'tekes	טֶקֶס (ז)
rituel (adj)	ʃel 'tekes	שֶׁל טֶקֶס
sacrifice (m)	korban	קוֹרְבָּן (ז)

superstition (f)	emuna tfela	אֱמוּנָה תְּפֵלָה (נ)
superstitieux (adj)	ma'amin emunot tfelot	מַאֲמִין אֱמוּנוֹת תְּפֵלוֹת
vie (f) après la mort	ha'olam haba	הָעוֹלָם הַבָּא (ז)
vie (f) éternelle	xayei olam, xayei 'netsax	חַיֵי עוֹלָם (ז"ר), חַיֵי נֶצַח (ז"ר)

DIVERS

198. Quelques mots et formules utiles

aide (f)	ezra	עֶזְרָה (נ)
arrêt (m) (pause)	hafsaka	הַפְסָקָה (נ)
balance (f)	izun	אִיזוּן (ז)
barrière (f)	mixʃol	מִכְשׁוֹל (ז)
base (f)	basis	בָּסִיס (ז)
catégorie (f)	kate'gorya	קָטֵגוֹרְיָה (נ)
cause (f)	siba	סִיבָּה (נ)
choix (m)	bxina	בְּחִינָה (נ)
chose (f) (objet)	'xefets	חֵפֶץ (ז)
coïncidence (f)	hat'ama	הַתְאָמָה (נ)
comparaison (f)	haʃva'a	הַשְׁוָוֹאָה (נ)
compensation (f)	pitsui	פִּיצוּי (ז)
confortable (adj)	'noax	נוֹחַ
croissance (f)	gidul	גִּידוּל (ז)
début (m)	hatxala	הַתְחָלָה (נ)
degré (m) (~ de liberté)	darga	דַּרְגָּה (נ)
développement (m)	hitpatxut	הִתְפַּתְחוּת (נ)
différence (f)	'ʃoni	שׁוֹנִי (ז)
d'urgence (adv)	bidxifut	בִּדְחִיפוּת
effet (m)	efekt	אֶפֶקְט (ז)
effort (m)	ma'amats	מַאֲמָץ (ז)
élément (m)	element	אֶלֶמֶנְט (ז)
exemple (m)	dugma	דּוּגְמָה (נ)
fait (m)	uvda	עוּבְדָה (נ)
faute, erreur (f)	ta'ut	טָעוּת (נ)
fin (f)	sof	סוֹף (ז)
fond (m) (arrière-plan)	'reka	רֶקַע (ז)
forme (f)	tsura	צוּרָה (נ)
fréquent (adj)	tadir	תָּדִיר
genre (m) (type, sorte)	min	מִין (ז)
idéal (m)	ide'al	אִידֵיאָל (ז)
labyrinthe (m)	mavox	מָבוֹךְ (ז)
mode (m) (méthode)	'ofen	אוֹפֶן (ז)
moment (m)	'rega	רֶגַע (ז)
objet (m)	'etsem	עֶצֶם (ז)
obstacle (m)	maxsom	מַחְסוֹם (ז)
original (m)	makor	מָקוֹר (ז)
part (f)	'xelek	חֵלֶק (ז)
particule (f)	xelkik	חֶלְקִיק (ז)

pause (f)	hafuga	הֲפוּגָה (נ)
position (f)	emda	עֶמְדָה (נ)
principe (m)	ikaron	עִיקָרוֹן (ז)
problème (m)	be'aya	בְּעָיָה (נ)
processus (m)	tahalix	תַּהֲלִיךְ (ז)

progrès (m)	kidma	קִדְמָה (נ)
propriété (f) (qualité)	txuna, sgula	תְּכוּנָה, סְגוּלָה (נ)
réaction (f)	tguva	תְּגוּבָה (נ)
risque (m)	sikun	סִיכּוּן (ז)
secret (m)	sod	סוֹד (ז)

série (f)	sidra	סִדְרָה (נ)
situation (f)	matsav	מַצָּב (ז)
solution (f)	pitaron	פִּיתָרוֹן (ז)
standard (adj)	tikni	תִּקְנִי
standard (m)	'teken	תֶּקֶן (ז)

style (m)	signon	סִגְנוֹן (ז)
système (m)	ʃita	שִׁיטָה (נ)
tableau (m) (grille)	tavla	טַבְלָה (נ)
tempo (m)	'ketsev	קֶצֶב (ז)

terme (m)	musag	מוּשָׂג (ז)
tour (m) (attends ton ~)	tor	תּוֹר (ז)
type (m) (~ de sport)	sug	סוּג (ז)
urgent (adj)	daxuf	דָחוּף

utilité (f)	to''elet	תּוֹעֶלֶת (נ)
vérité (f)	emet	אֱמֶת (נ)
version (f)	girsa	גִירְסָה (נ)
zone (f)	ezor	אֵזוֹר (ז)

www.ingramcontent.com/pod-product-compliance
Lightning Source LLC
LaVergne TN
LVHW051341080426

835509LV00020BA/3243